媒體識讀

Media Literacy

◎作者─康照祥

詹序

　　長時間在傳播媒體服務，同時主持性質不同的學術、服務、教育性等傳播社會團體，深深感覺到媒體宏大的傳播效果及閱聽大眾深深受到的影響。

　　電視媒體挾其聲音、影像、色彩，早已擄獲廣大閱聽人的心，其對大眾的影響自然是深遠的。為此，一群關心電視媒體發展及影響的學者、專家在中華文化復興運動總會之下成立「電視文化研究委員會」（以下簡稱電研會），基於研究與活動相輔相成的宗旨，致力於推動我國電視文化的提昇。

　　一九九〇年代，國內有線電視普及，衛星電視蓬勃發展，電視媒體競爭異常熱烈，「電研會」更將研究重點放在新興媒體及新類型節目對大眾文化的影響研究，如靈異節目的收視行為調查及節目流行原因分析，甚且也對廣告產生的社會效應進行研究。

　　「電研會」的研究目的無它，旨在對電視文化現象的瞭解與分析，一方面用以提昇電視文化及製作水準，一方面協助閱聽大眾理解電視製作過程因果。

　　「電研會」在這方面的努力頗獲社會好評，各項研究成果亦受到各界重視。可是我們社會面對的是競爭更激烈、更惡劣的媒體環境。基於擴大研究及服務層面的考慮，及「給他魚，不如教會他釣魚技巧」的教育理念。民國八十九年（二〇〇〇年）電研會轉型成立「財團法人媒體識讀教育基金會」，希望透過教育的推廣，使每

位閱聽大眾都能成爲一位手持釣竿，精於釣魚技巧的媒體漁人，不再完全依賴「電研會」的專業研究分析，而且可以是一位耳聰目明的閱聽人，知道媒體在事實建構與建構事實間的產製原理，進而可以運用媒體，達到教育部「媒體素養教育政策白皮書」中所強調的釋放及賦權的要求。

　　爲了推動教育工作，基金會下設「媒體識讀推廣中心」，從事媒體教育研究及師資培訓，也發行《媒體識讀教育月刊》，走的是一種啓蒙及推廣的工作，一路走來可說是篳路藍縷，倍感艱辛。所幸，媒體教育推廣的重要性逐漸獲得社會各界認知，教育部也在二○○二年十月發布了上述白皮書，相關大學校院及社區大學也重視媒體教育及推廣，並逐漸發展成一門學科。

　　雖然媒體教育逐漸受到重視，但相關專門書籍並未能配合撰寫及出版，使得這方面的參考書籍相對缺乏。本書作者康照祥先生是我主持媒體之一──《中華日報》的工作同仁，平日對於媒體學術及實務研究素有興趣，經常撰寫研究心得，頗具參考價值。

　　爲了服務及推廣媒體教育工作，照祥將其二十餘年的實務經驗及教學心得著作成書，依「媒體素養教育政策白皮書」願景，提昇民間媒體素養能力的要求，將本書規劃成五個部分二十章，由媒體與社會關係、認識媒體、分析媒體訊息內容、批判和近用媒體及傳播的一些問題。系統完整，內容豐富，實爲一本具有價值的參考書籍，照祥請我作序，基於推廣媒體識讀教育之精神，本人樂於向大家推薦此書。

財團法人媒體識讀文教基金會
董事長
中央日報、中華日報、台灣新生報　　　詹天性

自序

在資本主義商業運作之下，媒體秩序紊亂不堪，電子媒體更令人不敢恭維，節目、新聞內容完全背離社會責任及公共利益的使命，被指為台灣社會的兩大亂源之一；網際網路商業應用以來，挾其快捷、匿名等網路媒體特性，使得媒體市場亂上加亂。

所幸，二十世紀末的台灣稱得上是民智已開的民主社會，媒體傳播不再是單向、威權的，媒體監督與媒體批判，蔚為風尚，媒體教育更是方興未艾。非政府組織的媒體監督社運團體已有足夠的力量發出亂吼，動動小拳，也能讓媒體叫痛，甚且反指該些團體侵犯新聞自由。

諸如，為了有效抵制枉顧社會公器責任的媒體，媒體觀察基金會則醞釀發起全民連署，效法歐美國家的「關機運動」，希望透過市民社會力量，抵制不良的新聞和節目。「閱聽人監督媒體聯盟」成立，數度提案抵制「不良」電視節目，甚且結合廣告主，以抽廣告「要脅」電視台不可做某些節目，此舉卻發生反抵制的聲音，認為那是「有知識人」的運動，但不能強加諸所有閱聽人身上。

「海畔有逐臭之夫」，電視觀眾收視行為因學識、生活經驗、習慣而有不同品味，任何人很難（即便政府也不能）干涉閱聽人收看何種節目及電視台播出何種型態節目（只要不違反法令），否則易釀干涉廣義言論自由的範疇。事實上，與其抵制不如做好對公民的媒體識讀教育工作。

平心而論，電子媒體犯的最大錯誤，是新聞節目化、新聞廣告化、廣告節目化。依據相關廣電法規及新聞倫理規範，新聞應該和節目區分開來，新聞歸新聞，節目歸節目，但電視台為爭取新聞收視率，卻可以把新聞做成節目化，為求增加收入也可以新聞廣告化、廣告節目化，這一切理應依法處理，若未達違法門檻，也只好視為新聞自由的必要之惡。抵制並非最好的方法，甚且有流為「少數暴力」之虞。

面對多元主義及過度商業化之下的媒體製播環境，需要有監督的機制及環境，唯教育我們的公民成為耳聰目明的閱聽人更為重要，讓大家瞭解媒體的責任何在，誰又是不負任的媒體？那家媒體又為商業利益犧牲閱聽人的權益？學習識別媒介內容的意涵，瞭解電視台新聞節目化的意義何在？爭議性人事又為何樂於配合電視的採訪製播？如此閱聽人始能百毒不侵，冷眼對待媒體專業人員如何挾專業以自逞，並加以唾棄。

二○○二年教育部在與民間社團合作之下，啓動媒體識讀教育列車，並發表媒體素養教育政策白皮書，一個嶄新媒體時代已然來臨，在這個媒體新世代中，傳播是雙向流動的，閱聽人與傳播者是平等的，誠如教育部媒體素養教育政策白皮書中明確公民傳播權有六，即知的權力、傳播訊息的權力、保護個人隱私避免傳播的權力、討論時事的權力、接近及使用媒體的權力、接受媒體素養教育的權力。為了迎接及落實此一媒體的新世代，媒體識讀的基本教育刻不容緩，本書之出版即希望與全體公民互相切磋，使媒體識讀教育成為平易近人的公民教育。

筆者忝為所謂新聞科班的畢業生，並在新聞界服務超過二十年以上的時間，二十餘年來，台灣傳播界的進步與墮落看在眼裡，也放在心上，有感於閱聽大眾因媒體素養之不足，淪為弱勢的消費族

群，一九八○年出版《一舉成名——現代贏家公關手冊》時即倡議應成立諸如媒體消費者保護基金會之組織，保護廣大的媒體消費者，這樣的理念後來由消費者文教基金會實現了一半，直到二○○○年前後媒體監督社會團體風起雲湧，使得媒體消費者保護及媒體教育獲得應有重視。

　　二○○三年筆者在《中華日報》家庭生活專刊開闢媒體識讀專欄，期從教育的手段落實閱聽大眾媒體識讀能力，專欄刊出廣獲迴響，乃有集結成冊的念頭，以輕鬆、軟調的寫作方法推廣媒體教育，向揚智文化提案，獲得支持，並建議以大學用書規劃，因有關媒體教育的專業用書並不普遍，方有媒體識讀的寫作，書成最要感謝的是林新倫總編輯及閻富萍副總編輯，沒有兩位的建言及壓力，恐怕就沒有本書的出版。

　　同時感謝詹天性董事長百忙之中賜序勉勵。詹董事長為傑出的報人，其主持的媒體事業無不服膺新聞傳播倫理的規範，他同時領導參與的公益性社團如媒體識讀教育基金會、中國新聞學會、台北市記者公會等亦以最高的道德規範及公益要求為目標，值得尊敬。

　　一書之完成該感謝的人太多，無法一一申謝，你們對作者的協助，永銘五內。對於父母、岳父母及妻兒的鼓勵，更是致上最由衷的謝意，尤其是內人麗鳳的分憂解勞。

　　作者雖在媒體界工作達二十餘年的時間，大學及研究所也以傳播問題為研究方向，但對於媒體識讀這樣的專書寫作，仍難免有疏漏，期盼得到所有關心媒體教育者的熱情回饋。

康照祥　謹識

目錄

圖目錄

表目錄

MEDIA LITERACY

緒　論

　　從世界公認第一份日報《萊比錫新聞》在一六六三年出版，經過一九二〇年廣播電台商業運轉，一九三〇年代末期，電視節目播出，媒體事業的經營已經超過三百餘年歷史，儘管新聞學、大眾傳播學也在一百年前左右成為大學高等教育的專業科目之一，平心而論，普羅大眾對其知之甚少，大學非新聞、傳播科系學生對於媒體的歷史、原理、影響所知有限。大都停在知其然、不知其所以然的一知半解階段，對於現代人而言，這是非常危險的。

　　大眾傳播媒體的諸種功能中，無論從實務面或理論面而言，教育的功能都絕對是最重要的一環。尤其電視媒介發明之後，媒體的教育功能更為彰顯，尚不論它的電視教學節目，其它新聞、娛樂節目都對我們產生教育及學習的效果，學者專家形容媒體已經成為國內青少年與兒童的第二個教育課程（second curriculum），甚至區隔學校，有取而代之成為第一個教育體制的功能。

　　這段話，一點也不危言聳聽。從許多實務經驗理解，無論兒童、青少年、成人從電視或其它傳播媒體學習的知識（無論正確與否）是非常廣泛的。這可從經濟落後國家或地區以電視節目傳輸較現代化觀念做為主要教育手段的做法可得知一、二。

　　問題也由此發生。電視節目及傳播媒體內容已是民眾資訊來源最重要的管道之一，並以此建構他們的世界觀及價值觀，如果這個資訊來源是蓄意的弱智、反社會、偏差（媒體內容本即是在選擇與建構的過程中產生），那麼一國子民必將為此受害、或受到某一特定階級、某一種意識形態的控制而不知。

　　有鑑於此，國際上有許多國家如英國、加拿大等國，早已將媒體教育（media education），納入正規教育體系或終身教育課程，使全民對被稱為「看不見的學校」（invisible school）的大眾傳播媒體有一定程度的理解，避免走入「學店」或「黑店」而不自知。

　　國內媒體教育長時間以來，被歸類爲大學高等教育的專業教育。以培養新聞、大眾傳播學術及實務的專業人員爲主，普羅式的媒體教育甚少被提及，最主要原因在於民國七十七年（一九八八年）以前，國家處於戒嚴時期，媒體專業發展受到嚴格的限制，設立報紙、廣播、電視的申請被禁止，相對的，政府對媒體社會公器的要求也比較突顯，期望能達到某種教育目的。此一階段，傳播媒體在傳輸愛國、愛家、尊重傳統、維護秩序、講究群體意識等教育及決策功能上受到重視，媒體的娛樂、商業功能明顯地受到限制。

　　這種傳播媒體環境是不健康的，可說是有責任而無自由，此時，以盈利爲主式的資本主義傳播媒體營運模式尙未出現。

　　民國七十七年（一九八八年）開放報禁，民國八十二年（一九九三年）接受廣播電台申請，民國七十八年（一九八九年）有線電視系統正式開播，台灣的傳播媒體市場異常蓬勃發展，在經濟力抬頭、政治控制力消褪互相對映情況下，媒體陷入惡性競爭，爲求獲利不惜短線操作，以重口味的「煽」、「色」、「腥」等爲新聞、節目內容吸引閱聽大眾，包裝收視率、閱報率，忽略了傳播媒體正面教育的功能，至於監督政府也是聊備一格，甚且爲求政府廣告預算，不惜在新聞或節目內容中「置入性行銷」，傳播媒體固然呈現欣欣向榮之景，新聞、傳播學系就業市場一片大好，但面對這種「戰國」環境，只能以一個「亂」字形容。

　　不同來源的民意調查，都直指傳播媒體爲社會亂源之一，閱聽大眾對於傳播媒體的第一生命──眞實──不敢寄予信任，傳播媒體的危機，不啻也是教育的危機。

　　整頓媒體的亂象，政府固然責無旁貸，但涉入程度拿捏非常重要，輕則無關痛癢，重則侵犯新聞傳播自由，最好的方法還是

以「教育」的方式來拯救「教育危機」，甚且透過教育的手段，使民眾徹底瞭解公民知的權利、傳布消息的權利、討論時政的權利、保護個人隱私的權利、個人積極地接近與使用媒體的社會權利，進而達到認識媒體、監督媒體、運用媒體的作用，使傳播媒體能真正成為社會的公器，全民的公共財，彰顯媒體社會公共服務的角色。

在傳播學術界及社會團體的覺醒及推動下，媒體教育逐步在民間發芽，引進國外的理論與實務經驗，做為建構台灣媒體識讀的主軸，一門新興的學科——Media Literacy逐漸在台灣落地。

十餘年來，Media Literacy在台灣教育界逐漸受到認識，並引起教育最高主管單位——教育部的重視，終於在民國九十一年（二〇〇二年）八月完成「媒體素養教育政策白皮書」。白皮書視媒體素養教育為一種終身學習，希望透過媒體素養教育，使國人獲得「釋放」和「賦權」的能力，並運用媒體來溝通表達和獲取改善社會的能力。

「風行草偃」，政府主管單位推動的效果，自然比少數學術單位及民間社團的努力要好的多，目前，各級學校大體已有「媒體教育」的認知，民間團體開設相關師資訓練課程，大學校院也能將「媒體教育」納入通識課程，其對未來國家、社會的民主建構絕對可以發揮應有的效果。

此期間，「媒體教育」的用書並不多見，大抵借用新聞、傳播教育的專業用書或國外的翻譯著作，不是失之過深，即是離之太遠，不易形成切身的關懷。有鑑於此，不揣個人淺陋，乃著手媒體教育概論性專書的著作，期望以深入淺出的方式，使國人對傳播媒體有所瞭解，並以之作為大學校院非新聞傳播專業學系及終身教育的參考書籍，共同推動國內媒體教育此一工程。

由於媒體教育課程為國內新的學科，有諸端字義仍然分歧，本

書開端有必要對本書之破題及內容架構做一說明，以澄疑慮。

　　Media Literacy一詞在我國有兩種翻譯，其一為媒體素養，其二為媒體識讀。因使用學術單位及民間社團差異，儼然成為兩種不同的科別。教育部援用合作民間社團之定名，亦以「媒體素養」名之。「媒體素養教育政策白皮書」即由此而來。

　　個人認為「素養」指的是平日的修養，缺乏主動的學習及精神，以「媒體識讀」名之或更為貼切，所謂「媒體識讀」也者，識讀媒體也。媒體教育的功能旨在使國人能正確認識、解讀媒體之歷史源流及其與社會關係，及媒體的原理與實務運用，進而能夠近用媒體。本書即以「媒體識讀」為名。

　　本書採用概論性的寫作方向，主要原因是，傳播媒體不但是龐然複雜的事業體，更有精深的理論基礎，涵概的其它社會科學學門包括政治學、經濟學、社會學、心理學，甚至物理光學、電學，即便媒體專業也有報紙、雜誌、廣播、電視及新興的網際網路與電腦運算之別，絕非個人能力及專業所能企及，所幸本書是做為新聞、傳播專業及公民終身教育的入門書籍，以概論的方式從事著作或更能接近讀者，而無生澀的感覺。

　　此外，對於Media的用法，筆者也特別做一說明。Media在我國通常有兩個譯名，即媒介和媒體。在英文而言是二為一的意思，但在中文的識讀上，筆者認為仍有區隔，媒介注重「中介」的因素，是一個「載體」，談傳播媒介通常是指載運信息的工具，如指報紙、電視這些載體本身，而媒體，個人傾向解釋為「事業體」，指的是這個事業體的組織架構、運轉、政治權力關係。所以本書採用「媒體識讀」，指的是包括媒介的發明、淵源及事業體的組織架構、制度及實際運作等，其涵蓋面較廣。而書中，若有提及「媒體」，指的是後者的意義；若談「媒介」指的是單純的那一種載體

及其中介的因素而已。

在教育部「媒體素養教育政策白皮書」宣示下，媒體教育已提升至國家教育政策的位階，並擬定在國小、國中、高中、全國大專院校開設媒體教育課程，使每一位國民、公民養成媒體資訊自主、獨立思考的能力，進一步能具有媒體製作及傳播的技術能力，透過媒體表達個人及社區意見。

那麼，我們的媒體教育該具備哪些內容呢？

英國媒體教育以誰生產媒體文本？媒體文本形式為何？媒體文本如何被產生？閱聽人如何理解文本？目標閱聽人為何？文本如何再現真實？等六個面向為媒體教育內涵。

廣為各國引用參考的加拿大安大略省媒體教育核心概念則包括，媒體訊息是人為所建構、媒體建構了真實、閱聽人自我詮釋媒體內容的意識、媒體具有商業性質、媒體具有社會政治意識、媒體內容含有意識形態與價值觀、媒體訊息的形式與內容不可分、學習者應該學會欣賞每種媒介獨特的美學形式。

綜合上述媒體教育核心概念，撰寫一本媒體教育教材，筆者認為至少應具備下列內容。

第一，媒體與社會關係。

媒體是社會的一個重要機制，媒體不能離開社會而存在，媒體所有權的分屬影響媒體的作為；媒體事實上受到更多社會機制的控制，誰在控制媒體呢？儘管媒介為傳播的載具，傳播自由、新聞自由是其護身符，但媒體仍無法自外於法律，這些觀念與關係的釐清，事關閱聽大眾能否進一步掌握媒體運作。

第二，認識媒體。

不同媒體有不同的時代背景及媒體特質，不同媒體其組織架構形態各異。科技的發展，使得媒體產業日新月異，甚至有所謂「科

技決定論」的說法，事實上，媒體產業仍然係以人為主的工作系統，媒體工作者的培養與教育及媒體商品品質息息相關。對於媒體產業的發展歷程及組織型態、傳播教育進行剖析，有助於對媒體的瞭解。

第三，分析媒體訊息內容。

媒體訊息內容（文本）是如何產製的？誰來決定的？什麼是有意義的文本？這是媒體教育的基礎，中外媒體教育大抵以此為主。

做一位現代國民、公民必須具備獨立判斷省思的媒體識讀能力及素養，如何去閱讀報紙？瞭解電視的製作真相？網路媒體如何建構出虛擬的環境？廣告與媒體間的依存關係等課題，絕對無法忽略。

第四，批判和接近使用媒體。

現代國民、公民不但要能瞭解媒體運作的過程及本質，我國媒體教育政策也期望做到，每一位國民、公民能夠具有媒體文本製作能力及傳播技術，基本上，這種能力的培養係在儲備接近使用媒體的能力及權利。

媒體事業的功能受到各界的肯定，其表現褒貶不一，甚至侵犯到閱聽大眾的權益，閱聽人該如何保護自己權益，影響媒體的發展呢？正是媒體教育的積極要求。

第五，媒體的問題。

媒體在各個國家與地區的表現良窳，是國家或地區的個別問題，也是各該國家媒體教育所重視及尋求解決的問題。

媒體事業間也存在著共同的問題，如全球化產生的問題？所有權與公共化的問題？傳播的倫理問題？新聞自由與新聞自律的問題？

對於這些問題的關注，使國民、公民的媒體素養更能提高一

籌，更具國際觀。

這五個部分是本書的主要架構，對這五部分進行閱讀及研究，有助於媒體識讀能力的培養。

第一部分

媒體與社會關係

MEDIA LITERACY

第一章

媒體社會與傳播制度

經常聽到民眾抱怨媒體不公、節目水準奇差、太爛；一方面則又看到民眾們邊看邊罵。於是「有什麼樣的觀眾，就有什麼樣水準的節目」這種論調隨之而起。

大部分香港報紙沿襲英國小報作風，以誇大、跟拍等手法為報紙編採之圭臬，重視羶、色、腥、挖掘社會黑暗面的編輯手法，形成港式報紙的特色。

當香港《蘋果日報》準備向台灣進軍時，即有試探台灣讀者水準的意味。因為台灣的辦報文化，長時間受到「文人辦報」、「知識分子辦報」的影響，報人大抵具有文化、歷史傳承的社會使命，更重視知識分子輿論報國的報紙功能。表現出來的報紙風格，是文化、教育、資訊功能大於娛樂取向，香港報紙反之。

這一切彰顯媒體與社會存在著極大的關聯，或許我們可以說，「有什麼樣的社會，就有什麼樣的媒體」。當然，這個社會是一個大的系統。

事實上，以結構功能分析社會系統可以清楚地釐清媒體內容為何老是呈現低等文化水準的狀態，我們把媒體的諸種現象放在社會系統中進行分析，自然可以得出有趣的結果，也令人恍然大悟，媒體原來是這麼一回事。

從社會系統談起

「系統論」（System Theory）的研究者，常把系統定義為「一組有邊界可循的組合」。當然，如此界定有利於進行研究及分析。事實上，分析社會系統卻極為困難，因為很難有周延的規則可以確切

地界定某一社會系統的範圍，尤其是每一個社會系統是一種複雜的組成，不過，社會系統內的各個組成部分，以滿足互相的「需求」為前提，也只有各組成部分的需求得到滿足，這個社會系統才能達到較長時間的穩定，而這正是我們社會中媒體呈現多元文化，甚至低等娛樂節目充斥的原因，因為它們在滿足某一部分組成分子的需求。

前述，我們談到社會系統是一個複雜的組成，它還包涵各種次級系統（Sub-system），以現實的例子來說，我們社會即涵蓋了政治、經濟、文化、媒體等各種次級系統，其間的關係正是我們要加以舉證、分析的。

美國的德弗勒教授（Melvin L. DeFleur）和鮑爾—洛基奇教授（San-dra Ball-Rokeach）可說是分析媒體與其他社會次級系統間相互信賴關係最具代表性的學者，也是作者最能服膺的「媒體與社會系統關係」。

在德弗勒和鮑爾—洛基奇的研究中，他們提出一個媒體與其他社會次級系統互動的概念圖式（如圖1-1），在這個系統圖中，分別由媒體、政治、經濟及閱聽人等次級系統組成，由各組成部分間的互動關係，構成鮮活的媒體社會。

我們分別從各次級系統進行解釋，再論及各組成部分的關係，就不難理解我們的媒體現象，甚且我們可以站在閱聽人系統，擬訂我們個人的媒體策略，做一個真正耳聰目明的閱聽人。相對於社會系統，媒體、政治、經濟及閱聽人是次級系統，實際上，該些組織又是獨立、完整的各成系統，下列我們逐一介紹該些系統的組成。

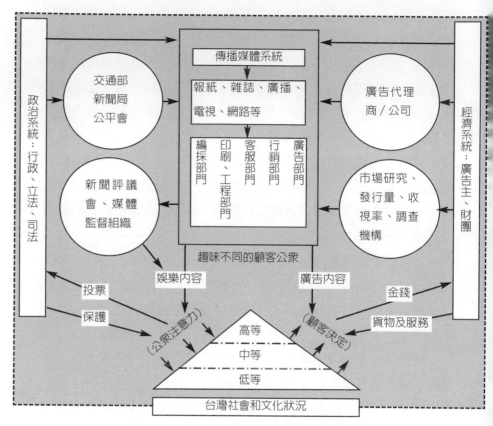

圖1-1　大眾媒體作為社會系統的圖解

資料來源：改繪自De Fleur & Ball-Rokeach《大眾媒體作為社會系統圖解》。

■媒體系統

　　媒體系統可分橫、縱兩個面向來談。在橫軸上，媒體系統包
含了印刷媒體（報紙、雜誌）、電子媒體（廣播、電視、電影）及
新興的網路媒體等。這部分在德弗勒及鮑爾─洛基奇的「大眾媒

介作爲社會系統的圖示」中，是所謂的生產組成，是指以各種方式創作、製造媒體內容，包括報紙報導、雜誌文章、電視演出、網路內容製作等，其工作人員包括記者、編輯、演員、導演、出版人、製片等。

在縱軸上，指的是上下游的生產及配銷關係。也就是德弗勒等說的傳布次級系統。不同媒體有不同的傳布次級系統，例如，報紙透過各地分社、報攤、零售點將報紙發售出去；電影透過各地的電影院、連鎖院線播放；雜誌則透過經銷商、書店舖陳產品。

事實上，媒體生產次級系統與傳布次級系統之間，呈現多種面向的關係。包括生產次級系統提供內容，傳布次級系統提供錢的買賣關係，如報紙、雜誌；另有由生產至傳布同屬一經營體系的直營關係，如廣播、電視。

媒體系統在傳播研究過程中，屬於傳播者的角色，當然，他包含個別的傳播工作者及組織化的傳播者。

■政治系統

管理眾人之事，即所謂政治。政治系統泛指一切與社會治理有關的組織或機構。他們包括了行政官署、立法部門、司法機構等，這些單位具有通過或執行有關媒體政策相關法令、制度的職能。如我國立法院具有制定、通過媒體相關法令規章的權限，也可舉辦有關媒體制度及相關經營問題的聽證會。而司法單位則對媒體系統經營、傳布上涉及違反刑事、民事規定時具有審判的職責，當然，他必須不侵犯到新聞自由的精神，並確實保障人們享有新聞自由的權力。

一個尊重新聞自由的政治系統，必須以立法權及司法權爲主，

依法行政、依法判決，減少行政權的介入。過度突顯行政權則有侵犯新聞自由的疑慮，更何況行政部門如果祭出行政罰法，如停刊（播）、撤銷證照等，即明顯地侵害新聞自由，甚且是一罪二罰，並不符民主法治國家的精神。

■經濟系統

相對於政治系統，經濟系統是一個私部門，也是市場的一個重要力量及機制。在大的範圍內，媒體系統是包含在經濟系統內。

不同之處，經濟系統可以是純粹營利為目的，其與媒體系統的主要關係是一種商業行為，它透過廣告版面、時段的購買，行銷它的商品，而媒體系統依靠從經濟系統取得的收入，支柱其做為「第四權」的經濟來源。

經濟系統組成分子複雜，大至國際企業，小至個人分類廣告的刊登戶；出資購買廣告版面的廣告主及負責行銷、市場調查的研究單位；甚至是產品的經銷商。他們之間上下游產銷的回饋機制，與媒體系統的互動交流，構成一幅鮮明、熱絡的市場流動模型。

■閱聽人系統

在德弗勒的媒體與社會系統關係圖中，閱聽人也是主要的一個系統之一。特殊之處是，德弗勒將閱聽人分成高、中、低三種不同品味，並且由此解釋媒體內容為何趨於低下品味的因果關係，因為低級品味的閱聽人在三角形的閱聽人系統中是在最底部的部位，代表人數最多的一個族群。為迎合這一個層級的閱聽人，所以媒體內容品味趨向大眾化口味，並逐漸走向低俗，譁眾取寵。

系統間的互動關係

　　做為一個現代的閱聽人，對於媒體發展及媒體內容的產製應有一定程度的瞭解，這也是「媒體識讀」課程的重要意義。要達成這個需求，對社會各個系統間的互動關係進行解析，有預想不到的效果。

　　上一節對社會的四個系統進行說明，使我們對每一個系統的組成及功能有初步的認識。至於討論四者間的互動關係，該以何者為主？何者為從呢？從功能性而言，每個系統間大抵都處於雙向交流的關係，非單向的傳播，所以每個系統都具主體性，只是在功能扮演上有主、次之別而已。

　　四個系統間的互動，至少可以推論六種關係，對於六種關係逐一琢磨，閱聽人會豁然開朗，原來媒體就是這麼一回事。

■閱聽人系統與政治系統的關係

　　政治是管理眾人之事，也是服務眾人的事業。民主時代，有志服務眾人者，甚且要得到眾人的同意及支持，立法部門、行政部門如何獲得民意支持已經是從政者必修的課程。

　　如何取得民意支持呢？瞭解民瘼，解決民間疾苦，增進民眾社會福利，是最基本的施政及問政作為。不能解決民間疾苦，不能增進民眾福祉，這一個政府、這一位民選行政首長及立法民代則沒有繼續蟬聯的必要。

易言之，閱聽人可以透過手中的選票、民意調查的機會向政治系統中的立法部門、行政部門表達對於媒體系統運作的滿意與不滿意，要求制定良善的傳播法規，規範健康、穩定的媒體環境。

政治固然是管理眾人之事，無論行政部門、立法部門也必然不能騎在老百姓的頭上，其施政、立法必然以民眾的福祉為依歸。

行政部門施政、立法部門立法規範媒體，無論建立完全商業機制的媒體環境或媒體公共化，甚且政治干預媒體，其實都受到民眾、閱聽人的監督。為政者或許可以為了一黨之私、個人之利，從政治或經濟手段控制媒體、放任媒體，但不圖營造一個正常、健康、自由而負責任的傳播制度，這個政府必定要受到唾棄。

■政治系統與媒體系統的關係

傳播媒介為言論、資訊的載具。基於維護人類與生俱來的言論自由、新聞自由，媒體向來有不受政治干預的特權。任何政權試圖對傳播媒體進行限制，都會有侵犯新聞自由的危險。

不過，基於維護媒體秩序，不使違法脫序，增進民眾福祉，政治系統仍然有必要透過行政部門、立法部門依據憲法保障言論自由、新聞自由的精神制定相關傳播法規，做為媒體系統、經濟系統及閱聽人參與媒體運作時之依據，並作為司法部門依法處理媒體系統、經濟系統，閱聽人間權利衝突及侵權時判決依據。

媒體固然受到政治系統立法規範的制約，但是媒體系統並非逆來順受，照單全收。如果政治系統制定的法規是惡法，媒體可以監督政治系統，使其不至於為惡，並鼓動風潮、帶領風騷，使民眾、閱聽人知道這是錯誤的立法，是倒退的立法，並由閱聽人來制約政治系統。

相同的，政治系統對於尾大不掉的「媒體霸權」，也可以訴諸於民眾、閱聽人進行市場的抵制。

■媒體系統與經濟系統的關係

經濟系統可說是媒體系統的「衣食父母」。任何一媒體都無法放棄經濟系統的營運收入。為了吸引經濟系統的青睞，媒體系統只有創造最高的收視率、閱讀率，以收視率、閱讀率代表的虛擬消費人口數換取經濟系統的廣告購買、商業合作、資本投入等。

事實上，最高收視率及閱報率，不一定涉及品質問題。易言之，收視率最好的節目、閱讀率最高的報紙、雜誌，不一定表示品質最佳。它可能只是投其所好，抓住閱聽人系統的最大公約數。依德弗勒的理論，低層次的閱聽人占最大多數。反推，迎合這部分閱聽人，贏取最好收視率、最高閱讀率的媒體內容，絕不會是最佳品質。

媒體系統與經濟系統間依循的是市場經濟法則、供需關係。媒體為了創造需求大於供給的關係，只有把它的第一層客戶——閱聽人——的數量衝高，讓經濟系統的調查單位經過價值評估，確認媒體的廣告價值，並勇於投入，甚至對稀有的廣告版面、時段進行追高。在這種需求大於供給的環境中，媒體系統居於領導地位，廣告主有錢也不一定買得到廣告版面及時段。

反之，媒體內容叫好不叫座（高品味），廣告版面及時段常無法滿檔，媒體的業務部門只好到處拜託廣告主來補空檔或填廣告版面。關鍵時刻，甚至犧牲新聞專業或節目品質。

經濟系統之於媒體系統絕非「待宰羔羊」，對於諸多媒體而言，廣告主「有錢是大爺」，是不能得罪的。所以「節目廣告化」

有之、「新聞廣告化」有之，並非無事生非，而是其來有自。

　　廣告主如果經過組織化，更是一個龐大的控制力量。足以左右媒體內容。當然，媒體如果放手一搏，孤注一擲，公告廣告主的企圖及意識型態，也勢必影響這些廣告主的聲譽或產品銷售。

■經濟系統與閱聽人系統的關係

　　經濟系統是媒體的「衣食父母」，閱聽人則是經濟系統中的「散財童子」。經濟系統之所以願意花大把的鈔票購買廣告版面及廣告時段，投注大筆資金於媒體，無非是注視著閱聽人的荷包。

　　所以經濟系統有專業的商情調查研究機構，調查閱聽人的品味、喜好、經濟狀況、社經條件，有巧思獨具的廣告公司設計唯美的或無厘頭的廣告作品，甚且不惜誇大不實，目的只在吸引閱聽人的光臨。

　　對於媒體、經濟系統而言，閱聽人都是最可愛的消費者，每個閱聽人雖然在收視、閱聽媒體節目及內容，其實它又成了媒體賺取經濟系統財貨的人頭。閱聽人成了媒體系統送給經濟系統的「待宰羔羊」。

　　閱聽人不只是媒體系統送給經濟系統的「待宰羔羊」而已，在某個時期，閱聽人還只是媒體養的「精神動物」而已，媒體餵食什麼，閱聽人就吃什麼。

　　不過，這種關係因消費者運動覺醒而產生變化。經濟系統不能再販售不實的廣告、不良的商品；媒體系統的低俗節目甚且也在監督的範圍。

　　媒體消費者保護運動成功與否，在某種程度關乎閱聽人是否覺醒，如果德弗勒的閱聽人系統成為倒三角形，低下品味的閱聽人成

為最少族群，那麼媒體及廣告主也將相對地提昇他們的水準。

■閱聽人系統與媒體系統的關係

在傳播媒體世界中，閱聽人與媒體系統關係最為密切，經濟系統是媒體系統的「衣食父母」，閱聽人何嘗不是。媒體除了要將其商品販售給閱聽人，如報紙、雜誌。還希望可以因高收視率、高閱讀率招徠更多的廣告及商機或投資資金。

為了達到這個成果，媒體系統必須投其所好，製作閱聽人能夠接受、喜歡的節目，即使這些節目或內容被視為低俗也得做，因為閱聽人喜歡，因為閱聽人是「衣食父母」。

閱聽人對於媒體節目、內容不滿時，該如何處理呢？向媒體立即反映，或消極抵制不收視、不購買、進而要求經濟系統不刊播廣告及政治系統制定相關法規規範，都是閱聽人與媒體的直接關係。

閱聽人對節目的支持及媒體內容的信賴則可透過收視率或閱讀率調查得知。

電視節目遭致撻伐之際，經常聽到一句話：「有什麼閱聽人就有什麼節目。」其實何嘗不是有什麼節目才有什麼樣的閱聽人呢？畢竟，媒體與閱聽人的關係是密切而直接的。媒體既然是第四權就應負起導引閱聽人品味向上提昇的責任，而非向下沉淪或自甘墮落。

■政治系統與經濟系統的關係

在媒體與社會關係中，政治系統與經濟系統看似沒有直接的關係，其實兩者關係影響深遠。因為兩者的角力影響媒體系統的走

向。受政治干預或經濟介入，可能使媒體系統向政治傾斜，新聞自由受到控制，也可能向經濟市場靠攏，媒體成為重商主義下，資本家財富累積的工具。

好的媒體制度是政治、經濟、閱聽人相互制衡下的一個自由而負責的傳播媒體制度。

政治與經濟應是媒體系統穩健的雙翼，可以確保媒體在自由、穩定的環境下，善盡媒體應有責任及功能。

四種新聞制度

傳播媒體系統顯然受到社會各種系統的影響，尤其政治及經濟兩個系統甚至左右著媒體系統的發展，因此，要瞭解傳播媒體制度，須先瞭解它的政經制度。

不同的經濟基礎及政府制度衍生出不同的社會生活方式及制度。做為社會生活中的重要機制之一的傳播制度，在不同的時空背景及政治經濟環境下，即產生了不同的制度及理論。

人類社會歷史，一直是呈現兩種力量的激盪及循環，即極權的力量與自由的力量。如果極權力量在一個地區或國家取得優勢，那麼這個國家就會出現極權的社會制度，如果社會普遍瀰漫著爭取自由的浪潮及共識，就將產生自由的社會制度。一九五六年席伯特（Fred Siebert）、彼得遜（Theodore Peterson）及施蘭姆（一譯宣偉伯）（Wilbur Schramm）等三人首先建構起國家與媒體關係的理論，提出威權主義的新聞理論（The Authoritarian Theory）、自由主義的新聞理論（The Libertarian Theory）、蘇聯共產主義的新聞理論

表1-1　四種新聞理論比較表

	威權主義新聞理論	自由主義新聞理論	共產主義新聞理論	社會責任新聞理論
發源地區	十六、十七世紀的英國	一六八八年後發源於英國，擴及美國及歐洲	列寧、史達林領導下的舊蘇維埃政府	二十世紀的美國
思想起源	君主或政府的權威不容挑戰	理性主義天賦人權	馬克思、列寧的無產階級革命論	反對過度自由、需為有責任的報業
主要目的	鞏固權位	探求真理監督政府	鞏固共產黨一黨專政	傳播、娛樂、公開討論得共識
傳媒使用	政府特許的人士或組織	任何人都可辦報	共產黨及外國組織	任何人皆可使用
傳媒控制	特許證、執照、新聞檢查、行政罰法	消費市場決定，或自我修正	財務、政治控制及新聞檢查	消費者及法規規範
禁忌	批評執政者及政府	受法律規範及保護	不能反黨及黨的領導	不能威脅個人隱私及公益
所有權屬	私人及公共的	以私營為主	黨及政府所有	私營、准政府介入
特性	雖有私人所有，但仍為政府統治工具	監督及制衡政府，提供新聞、娛樂、教育	官僚體系的一環，黨政府的宣傳工具	必須負責任，如果無法達成，政府可以介入

資料來源：Fred S. Siebert(1971). Theodore Peterson & Wilbur Schramm, *Four Theories of the Press*. Urban, IL: University of Illinois Press.

（The Soviet Communist Theory）、社會責任的新聞理論（The Social Responsibility Theory）四大新聞理論（如表1-1）。

四種新聞理論雖然淵源流長，唯仍是新聞歷史上的進行式，差別只在受到採行程度的多寡不同而已，若以採行程度分，自由主義新聞理論可以稱爲當前主流，威權主義新聞理論、共產主義新聞理論基本上是小的支流，而社會責任論尚是理論界的理想目標。對於四種報業理論之探討，計劃由其發展的時間爲序，並從：（一）人性的本質；（二）社會和國家的本質；（三）人民和國家的關係；（四）知識和眞理的本質等四種新聞哲學本質去作分析比較（Siebert et al., 1971: 10-11；李瞻，1983：50-51；鄭貞銘，1995：43）。

■威權主義新聞理論

在四種新聞制度理論中，威權主義理論無論從歷史或地理的角度來看，它涵蓋的時間和空間最廣，影響力也最大。很多國家，當它們的社會條件和技術條件成熟到足以產生「大眾傳播」事業時，大部分的國家都是採用這套理論，作爲規範新聞活動的法律基礎。即使有些國家逐漸廢除威權主義的律法，但是它的中心思想仍然深刻地影響到後繼的立法精神。

現代的傳播事業是在一四五〇年誕生在一個威權的社會。當然，那時祇有印刷媒體，而「出版」尚屬於教會和政府的特權；任何人經營出版事業，必須得到教會與政府的特許。任何出版品，在印刷前須送經檢查，出版後仍須負完全的法律和政治責任。在此同時，出版界有完全支持教會和政府的義務，任何違背教會利益或專制王朝的刊物，全在禁止之列。有將近二百年的時間，英國的都鐸

王朝、法國的波旁王朝，基本上整個的西歐國家，都承襲威權主義的原則，作爲制定和管理新聞媒體的法律基礎。事實上一直到今天，我們還可以看到威權主義的傳播理論，廣泛地被許多非充分民主的國家所採用。

威權主義新聞理論的主要思想如下（Siebert et al., 1971: 18-27；鄭貞銘，1995：21）：

‧人性的本質

威權主義者認爲，一個人離開社會便無意義、不完整，並且毫無價值。威權社會認爲社會爲有機體，個人乃社會的一部分。個人必須生活在社會中才有意義，若是脫離了它則無法生存。個人與社會的關係，有如細胞和身體一樣，前者是後者的構成分子，但前者無法單獨脫離而生存。

‧社會和國家的本質

威權主義認爲文明的發展，乃是由於社會集體努力的結果。個人必須附屬於社會，才能獲得自由的最高境界。因此，國家是一個實質存在的東西，它是由全民意志力共同凝聚起來的實物。比如墨索里尼強調「偉大的義大利」，不僅是現在的人口、土地與政府，而且是過去、現在與未來文化的總稱。納粹德國的希特勒，更進一步強調亞利安民族的優越性，試圖將種族取代國家的地位。

‧人民和國家的關係

至於個人的利益，必須有助於公眾的團體利益才能表達出來。個人乃是社會的組成分子，個人的生存條件，必須依附於社會的運作才有繼續的必要。人的存在，乃是要達成一個國家，因此社會和

國家的價值是至高無上的，個人沒有獨立的理由和價值。在認為必要時，國家有權要求人民作任何的犧牲，祇要這些犧牲有助於社會和國家的成功，人民沒有拒絕的權力。

‧知識和眞理的本質

知識的多寡，因人的聰明才智而有所不同，至於眞理則是絕對唯一的。知識的獲得，因天賦的才智和後天的努力不同而有所差異。至於眞理則只有一個，並由心智高人一等，位居統治階級的人所擁有。在神權時代，認為「眞理」來自上帝，而國王則為上帝的發言人。

威權主義的思想與實施，開始於十六世紀的歐洲。當時均採用專制政體的歐洲各國，統治者以節制印刷媒體作為推行文化教育以及思想統治的手段。並推出各種管制手段，用以箝制報業。

■自由主義新聞理論

自由主義的新聞理論，係起源於十七世紀的英國與十八世紀的美國。其基本的哲學理論，在於人類乃是具有理性的動物，同時亦擁有某些天賦而不可奪的權利。這些天賦的權利，簡言之就是美國獨立宣言所揭櫫的：「一切人類皆生而平等，造物者賦予他們若干不能出讓的權利，其中如生命、自由和追求幸福的權利。為了保障這些權利，人類才在他們之間建立政府，而政府之正當權力，是從被統治者的同意中產生出來的。」

根據憲法的平等自由精神，美國憲法修正案，亦即所謂權利法案的第一條，即規定「國會不得制定下列法律：確立一種國教或禁止信教自由；剝奪人民言論及出版的自由；減削人民正當集會及向

政府申訴補救損害的權利。」

自由主義論者主要的思想如下（鄭貞銘，1995：53-58）：

‧人性的本質

自由主義者認為，人之所以異於禽獸者，乃是因為人是有理性的動物，他們具有思考、記憶和運用他們經驗的能力。每一個人本身都是文明社會最重要的實體。每一個人都有追求自身幸福的權利。如何滿足他們在這方面的要求，乃是個人、社會，以及國家生存的最高目標。

‧社會和國家的本質

自由主義者認為，社會的主要功能，在於提供個人追求幸福的環境，而國家存在的價值，乃是幫助個人發揮他的潛能，進而達到改善個人和社會的生活素質。雖然社會整體的力量，有時可以幫助個人達成他改善生活的願望，但是一旦社會的價值有逐漸超越個人的價值傾向時，這種現象必須被糾正回來。個人，而不是社會，才是我們人類文明生活的主人翁。

‧人民和國家的關係

自由主義者關於新聞自由的觀念，在於認為人是獨立的理性動物，有判斷善惡是非的能力；國家的存在，是為謀求人民的福祉，人民享有言論思想的自由，是造物者所賦予的不可剝奪的權利。因此，政府對於新聞自由的干涉愈少愈好，如果要有什麼管制，也應該出於人民的自省與自律，透過市場的機能來加以規範。除非真正危害到國家安全，否則政府不可以禁止消息的傳播。

‧知識和真理的本質

自由報業為自由主義的產品，它萌芽於十七世紀，成長於十八世紀，至十九世紀即大放異彩，茁壯完成。其背景因素，如文藝復興運動，主張個人獨立思考，自我判斷，促成人類理性的覺醒，使人類敢向傳統的權威和迷信挑戰；由於殖民探險、地理、天文及科學的重大發現，使人類敢向舊知識挑戰；由於宗教革命，使人類敢向羅馬教會的權威挑戰；由於資本主義的興起，社會中產生了中產階級，他們在達到經濟權利之後，開始爭取政治權利。經由這一連串的挑戰，產生了許多政治及社會的重大改革，而這些改革，孕育及加速了自由主義報業的興起及成長。

威權報業理論在十八世紀初開始式微，政府和教會對報業的控制日益萎縮，印刷事業不再是一種特權，到了該世紀末期，自由主義報業的精神和理論，逐一變成明文法律，載入歐洲各國的憲法裡面。

■共產主義新聞理論

共產報業的哲學，亦建立在人的本質，人與社會的關係，以及其真理的特質上（Siebert et al., 1971: 117-121; 李瞻，1983：140）。

・人性的本質

馬克思認為「人是社會的主要成分，但它僅是社會的一種成分而已，個人在共產社會中，並不重要，更沒有像在自由主義社會中那樣重要」。蘇俄共產主義，認為個人為社會的產物，所以確認社會是永恆的，最重要的。而個人的最終目標，僅在完成社會的永恆發展。他們必須要有統一性（Unity），在一黨領導及全國團結之下，建立一個沒有階級，沒有衝突，沒有不同意見的共產社會。他

們認為真理即為團結的象徵。

·社會和國家的本質

在共產社會中，報業為國家重要工具之一，與其它工具（如軍事、教育、經濟等）密切結合起來。現在蘇俄尚未完全將國家與社會合而為一，所以報業是黨與國家的工具。其終極目的，在完成世界革命，及促進社會主義的偉大建設。

·人民和國家的關係

共產黨認為它是人民的守護神，它既是人民的耳目，也是代表廣大勞工階級的組織。黨的領袖代表了國家，具有無上的權威，誰批評黨的領袖，就等於犯了叛國罪。把異議分子加以放逐，或使其與社會隔絕，被認為是鞏固政權必要的手段。

·知識和真理的本質

共產主義相信「真理」只有一個，「真理」只有一個發言人，即黨或黨的領袖。全國所有機構、團體或個人，都必須嚴密團結在一個終極的目標下。自由社會是多元的，「真理」有許多來源，社會組織可以各自依照自己的方法處理自己的事務，政府的責任，在維持社會秩序，增進人民福利。但在共產社會，目前國家的力量超越一切，超出商業、藝術、教育、宗教、國家權力超越一切之上。

根據席伯特等三位學者的看法，蘇聯共產主義的新聞理論是威權主義理論的分支。在蘇聯共產主義制度下，新聞媒體是為共產黨服務，完全為國家所擁有。

蘇聯共產主義統治下的新聞媒介具有下列特徵（Siebert et al., 1971: 18-27）：

1.大眾傳播是國家及共黨的工具。

2.大眾傳播是國家及共黨其他工具密切整合。

3.大眾傳播是國家及共黨內部統一的工具。

4.大眾傳播是國家及共黨自發實現的工具。

5.大眾傳播是宣傳及煽動的工具。

6.大眾傳播是十分強制性的責任。

■社會責任新聞理論

一九四九年羅伯特・霍金斯（Robert M. Hutchtns）領導的「新聞自由委員會」調查新聞媒介自由的狀況。該委員會發現由於獨占情況益漸增加，所以新聞自由日趨危險。極少數人擁有大多數新聞媒介。日增的所有權集中源自於印刷及廣播技術成本的增長，結果使更少人有機會使用傳播管道。該委員會建議，媒介所有人應該承當更大的社會責任，給予閱聽人更多自由的使用（包括了回覆的權利）。委員會成員對媒介所有者及經營者日增控制資訊的權力表示不安。事實上，美國新聞自由委員會已在一九四七年首先正式提出「社會責任的報業理論」。

就席伯特等人而言，這種不安就是社會責任論的基礎，而這項理論是自由主義新聞理論修正衍生出來的。自由主義理論強調媒介制衡政府；社會責任理論主張新聞媒介的功能，是作為衝突各方討論的場所。此外，自由主義理論認為媒介只開放給有經濟工具者使用；社會責任理論者則認為任何人均有權使用媒介。社會責任理論注重有社會責任的媒介要受到公眾意見、消費行動及專業倫理的控制；自由主義理論則重視透過自由市場機能來調節媒介的運作（呂郁女，1992：23）。

　　「社會責任傳播理論」是由「自由主義報業理論」演變而來的。自由主義理論起源於十七、十八世紀的威權社會，它強調個人都有一些不可剝奪的天賦人權，同時人是有理性的動物，具有獨立思考及判斷的能力，因此即使報業曲解事實，撒謊欺騙，經過一段時間後，人的理性能力還是可以將眞理從僞詐中分辨出來的。根據這些論點，自由主義者強調個人自由至上，而新聞自由純然是個人權利的一部分，任何加諸其上的限制都是違反人權的行爲。

　　然則十九世紀以後，先後發生三大革命，即政治民主化、經濟工業化與社會都市化。這三大革命使個人與社會的關係產生本質上的變化。而新聞事業之經營，也由服務民主政治的性質，轉變成以營利爲主的商業行爲。

　　社會責任新聞理論是基於自由主義新聞理論，但超出自由主義新聞理論。它接受自由主義新聞媒介的理想及功能，但不同意自由主義新聞理論的哲學基礎，以下仍就人性問題、社會本質及其與個人的關係、眞理的意義及出現等方面討論之（Siebert et al., 1971: 92-101；李瞻，1983：192-195）。

・人性的本質

　　社會責任論認爲，人類並非完全爲理性動物，其選擇亦非經常正確。他們認爲「人性」，乃是食色、與各種嗜好等的綜合要素。這些基本慾望決定了「人性」。

　　根據近代著名心理學家佛洛伊德（Sigmund Freud）發現，人類並非完全合於理性，而是懵懂的、懶惰的、自私的。認爲人類行爲主要受潛意識之支配，而生活目的，主要在滿足當前之迫切需要及其願望。所以，必須先有良好的教育，健全的社會制度，引導並鼓勵人類向善，然後社會才能逐漸臻於至善之境。人類不經過教

育，很難有正確判斷（完全放任自由，人類必然變成短視、自私、僅圖目前享受，而不會為久遠及後代子孫著想）。

· 社會本質及其與人民的關係

社會責任論，則認為社會本身雖無目的，但它卻代表所有個人「整體」之利益。因此，任何文明社會，均已公認「社會公益」高於「個人利益」之原則。這是個人主義之調和，也是社會責任論之基本觀點。

當前經濟學家與社會學家，亦認為人性是頗為自私的，而且對他人之福利往往具有偏見（Bias）。因此，他們反對激烈的個人主義，並懷疑產品與意見自由市場的可能性。因自由放任競爭的結果，是必然的獨占，自由市場不可能長期存在。他們也不相信自由主義所稱的宇宙有隻「無形的神手」或稱「自我正確的原理」，因為最近五十年的歷史已否定這種神話。他們相信，個人之過分放任，勢必危害社會的公共利益。

· 知識和真理的本質

社會責任論，認為人類並非完全合於理性，判斷亦非經常正確。所以認為必須先有好的教育，好的報人，然後「真理」才有出現的可能。例如，有關公共事務的問題，必須人民先有良好的教育水準，報人對公共事務須做客觀、公正而充分的報導分析，然後「真理」才能愈辯愈明。假設這兩項前提缺少一項，真理都難出現。

隨著時間的變動，席伯特等人有關國家與新聞媒介關係的新聞媒介四項理論，因為未考慮到世界現存的政治及經濟狀況，特別是未能很妥切地詮釋大多數已開發民主國家及開發中國家的現實狀

況。甚且，不能精確描繪蘇聯共產主義媒體，而且三位作者也未曾詮釋其他各種體系（例如，他們未曾提出革命體系的新聞理論）。在這種情況，許多大眾傳播學者紛紛提出了他們對全球媒體的哲學觀。諸如，羅文斯坦提出的五個新聞理論、海奇登的修正理論、馬奎爾六種傳播理論。

拉夫・羅文斯坦（Ral Ph Lowenstein）修正了席伯特等人的四個新聞理論，提出了五個新聞理論的劃分來說明全球新聞媒體與政府間互動的關係。羅文斯坦的五個新聞理論劃分如下：（一）威權主義的新聞理論；（二）自由主義的新聞理論；（三）社會 —— 自由主義的新聞理論；（四）社會 —— 威權主義的新聞理論；（五）社會 —— 中央主義的新聞理論。

其中自由主義及威權主義的新聞理論仍保留原來的名稱及意義，而社會 —— 自由主義的理論就是原來的社會責任理論，社會 —— 威權主義的理論就是原來的蘇聯共產主義的理論，至於新增的社會 —— 中央主義的新聞理論，則是描述政府或公眾擁有媒介，是自由主義哲學運作不可或缺的。

威廉・海奇登（William Hachten）於一九八一年針對席伯特等人所提出之四個理論模式也作了重大的變革。他提出了五個概念，說明在不同政治體制及歷史傳統下，傳播媒體所扮演的角色：（一）威權主義的概念；（二）西方的概念；（三）共產主義的概念；（四）革命的概念；（五）發展（或第三世界）的概念。更重要的是海奇登這五個概念形成一個連續的光譜，其中一個極端是完全的控制，另外一個極端是沒有控制。不過他認為在任何時間、空間中，大眾媒體的運作都受到某種程度政府、社會及經濟因素的限制，即令最自由或最獨立的媒體系統也必須面對各種不同程度政治權威的規範（Hachten, 1987）。

馬奎爾（Denis McQuail）在*Mass Communication Theory: An Introduction*一書中，依照世界上不同的傳播制度，劃分出了六種傳播理論：極權理論、自由報業理論、社會責任論、蘇俄媒介理論、發展媒介理論和民主參與式的媒介理論（McQuail, 1987）。

皮卡德（Robert Picard）新聞媒體理論是採取七種分類法，包括：（一）權威主義理論；（二）共產主義理論；（三）革命理論；（四）發展理論；（五）民主社會主義理論；（六）社會責任理論；（七）自由主義理論。除了自行創建的「民主社會理論」外，皮卡德也支持了海奇登的革命及發展理論（Picard, 1985）。

在席伯特之後，雖有羅文斯坦提出的五個新聞理論、海奇登的修正理論、馬奎爾六種傳播理論。但各種理論之演繹，仍由極權主義與自由主義兩制度發始，即是極權主義報業與自由主義報業。與一九一七年俄國革命後出現的共產主義報業，及報業理想制度的社會責任論等四種理論大抵仍為新聞理論基礎。

所以，新聞傳播制度的發展若有模式可循，那麼依政治、經濟力量對傳播媒體業的箝制及理論方式發展，應是共產主義先向極權主義制度發展，再流向自由主義。

政經系統是媒體發展的關鍵

人類社會制度的發展，最早都屬於極權社會，由極權社會再發展出民主資本主義社會及社會主義社會（共產主義社會），共產主義社會係社會主義的一個分支，卻是承襲極權社會的體制，而社會主義在擷取民主資本主義及共產主義的政治、經濟史觀後，又分為

社會民主主義及社會威權主義兩種類型。

　　不同的社會制度（主義）其政治、經濟哲學自然不一，政治、經濟權力的集中或分散，也造就了不同的媒體制度，諸如上節的四種新聞制度。

　　資本主義社會強調政治民主、經濟自由及私有產權，其媒體制度自然屬於民營的商業制度。

　　共產主義標榜個人係為國家而存在，無產階級專政，其實是為共產黨專政，所以社會制度施行專制及公有產權，其傳播媒體皆為國營或黨營。

　　社會民主主義，在民主自由的政治、經濟制度下也尊重公營體制的社會責任，所以採行混合制，諸如印刷媒體採民營制，電子媒體則採公民營並行，商業與非商業的混合制，如歐洲諸多社會民主主義國家，印刷媒體都採民營商業制度，而電子媒體則先採行國營再開放民營，但國營（公營）電子媒體也一直保有良好的傳統，如英國BBC，亞洲國家如日本NHK，也是舉世聞名。

　　社會威權主義國家的媒體則顯得政治掛帥，諸如印刷媒體雖然允許民營商業制，但同時由國家公部門及政黨辦了許多報紙、雜誌用以控制輿論市場，電子媒體由於影響力大，自然都屬國有國營制。

　　上述四種不同社會制度建構出不同的傳播媒體制度，細究其成因仍在於政治系統及經濟系統的差異，政治系統權力集中如共產主義者，基本上不允許有自由經濟市場的運作，採行計畫經濟的結果，傳播媒體只是黨及國家的宣傳工具而已，經濟系統是政治系統下的一個部門，無法形成社會的監督力量。

　　反之，民主資本主義社會，政治民主的力量勢必無法集中，自由經濟的市場力量甚且大過政治力量，政治為市場服務，傳播媒體

屬於民營商業機制。

介於共產主義與資本主義間的社會民主主義及社會威權主義則端視其如何服膺政治、經濟權力集中與分散的哲學。

德弗勒提出的媒體與社會系統關係，基本上構思、運作的是民主資本主義下的媒體制度，所以政治雖然可以規範媒體的秩序，但基本上是係為經濟、為民眾服務，而在民營產業制度下的媒體制度，卻少了那麼一點社會責任感，需要由政治、經濟、閱聽人不同系統同時發出制衡的力量。

我國媒體制度，早期屬於社會威權主義的類型，但又不全然是，乃有「三民主義傳播制度」的標新立異，在印刷媒體部分採行民營、黨營、國（公）營並存的制度。後者並維持相當的比例。有趣的是電子媒體，尤其是電視媒體，完全採取民營商業的機制，與典型的社會威權主義國家並不相同。當然，早期三家電視媒體（台視、中視、華視）的資本結構有很高的比例來自於黨及國家公部門，甚且形成足以控制的力量。易言之，我國電視媒體制度雖然商業經營機制，但並非純粹民營結構，比較精確的描述應是黨公營商業電視台。

我國政府三十八年（一九四九年）自大陸播遷來台後，歷經人民與政府的努力，台灣地區經濟突飛猛進、百業繁榮，人民進而要求政治的民主化，我國傳播媒體制度也發生了根本的變化。傳播制度由早期的社會威權主義類型，快速地向民主資本主義陣營靠攏，重商主義的色彩瀰漫在我們的媒體市場，一切向錢看，一切以市場為依歸，甚且有人戲稱「比資本主義還要資本主義」，而所謂社會威權主義、三民主義傳播制度的責任論，早就被拋到九霄雲外了。媒體亂象頻生，媒體內容慘不忍睹，再度引發媒體制度改革的呼聲。

　　此次，媒體制度轉向具社會民主主義色彩的民營與公共化方向。

　　只是，在未能釐清我們國家社會是屬於完全自由開放的資本主義社會，亦或帶有社會主義責任的社會民主主義，東施效顰，頭痛醫頭、腳痛醫腳，恐怕畫虎不成反類犬，所謂廣電媒體公共化亦只是另一種國營化而已。重提社會責任論之際，意圖將政治的手伸向公共媒體，其實反而是一種倒退。

　　廣電媒體公共化有其必要，但絕不容許政治力量的介入，否則豈不是共產主義或威權主義的幽靈在民主的社會中再生。

　　政治與經濟的力量是型塑傳播制度的絕對力量，向政治傾斜或為經濟服務，端視社會的氛圍及民主化的程度，資本主義商業經營之餘，再度建構公共化的媒體環境，切忌矯枉過正，使成為國營化或少數菁英化的變體。民主社會可貴之處，在於能夠培養具有獨立人格、有批判能力的現代公民，使其不但能監督公共化的廣電媒體，更重要的是可以抗拒商業化浪潮下的所有媒體，不至於淹沒在媒體浪潮之下。

MEDIA LITERACY

第二章

第二位上帝——媒體的功能

自從傳播媒介在二十世紀普遍使用後，一波波的傳播活動，在我們環境中到處充斥，更發揮了極大影響效果。湯尼·史契瓦滋（Tony Schwartz's）在策劃四次美國總統競選活動，與數次參議員、州長的競選，以及三百多家企業公司形象企劃之後，深深發現傳播媒體力量的偉大，而展現其工作心得的作品：《傳播媒介──第二位上帝》（MEDIA: The Second God），將傳播媒體效果加以淋漓盡致描述，他說：「上帝是全知全能的，祂是神靈而非肉體，祂存在於我們的心靈與外在。上帝是與我們同在的，祂無所不在，我們永遠也無法知悉祂。因為祂是以神秘的方式進行工作。廣義而言，上述的話，不但描述了我們的父神──上帝，且描述我們人類所創造的第二個神──傳播。」

史契瓦滋將傳播媒體與上帝之神能相提並論，在某種角度並不恰當，但由此可發現傳播媒體所具有的效果幾近神能，實在不是現代人所該忽略的。

史契瓦滋說，媒體就像神一般地可以改變世界，讓大眾的注意力集中在媒體的報導上。而某一事件經過報導，它可使總統、國王倒台，也可使小人物一夕成名，當然社會名流的聲譽也可能因此受損。而這些力量在人們以往的心目中，只有上帝才能具有，如今傳播媒體竟也能發揮神一般的效力，難怪有人視其為第二位上帝了。

具有「傳播王國」之譽的美國，早已進行「電視競選」、「電視傳布福音」，並已有卓著績效。唯國內民眾對這位「第二個上帝」的脾氣及神能，仍是知之不詳。「媒體識讀」教育使我們開始重視媒體、認識媒體。尤其是媒體所具有的功能。

媒體的正面功能

　　傳播媒介可說是二十世紀最偉大的發明之一，尤其是電子媒介，如廣播及電視。它們的發明使傳播的功能更為擴大，而媒體事業的經營，將傳播功能與效果發揮得淋漓盡致。

　　那麼傳播媒體具有哪些功能？又發揮哪些功能呢？

　　對於傳播的需求與滿足是社會生活的重要條件。即使在印刷機、電報發明之前，這種需求早已存在。如原始部落社會中即有了斥候，進行偵察環境及發現危險的任務，古時候的烽火台也負起告知兵凶戰危的軍事訊息及傳遞工作。而部落社會中的長老會議則具有解釋部落事務及決策之責。同樣的，長老會議也需藉由適當的機制傳播出去，如人與人之間的口耳相傳，或部落小頭目間的轉達。部落社會中也有專司文化傳遞與教育的巫師及娛樂族人的舞者、民謠歌者。當傳播媒體發明之後，上述這些傳播的需求及滿足即由各式各樣的大眾媒體來承擔，傳播媒體的傳播內容比起古時候的人際傳播，自然更加豐富，更具有傳播的速率與效果，這些執行、操作的結果，便成為媒體的傳播功能。

　　最早研究大眾傳播理論，享有盛譽的拉斯威爾（Harold D. Lasswell），一九四八年即曾談到傳播功能，並被一再引用，其權威性迄今仍在。他將傳播媒體的功能劃分為三類：（一）環境的守望；（二）對社會某些部分所作的修正，使與環境相適應；（三）社會傳統由上一代到下一代的傳承。簡而言之，拉斯威爾的媒體功能分別為守望（Surveillance）、解釋（Interpretation）及價值的傳遞

（Transmission of Values）。

被視為是傳播理論整合者的美國學者施蘭姆（一名宣偉伯）（Wilbur Schramm）在拉斯威爾的媒體功能之後，加上兩項，計是娛樂（Entertainment）及幫助推銷商品。

下述針對這五項功能進行說明：

■守望

媒體守望功能，如部落社會中斥候的守望角色，負責把周遭危險的情事做出報告。現代媒體擴大此項功能，透過最新科技的傳播媒體，人們可以把自己的五官儘可能的延展，電視、廣播、電話幾乎使我們成了千里眼與順風耳，對於環境的警戒，達到前所未有的境界，協助人們對於變化迅速而複雜的社會能夠獲得調適。

在媒體功能中，守望指的就是一般新聞或資訊的傳遞。透過電視網路線纜的鋪設及衛星的傳布，媒體滿足民眾對於資訊、新聞的需求，幾乎已到了無遠弗屆的地步，類似美國CNN有線電線新聞網二十四小時的播出，可說是對人類二十四小時不眠不休的守候。

■決策

當代的社會透過媒體，尋求各種不同立場的聲音，提供社會共識的形成，達到社會進步的要求，這種有助決策形式的功能，就如原始部落的酋長和長老會議針對部落的需求和目標做出決定一般。

當媒體對社會的問題發表輿論時，即有喚醒社會大眾、勸服社會大眾的意義，用以形成社會一致的抉擇。

■教育

　　媒體的教育功能，是幫助我們把社會的文化傳遞給下一代。有如原始部落中，長者、耆老負責傳授部落的歷史、文化和技術一樣。

　　這種文化傳承的教育工作，自古以來即有之。只是媒體在這方面的功能，比起傳統教育的師徒相授或各式學校的教育方式，有了更廣泛的功能與作用。媒體甚至被視為沒有圍牆的學校。

■娛樂

　　娛樂的需求與滿足自古以來即有之。古時候的舞伎、民間藝人、民謠歌者，皆在滿足這方面的需求。電視、廣播、電影發明後，其娛樂功能發揮得淋漓盡致，早已取代傳統的娛樂方式，或將傳統的娛樂現代化、媒體化，未來，媒體的娛樂功能必然會更加強化。

■商業

　　施蘭姆所提的媒體第五功能，是幫助推銷商品，以確保經濟制度的健全。其實，指的即是媒體上的廣告功能。當然，媒體間有關商業訊息的報導及資訊，亦具有相同的作用。

媒體的負面功能

凡事必有正反及利弊。媒體具備了各種功能，而正面功能的反面即是負面功能。

學者賴特（Charles Wright）在拉斯威爾的三個媒體功能基礎上，進行媒體功能研究，並增加媒體第四功能娛樂。他在"Functional Analysis and Mass Communication"專文中發展出「大眾傳播媒體的四種功能品類表（Functional Inventory）（如**表2-1**）。針對守望、決策、教育、娛樂進行正、負面表列。使得媒體的功能研究受到另一種面向的重視。

長時間來，媒體受到重視的是它正面功能的面向，並以接近神能的態度正視它，視為第二個上帝。

事實上，「水能載舟，亦能覆舟」。上帝是否可能變成撒旦呢？善惡之念，存乎一心。為善為惡亦端視媒體內容的製作者。因為媒體功能存在著正、負對照。

賴特在其媒體的四種功能品類中，有明確的對照。諸如，守望功能中對環境的警示，也可能因過分或頻繁的報導而產生民眾的恐惶。娛樂部分，原在創建大眾文化、陶冶性情，過度重視娛樂的效果，必然導致低級趣味文化的產生，更可能使高級文化、藝術發展受阻，普遍降低閱聽大眾的品味及欣賞水準。

不過，負面功能的表列及研究，並非毫無用處。負面功能的研究有助於閱聽大眾建立對媒體的批判理論，認清媒體的好壞處及明瞭負面報導及低級趣味節目內容產生的原因。

表2-1　大眾傳播媒體的四種功能品類

功能	負功能
1.守望：提供音訊、新聞	
警告 — 自然危害	製造驚惶、過分渲染
工具性 — 對經濟、公共事務、社會具有 重要性的新聞	麻醉作用、冷漠、被動、易受感染
常態的暴露 — 個人、事件	過分暴露、鮮有透視性
2.相關關係：選擇、詮解、批評	
執行社會規範 — 對背離規範者如暴露	增強社會一致性、凝固刻板印象、製造 假事件、形象、特殊人格
社會地位的授予 — 意見領袖	阻礙社會變革、創新
防阻對社會安定、造成驚惶的威脅	減少批評、出現少數專制
反映、操縱輿論	維護、擴張現存權力
節制政府施政、安全保障	
3.文化傳輸：教諭	
增加社會強制力量 — 擴大共同經驗的基礎	減少次文化的多樣性，擴張大眾化社會
減免社會不安定 — 化戾氣為和祥	非人格化，缺乏個體接觸
繼續推動社會化 — 在教育、援助、整合 前後進行	趨向標準化、阻礙文化成長
4.娛樂性題材	
個別享有的休養生息之樂，逃避主義	增強逃避主義、強調休閒主義，不務正業
充分利用休閒時間	毀損真正藝術
創建大眾文化 — 藝術、音樂 — 大眾化	迎向低級趣味、阻礙成長
暴露行動	
增添情趣、偏好	

此表原為賴特設計，經謝佛林（Werner J. Sererin）加以簡化。

資料來源：Functional Analysis and Mass Communication，刊於*Public Opinion Quarterly*, 24 (1960)：605-620.

國內正推動「媒體識讀教育」，每位國民對媒體應有基本瞭解。而對媒體功能的認識，厥為媒體識讀教育之第一步，知道媒體的好處，才會對媒體的使用產生興趣；但不能只知其一，不知其二。使用媒體、認識媒體原即在趨吉避害。所以對媒體的正負功能均應有所體會。

■守望的負面功能 —— 製造恐惶、麻醉作用

媒體的守望正面功能，負起偵察社會上各種危機之責任，包括自然界的災害、經濟的危機及環境的傷害等。但過度的報導，卻也可能造成惶恐或過度渲染，久而久之產生麻醉作用或冷漠、等待事件真正爆發時反而失去應變的能力。

二〇〇四年秋，紅火蟻在台灣幾個縣市地區被發現。媒體基於天職進行報導，無庸置疑。唯過分的報導及渲染，如台北淪陷、花蓮也遭入侵，以些微的個案放大報導，造成一時的聳動新聞、及民眾恐慌、繼之鬆懈，皆非媒體傳播的正面功能。

■決策的負面功能 —— 製造刻板印象、阻礙創新

媒體形成社會共識及產生決策的功能，雖可能對於違反社會常軌者予以非議，並塑造意見領袖，型塑社會輿論，反面卻是操縱意見，因增強社會一致性的結果，製造刻板印象，無助多元、民主的發揮，甚且阻礙社會變革及創新。

在某種程度上，媒體會成為社會保守的力量，阻礙進步及創新，凡此都是決策的負面功能。

■教育的負面功能——趨向標準化、缺乏個體接觸

媒體的教育功能，實具有增加社會強制力量、擴大共同經驗，但卻可能成為標準化，減少文化的多樣性，媒體傳播教育的侷限也必然缺乏個體性，難以形成群體意識。

■娛樂的負面功能——逃避主義、低級趣味

媒體傳播功能遭受攻擊最多的應屬娛樂這個面向。大眾傳播媒體具有穿透時、空的能力，夾帶大量娛樂成分的內容，襲捲每個人的生活意識。

媒體以大量的、低俗的內容迎合大部分的閱聽人，使媒體成為低級趣味製造機，衛道之人士人人喊打。

水能載舟，亦能覆舟

大眾傳播學術研究，傳播媒體擁有前述正、負面功能，事實上，傳播還具有多種世俗性或商業的功能。

傳播學者及媒介運用者認為傳播媒介功能可比上帝，那麼傳播媒體還具有哪些神能呢？滿足大眾的需要或動機、提高知名度、建立良好形象、引發購買慾、給予更高身分與地位的力量等，這些神奇的力量皆是媒體所能賜予。

■滿足大眾的需求或動機

傳播媒介功能除了傳播研究先驅——拉斯威爾所說的,大眾傳播媒介是環境的瞭望者(守望功能)、政策的塑造者(監督功能)、知識的傳授者(教育功能)、精神的調劑者(娛樂功能),及美國新聞自由委員會的五條金科玉律外,我國傳播學者徐佳士教授,也曾透過實證研究發現,報紙可以滿足民眾的需要或動機。由此即可印證傳播媒介功能的表現。

由徐佳士教授「滿足民眾的需要或動機」之研究結果,其高低順序依次是:(一)瞭解地方事情;(二)知道國家和世界大事;(三)間接與社會接觸;(四)增加新知見聞;(五)尋求購物的參考資料;(六)瞭解別人對各種事物的看法;(七)尋求解決困難的方法;(八)增加與人談話資料;(九)滿足個人好奇心;(十)打發時間;(十一)尋找快樂;(十二)和家人朋友共享閱讀或欣賞的樂趣。

■提高知名度

對於多數閱聽人而言,傳播媒介確實能夠展現上述功能,即使對於特定人士或企業集團,傳播媒介也能達到特定目的,諸如:名不見經傳的企業或有意從政人物,經過傳播媒介報導後,即可讓大眾有初步的認識,而後陸續的刊載,將使企業、人物形象在閱聽人心中留下深刻印,甚且受到歡迎,否則至少也能達到耳熟能詳的地步。至於產品經過報導後,也能促進往後的消費行為。

■建立良好形象

　　稍有名氣的企業、人物爲維持不墜的良譽，需要傳播媒體持續報導，以博取大眾進一步的好感，建立良好形象。

　　這可從企業體或政界人物頻頻曝光得知，另外常可聽到一些民選代議士們在聊天中表示，名字幾天不見報，選民就忘了我們。立法院、各級議會民意代表爲了爭相在電視台亮相，頻出怪招，目的無它，建立形象而已。

■引發購買慾

　　就商品傳播言，商品不斷透過媒介報導，必將引發顧客的及時採購，這也就是節慶假日時各大商品廣告紛紛推出的原因。此外，媒介仍具有鞏固顧客信心的能力。成名企業或名牌產品所做的各種商業或非商業性報導，其目的即在鞏固顧客對企業或產品的信心。

■給予身分與地位的力量

　　善用媒介的人在各種場合中，對於各種狀況均能掌握，因而有恃無恐、攻無不克。這與其說是他們善用媒介，還不如說是媒介功能的徹底發揮。媒介賦予人們身分與地位的力量，可從下述例子中瞭解。

・事例一：載舟覆舟談哈特

　　在老布希順利擊敗民主黨候選人杜凱吉斯，登上美國第四十一

任總統寶座之際，人們腦中已忘了民主黨另一位候選人哈特。曾經有人認為，哈特如果不是因為緋聞案被傳播媒體爭相報導，導致三振出局、提早淘汰，那麼登上總統寶座的，也許未必是共和黨的布希。由此可見傳播媒體，給予或褫奪身分與地位的功能。

姑且不論美國記者，在進行一九八八年美國總統大選民主黨候選人哈特的追蹤報導，是否觸及個人隱私、是否有違新聞道德，但是《邁阿密前鋒報》已無疑地將當時熠熠發光的「明日之星」哈特徹底擊垮，因為曾在一九八四年造成所謂「哈特旋風」的哈特，最後還是在一九八七年的五月八日，於他的老家丹佛市，透過電視向全美宣布退出競選。因此無論《前鋒報》該項報導的反應是正、負，但是大眾傳播已再次展現它強而有力的功能。此時研究傳播學者似乎該重新評估傳播媒介的能耐。

在第二次世界大戰爆發前，研究新聞學的人只研究報紙，尤其側重報紙編輯、採訪的研究，報紙所登載的新聞不管別人看不看，好像總發生很大的效果，有些學者乃提出「皮下針」的理論，或所謂「子彈理論」，傳播研究者認為傳播媒介像一支注射針，可以自由地把訊息「注射」到一群疏離的群眾身上，或把群眾看做一排排互不相連的靶子，隨時可被媒介所發出的「子彈」一一擊中。

這種傳播萬能論，在經過傳播學者長時間的實證研究後，終於被推翻，因為研究者發現，傳播媒介的力量（對於閱聽人的影響）相當有限，往往小於人際接觸的影響，傳播媒介通常只能加強受眾的預存立場，而很難改變他們堅決的態度或行為。

但是拉查斯斐（Paul F. Lazarsfeld）及梅頓（Robert K. Merton）兩位傳播學者，所說的給予身分與地位的力量、實施社會某種規範的力量（其方法為把規範的偏差公諸世人），以及幫助維持現狀的力量等三種大眾傳播力量理論，至少至今仍能保持，而在哈特事件

中逐一顯露無疑。

　　前科羅拉多州參議員，美國民主黨一九八八年總統候選人中最負聲望的蓋瑞合特（Gary Hart），從一九八四年迄今，一直是「媒體寵兒」。即使哈特在一九八四年與孟岱爾競爭時，新聞界發掘出他將姓名由哈特潘士改為蓋瑞哈特，並少報一年歲數的疑竇，但是對他的傷害並不大。

　　時至一九八七年五月間，在《邁阿密前鋒報》報導他曾與一名年輕女子，共度週末夜晚的消息後，卻使原居角逐提名領先局面的哈特滿盤皆輸。

　　事實上，弄走哈特的尚不是《邁阿密前鋒報》鉅細靡遺的追蹤報導，而可能是當哈特整個政治前途陷於空前危機時，《華盛頓郵報》又適時掌握哈特和華府一名女人，有不尋常關係的確切證據，而迫使他放棄繼續對政治地位的追求。

　　當五月六日晚間，《華盛頓郵報》記者，要求訪問哈特，當面查證此事時，哈特終於明白若再戀棧不捨，只有自取其辱，於是主動在八日中午宣布放棄競選。

　　觀察哈特從一九六○年投效甘迺迪總統競選陣營，擔任其中智囊團開始，這位耶魯大學法學院畢業的律師，即展露他的組織、宣傳長才，更由於他英俊出眾、才華橫溢，很能迎合美國傳播界及選民的口味，以及他特意網羅長期替甘迺迪撰寫講稿的眾家好手，替他潤飾詞藻，並選用適合的競選照片與類似甘迺迪的說話神情，這些在在引發大眾對已故甘迺迪總統的回憶，因而讓他成為傳播界的寵兒。

　　類似哈特如此才華出眾的候選人或政治家，在電視王國──美國──應該最為吃香。而事實上也是如此，哈特緋聞案還未爆發前，他在民主黨內的聲望，已超過布希在共和黨內的名望，可見傳

播界對他的支持，但是誠如中國古諺云：「水能載舟，亦能覆舟。」善用傳播媒介，固然可因其給予身分、地位的力量而使人一下子身價百倍、魚躍龍門，成為天之驕子，如果本身品德、操守有瑕疵，一旦經過傳播媒介大肆披露，屆時日漸隆盛的聲譽也將會在一夕之間灰飛煙滅、化為烏有。

因此，善用傳播媒介固然是政治人物必備的手段，可是本身人格也必須無所瑕疵，否則仍恐將功虧一簣。傳播媒介其迷人之處及威力既如上述，因此讀者不難知道，媒介魔力的偉大。

・事例二：雷根善用傳播媒介

美國的選舉，早在西元一九六三年就借重電視，因而有「媒體選舉」的雅稱，這並不表示美國大眾傳播媒體可以控制、決定大選的結果，而是說候選人不能脫離、或忽視媒體而參加競選，否則必嘗敗績。尤其自一九七四年「聯邦選舉法」修正後，候選人不能再靠財閥捐獻，轉而向選民籌募小額款項，因此，候選人不得不依賴傳播媒介宣傳，使其能在選民心中留下良好印象，也可因而節省不少競選花費。

美國三大電視網的晚間新聞時段，是各候選人的兵家必爭之地，如何設計新穎又高超的話題，常使各候選人的智囊團腸枯思竭，因為他們必須提出上乘的作品，而使候選人在面對電視攝影機前能從容自然「表演」，並在廣大觀眾心田裡留下良好深刻印象。

雷根以其演藝和播音的經驗，在媒介運用的策略上自然高於卡特、孟岱爾，而能輕易連任二屆美國總統，這種卓著績效自然是傳播媒體所大力促成的。

藝人克林·伊斯威特、阿諾·史瓦辛格，也分別以銀幕鐵漢的形象，競選美國公職輕易獲選，這無不表示媒體的影響力。

MEDIA LITERACY

第三章

誰在控制媒體

　　媒（介）體是大眾傳播的載具，傳播的自由是受到憲法層級保障的天賦人權。因此，談媒體控制時，不免有令人尷尬或矛盾的感覺。

　　如果媒體可以控制，那麼傳播自由、新聞自由自然無法受到完整保障，而誰在控制我們的媒體呢？我們閱聽的媒介內容又受到哪些單位、團體或個人的干擾呢？做爲一位耳聰目明的現代閱聽人豈能不知。

控制與影響的意義

　　「控制」一詞，在中、西文中，都是一個具有多種意涵的語彙。但總令人有霸道的感覺。以此語詞討論大眾傳播媒體的運作狀況，難免令人森嚴肅殺的感覺，其負面印象可想而知。實際上，翻開一頁頁傳播發展史，媒體的控制昭然若揭，難以掩飾，似乎也不必掩飾，因爲它毫不避諱地被視爲特定時空、政治、經濟、社會制度下的產物，如十六世紀英國的出版特許證照制度、保證金制度、知識稅、津貼制度，甚至是煽動誹謗罪的刑法等及二十世紀蘇維埃社會主義國家的全面控制媒體。

　　時代在進步，政治、經濟、社會制度也不斷獲得改良，媒體的控制，也應該得到解放。當然，現代的民主政府無人敢明言「控制」媒體。赤裸裸的、明目張膽的控制或許不存在，暗地裡透過各種政治、經濟、社會力量的運作，卻從來沒有間斷過。對於檯面下的控制，或可美其名爲「影響」。控制與影響之意義自然不同，我們也期望社會上各種勢力對媒體控制能眞正的演變爲影響，甚至完全尊

重而不加干涉。

那麼「控制」與「影響」之間存在著多大的差異呢？

根據《傳播及文化研究主要概念》（*Key Concepts in Communication & Cultural Studies*）書中的定義，「控制」一詞在一般概念中是用來形容有權力者的影響和目標，而社會控制卻更精密地用來指涉社會控制在負面或糾正形式上的綜合權力。影響到資源、工具以及關係的支配（O'sullivan et al., 2000: 303）。

《國語日報辭典》對「控制」的解釋則爲施用方法加以管制。

《辭海》對於「控制」一詞的解釋則爲，掌握住使不出範圍，其作用在於事物之間、系統之間、部門之間相互作用（《辭海》，1992：2416）。

上述辭書對於「控制」一詞的解釋重點不一，《傳播及文化研究主要概念》一書重點包括權勢者、操控、目標計畫以及支配與從屬的關係。顯示有權勢者有計畫、有目標地利用各種資源與工具去支配從屬者。《國語日報辭典》則強調方法的施用。

至於「影響」的解釋，《國語日報辭典》，係指如影之隨形，響之隨聲，是說一方發生一種動作而引起他方發生變化或行動的作用。

顯然，影響的意義並不在強勢的支配，而有些暗示的作用，權勢者希望看到什麼樣的結果，自身做出某種動作，希望引起相同的反應。易言之，權勢者不再強勢、赤裸地控制媒體，只能明示、暗示媒體朝著權勢者希望的方向進行傳播。

由控制到影響，應該是一種進步。因爲，影響與被影響者間沒有強制性的支配或從屬關係，或只有勸說、導引的關係，使得傳播與媒體的自由，獲得相對的尊重，但距離絕對的尊重及完全不干預的程度則仍待努力。

對媒體的相對尊重與絕對尊重，歷史有不同的看法與討論。媒體要贏得絕對尊重，似乎只能絕對的自我要求。

媒體控制的歷史

由「第二位上帝——媒體的功能」一章，不難理解媒體的功能及效果，第二個上帝的神能自然獲得有心人的垂青。「誰掌握媒體，誰就握有權力」，意味著控制媒體就掌握了權力、掌握了主導權，這絕對是控制媒體的目的。

大眾傳播媒體具有無遠弗屆的廣大影響力及穿透力，可以是偉大的宣傳、教育力量，也可以是權勢者眼中的「洪水猛獸」。確保地位的方法，是將大眾傳播媒體納入掌控之中，此種例子，由報業發源地之一的十六世紀英國及蘇維埃社會主義共產國家的做法可以得到解釋。

■英國媒體控制史

印刷機傳入英國初期時，英國國王原不以為意，但印刷機開始印刷傳單、書籍、報紙、宣傳宗教與政治理念時，國王感受到皇家權威受到挑戰，便開始注意進行有效管理。英王亨利八世是第一位對出版進行管理的皇帝，他分四個步驟逐漸加緊管理控制：（一）禁止國外出版商，保護本國出版商；（二）任命皇家出版官員，負責監督出版；（三）授予特權，保護及管制出版事業；（四）授予獨占專利，防止任何反對的出版品產生（李瞻，1972：83）。

　　四項管制措施，無不在防止出版商對英國皇家的批判及在宗教上持與英國皇家相反的立場。諸如一五五七年成立的皇家特許出版公司（Stationers Company）即在有效管制誹謗、惡意及異教言論的出版。

　　一五八六年頒布的出版法庭命令（Star Chamber Decree），更是毫不避諱的進行對出版的箝制，諸如，一切印刷品須送皇家出版公司登記；除得教會同意，不再允許出版商申請登記；印刷任何刊物均須事前請求許可等。

　　絕對的控制必然引發絕對的反抗，英國皇家對出版、對政治、對宗教的控制，導致一六四〇年清教徒革命的發生。皇家特許出版公司乃在一六四一年六月五日正式撤銷。一六九四年出版法案繼之失效。但這並非代表媒體控制的終結，而係另一個形式控制的開始。

　　英國清教徒革命之後，英國皇家權力逐漸轉移至國會身上，政黨政治亦逐漸成形，報紙的發展在皇家特許出版公司、出版法案次第撤銷或失效後一日千里。相對的，報紙對國王、國會及宗教的監督與批判炮火猛烈。這也使得英國政府及國會對媒體再次採取新的管制措施。

　　一七一二年五月二十二日，英國國會順利通過印花稅法案。英國政府開始向報紙、廣告及紙張徵稅，學者認為這是「知識稅」（Tax on Knowledge）。事實上，這是對媒體管制的另一形式。

　　賄賂記者及津貼報紙則是政府控制報業的另一形式。在英國安女皇與喬治第一時代，以津貼報人為政府宣傳，是最流行的觀念。因為自光榮革命後，政治領袖欲保持地位，不僅須得國王信任，而且尚須大眾支持，反之如有大眾支持，而失去國王信任，仍可保其權力，這是重視政治宣傳的主要原因（李瞻，1972：99）。

英國控制出版及報業，實有兩大武器，十六、七世紀，運用特許法案（Licensing Act）及出版法案，十八、九世紀運用煽動誹謗罪（Seditious Libel）及津貼報紙制度。基本上，是棒子與蘿蔔的交互運用。

■蘇聯媒體控制史

俄國對媒體的控制，可是後起之秀。青出於藍而勝於藍。這源自於俄國蘇維埃社會主義哲學的報業理念。俄共的領導人列寧曾說：「報紙不僅是集體的宣傳者、煽動者，也是集體的組織者。」

一九五七年，俄共頭子赫魯雪夫更為俄國控制媒體提供最佳的辯解。他說：「報紙是我們思想的主要武器。它的責任是擊敗勞工階級的一切敵人。正像軍隊不能不用武器作戰；同樣，黨若沒有像報紙這種銳利而強大的武器，在思想上也不能得到成功。因此，我們不能將報紙放在不可靠的人們手裡。它必須由最忠實、最可靠而且決定獻身我們共產主義偉大建設事業的人去主持。」

俄共控制媒體的理由已如上述，其控制媒體更期望達到五個目的：（一）教育人民；（二）解釋黨與政府的政策；（三）在共產主義的建設中動員人民；（四）發展批評與自我批評；（五）揭發戰爭的陰謀。

■我國媒體控制史

我國亦曾對媒體進行控制。最令人印象深刻的是所謂報紙「三限」。

「三限」有其特殊的時空背景，卻也造就一段奇特的報業發展

史。「三限」指的雖是對報紙的限制，該期間內廣播、電視的發展同樣受到嚴格的控制。

民國三十八（一九四九）年，中華民國政府撤退至台灣地區。在大陸失敗的經驗及希望掌控媒體為政府所用，不致淪為敵人傳聲筒的心態，導致民國四十年（一九五一年），行政院以台四十（教）字第三一四八號訓令第七點，要求「台灣省全省報紙、雜誌已達飽和點，為節約用紙起見，今後申請登記之報社、雜誌社，應從嚴限制登記」。

民國四十一年，內政部公布的「出版法施行細則」第二十七條更詳細規定，「戰時各省政府及直轄市為計畫供應出版品所需之紙張及其他印刷原料，應基於節約原則及中央政府之命令調節轄區內新聞紙、雜誌之數量。」

這兩個法令，無疑對報紙發展產生扼殺的作用，新聞自由也受到打擊，但在戒嚴時期，為國家安全、為節約能源，一段奇特的報紙發展經驗，從此展開，並一禁三十六年，直到民國民國七十七年才又開放新報申請。

在報禁期間，有所謂「一報三限」的政策，指的是「限證」、「限張」、「限印」。

「限證」是指政府不發給新報紙的登記證。

「限張」是指報紙張數不准多於三大張十二個版。

「限印」是指報紙不能在申請設立地以外的地方印刷。

報禁期間，新聞及言論市場受到控制，但上有政策，下有對策。一些報禁衍生的現象，值得往事重提。

其一，報證值錢。由於報紙不能新申請，想辦報的人，只好向持有報證的所有人高價收買。當時，每一樁報證的出售都為持有人帶來一筆可觀的財富。比較著名的例子是，一九六四年，《東方日

報》報證出售，改名《台灣日報》；一九六七年《公論報》出售，改名《經濟日報》；一九七八年，《華報》出售改名《民生報》及《大漢日報》出售改稱《自強日報》，移台中發行，一九八一年九月《自強日報》改組易名《自由時報》，一九八六年移新莊，一九九一年間再移入台北市。

其二，縮小字體、縮版、換版因應限張。一九四五年十月二十五日，《台灣新生報》創刊時，每天出版對開一大張，四個版；一九四九年三月十二日，《中央日報》遷台北發行，每天一大張半，六個版；一九五一年初期，在一大張半之外，遇國定假日及各報創刊紀念日得增刊對開一張（四版）；一九五八年增為兩大張；一九六七年再擴張為兩大張半；一九七五年，增為三大張，直至報禁開放。

三大張的篇幅自然無法滿足讀者、報社及工商發展的需求，在報紙張數無法增加情形下，《中國時報》、《聯合報》兩家最大的民營報乃以縮小字體、縮版、換版、分版為對策，以容納更多的新聞內容及廣告，實際上則損害了讀者的視力及權益。

特定時空背景下，政府對報紙的控制如此，電視台的控制，有過之而無不及。事實上，迄二十一世紀，我國第二次總統直接民選後，由反對媒體控制的在野黨——民主進步黨搶登總統寶座，台視、華視的管理階層仍然是酬庸式的分封選舉有功人士，視媒體專業義理於不顧，目的無它——便於控制而已。

媒體控制的種類

　　宇宙間的每個系統或次系統，必然面臨著內部或外部兩種壓力，諸如，地球外部面臨宇宙間的大氣壓力、內部則有生物系統產生的壓力；一個國家也同樣面臨國際間的外部壓力，與國內事物如政治、經濟、社會、種族等形成的內部壓力。

　　媒體系統也面臨著內外兩種壓力及伴隨壓力而來的兩種控制。

　　媒體系統相對於社會的這個大系統，只是一個次系統，其外部的組織與其它系統，如政治系統、經濟系統等必然對媒體系統形成壓力與控制的關係。一般而言，媒體的外部控制包括政治、經濟、文化、媒體自律組織、閱聽人監督組織。媒介內部的控制則包括新聞室的控制、專業倫理與規範的控制、新聞工作者的個人因素等。

■媒體外部控制

　　每一個人或每一個系統，無法單獨存在於社會中，必然受到社會上其他人或其他系統的影響（也影響其它人或系統）。而這種影響漸而形成壓力及一種控制的力量，對於媒體而言，乃是一種媒體的控制。

・政治控制

　　政治力量對媒體的控制，歷史最為悠久，遠在媒體還在出版業的狀態時，政治力即已經進行控制。諸如上述談到的十六、七世紀

英國王朝對出版業、報業施以出版的特許、內容檢查、誹謗重罪或賄賂記者、津貼補助等。蘇維埃社會主義國家甚至完全壟斷所有媒體的經營權、管理權、新聞發布權，民眾甚且沒有不閱聽報紙、廣播、電視的權力，因爲它被視爲是一種學習。

隨著人權等普世價值的傳遞，世界各國政府（包含威權式國家）深懼其他國家的干預及指責，對於媒體的控制也變得稍具文明，不敢赤裸裸，無所忌憚的進行控制。即便侵犯新聞自由仍需要以法令來掩飾，使得政治的控制具有某種程度的正當性。

例如，我國從一九四九年起開始實施戒嚴，爲了國家安全，新聞出版及廣播、電視發展受到限制，期間亦訂有相關的法令規範，如出版法施行細則等，但基本上是違反憲法的精神。已經去世的世新大學創辦人成舍我，他同時具有立法委員身分，以風骨見稱。一九五五年三月四日他在立法院質詢時說：「這一份施行細則，許多地方，多與母法的立法原則衝突。痛快的說，簡直就是違憲。」

政治的控制力無孔不入，它在以私利爲考量的政治人物或團體設計下，會以各種「形式合法，精神卻違背自由主義」的原則與精神方式出現，甚且美其名爲保障公眾的利益。

我國的出版法及出版法施行細則已告廢除，政府對於印刷媒體的控制，回歸民、刑法的審判。倒是廣電媒體仍然受到法令的限制，諸如廣播電視法、有線廣播電視法、衛星廣播電視法，廣播電台、無線電視台換照的審查制度，即被視爲另一種政治控制。當然，這種指控並不全然公允，因爲換照制度，正可以制衡廣播、電視節目之濫制或壟斷，不過，爲善爲惡存乎一心。

· 經濟控制

從馬克思的觀點來說，政治、經濟是不分家的。各種公共行政

事務，必然夾在政治與經濟兩種力量之中進行拔河比賽。從而導出各種各樣的政治經濟學或經濟政治學。媒體亦然。媒體的政治經濟學其實是一個很好的研究觀點。媒體受到經濟的控制及牽絆可見一斑。

除了政治的津貼制度及媒體商品的販售所得之外，商業廣告及資本家的投資是媒體可以存在及發展的主要原因。也因此，媒體的發展與經濟力之間是多麼的息息相關，在此至少可以舉出四種與經濟相關的控制，分別是財務支持的控制、廣告客戶及團體的控制、透過優惠的控制、操縱專業的控制。

1. 財務支持的控制：媒體雖為社會的第四權，但在自由資本主義市場中，他們也是一家家典型的企業、公司組織。對於資本家而言，媒體事業是一種投資，並不全然視為對社會輿論、文化的犧牲與貢獻。將本求利是大部分媒體資本家的心態。此種企業精神在無形、有形中已對媒體產生控制。營收不佳，代表著資本家不會繼續投資或撤資。某些資本家雖然不完全在乎媒體的營收與獲利，但在意經營的媒體能否為他個人及其他企業塑造更好的利基，甚且發布不實的假消息，凡此種種都為以財務支持為手段遂行的經濟控制。

2. 廣告客戶及廣告團體的控制：廣告客戶可謂媒體的「衣食父母」。也因此「新聞廣告化」、「節目廣告化」、「廣告客戶控制編輯政策」等的指控不絕於耳。這些指控雖然言過其實，但並非空穴來風。

   廣告的收入是媒體主要的盈利來源，雖然不同媒體對廣告收入的依賴不一，廣告收入占報紙收入的三分之二，電視及廣播幾乎依恃廣告而得以存活，沒有廣告的支持，任何一檔的

節目都做不下去。職是之故，廣告客戶有些時候即會將其控制媒體的魔爪伸出，如要求將其商品介紹滲透到新聞內容中，搞置入性行銷；對於不利於產品的新聞事件則要求不刊登（播放）或避重就輕，大事化小，小事化無。

廣告商的聯合控制就更為可怕。而這種現象在二十一世紀的民主台灣社會卻也不避嫌。不少所謂「本土性」的廣告主為了抵制媒體對政府的監督，動輒以新聞不客觀為由，要抽掉電視台及報紙的廣告，企圖迫使媒體就範，不再對政府進行批判。

3.透過優惠的控制：所謂「透過優惠的控制」，即為經濟力量以優惠、賄賂媒體進行報導或不報導的行為。諸如企業主能給予媒體工作人員商品、勞務等某種優惠，接受優惠、賄賂的媒體工作人員無形中受到控制，所謂的「拿人手短、吃人嘴軟」，其監督社會的利器早就繳械了。

有關透過優惠的控制，最典型的例子是股票路線的陋規。台灣股票市場，新上櫃或新上市公司在發表會時，都會付給出席的記者數千元的紅包。試想，收紅包的記者，其對該家公司的報導，自然只有優點沒有缺點，只見利多不見利空。這種報導使投資股市的閱聽人遭受極人的風險與危機。因為他們看到的是不實的報導。

4.操縱專業的控制：資本家、廣告客戶、商家雖然可以以金錢、廣告、商品等經濟力量控制媒體；操縱專業的公關公司或人員同樣進行某種程度的媒體控制。

隨著媒體間的競爭，媒體的版面、時段大幅度的擴充，以滿足閱聽人的需求。唯各媒體的工作人員顯然無法提供足量的內容（當然，也可能是部分媒體工作人員疏懶），使得操縱

專業的公關公司或公關人員得以達到控制媒體的目的。非精
確的統計，報紙及電視新聞內容有近半是由政府、企業或影
視公司的公關人員所提供。

· 文化控制

　　每一個社會都有其獨特的文化及傳統，並形成規範。社會中的
個人、團體，其行事作為在有形、無形都受到文化的規範及控制。
　　例如，中國傳統的社會，對印刷媒體異常尊重，認為文以載
道，輿論報國。所以印刷媒體素以嚴謹、正確、莊重、自我要求，
對於扒糞或羶、色、腥新聞內容則大加撻伐，認為是八卦報紙、小
報的作風。使得該社會中，類似風格的報紙發展受到限制。
　　《蘋果日報》為香港式的八卦報紙，其風格迴異於台灣報紙，
登台以來，一再受到討論。即便他們仍以八卦新聞掛帥，有別於台
灣本土的報紙，唯他的尺度比起其他港式報紙已經收斂很多，這無
疑是文化控制的結果。

· 媒體自律組織控制

　　政治、經濟力量對媒體的控制，很容易遭到侵害新聞自由的指
責，由媒體成立自律組織對媒體本身進行控制則較無此風險。
　　英國是較早設立媒體自律組織的國家之一，英國報業評議會
（The General Council of the Press）成立於一九五三年七月一日，係
根據皇家委員會的建議成立，但拒絕由政府聘請報業以外的人參
加，報界認為，外界人士的參加，實際即外來勢力對於報業的干預
（李瞻，1972：211）。報業評議會的組織規程中，明訂依照最高的
職業與商業標準，維護英國報業品格。評議會認為，該會並不想節
制爭論的力量，而僅對新聞記者的道德行為予以注意。並以公正客

觀的態度,處理控制報紙的特別事件。評議會係以嚴格的標準審查證據,如果公眾的控告沒有證據,或新聞記者沒有道德,即同樣予以嚴肅批評,由各報發表。

我國也在民國五十二年(一九六三年)九月二日成立新聞自律組織,名稱是「台北市報業新聞評議委員會」。委員由新聞界先進、新聞學者及法律專家組成,政府人員及報業現職人員不得擔任委員。民國六十三年(一九七四年)九月一日改組為「中華民國新聞評議員會」迄今。

新聞自律組織,基本上是以新聞事業本身自我反省、自我約束的態度,履行對新聞道德與社會責任,是新聞媒體對社會責任的實踐及自我要求。

唯新聞自律組織經常無法扮演很好的控制角色,因為他不具有法律的約束力,媒體事業單位基於業務發展需求,對於自律組織的裁決,置若罔聞,使得自律組織名存實亡,聊備一格。

・閱聽人監督組織

消費者意識覺醒,消費者保護運動在二十世紀的後葉,蔚為風潮。相對於其它商品,報紙、廣告、電視的消費型態雖然不同,後二者甚且沒有因為資訊商品的獲得而有任何支出(有線電線例外),但媒體產品的供需關係仍然存在。為了保護媒體消費者權益,媒體消費者組織因應而生,並形成一股很大的力量,讓媒體不敢輕忽。諸如「退報運動」、「拒聽、拒看運動」、「關機運動」等。

台灣最早的保護媒體閱聽人組織是消費者文教基金會。

中華民國消費者文教基金會顧名思義在保護消費者的權益,舉凡食、衣、住、行、育、樂的消費者權益皆在保護範圍。大眾傳播

媒體也是消費品，收看電視、收聽廣播、閱讀報紙、雜誌。使用資訊網路皆屬消費者行為，其權益自然需要保護。為此，「消基會」在其內部專業委員會中設有「媒體消費委員會」用以研究、諮詢媒體消費權益之保障，並經常對不實廣告及媒體傷害進行指控，是台灣最早從事媒體消費者保護的團體。

消基會之後，媒體消費者保護意識抬頭，各種消費者組織紛紛成立，對媒體產生一種壓力及控制。

■媒體內部控制

‧新聞室的控制

所謂「新聞室的控制」是指新聞編採人員的工作環境，如何影響新聞成品的內容。

「新聞室的控制」雖定位為媒介內部控制，其實仍然深受媒體外部控制諸如政治、經濟、閱聽人組織等影響。

新聞工作人員雖是獨立的個體，單獨執行業務，但在其工作環境中，仍有其編採政策做為編採工作的依據，而編採政策在某種程序上反映外部控制的需求與目標。此外，工作環境的人際關係取向及獎懲制度，在在形成內部的控制。

投其所好者得到獎勵及上司的欣賞；反之，被苛責或稿件不被採納。一種媒體企業文化在靜默中無形的養成。

新聞室的控制，雖然是外部控制的具體執行，卻是最有效率而現實的一種控制，媒體之工作者要不就服膺這種典型的文化，要不就是有選擇離開。

至於新聞室的控制是否有良窳優劣之分，當然是有的，堅持新

聞自由、獨立的風格，有時也是媒體的企業文化，新聞室的控制在於從業人員不准離經叛道。

更多的時候，新聞室的控制是指其負面的意義，指的是配合媒體企業發展所做的編採準備及行為。

·專業倫理與規範的控制

倫理與規範基本上是一種形而上的要求，是一種道德的訴求，是一種工作行事準繩。做為每一位工作人員人格上修持的依據，以「控制」來形容，似乎不甚貼切。

唯無論中國新聞記者信條、中華民國報業道德規範、中華民國無線電廣播道德規範、中華民國電視道德規範或各種媒體訂的編採守則、公約，潛移默化中都對媒體工作人員產生影響，進而形成行為的制約。

隨著媒體產業間的資本化經營及白熱化競爭，各種倫理規範，逐漸被束之高閣，無人關心。只問成果，不講過程、只計利害，不談道德的商業衝突時有所聞，專業倫理與規範的控制等同於無。

堅持倫理、道德規範的媒體工作者，幾乎成為商業競爭下的稀有動物，而這正是媒體產業的危機。

·新聞工作者的個人因素

新聞工作者每人都是一個個體，也具有獨立的人格，雖然在新聞室的控制下或深受專業倫理的規範，但可能因個人家庭教育、學校教育之不同，展現出差異性。

從實務上來看，接受正軌傳播教育的新聞工作者，較能謹守新聞專業倫理的規範，這可能與他們的志趣及四年專業教育的薰陶有關；反之，非新聞相關科系畢業的新聞工作者其遵守專業倫理的彈性比較大。

媒體控制的形式與排除

　　大眾傳播媒體的功能與效果宏大，「誰掌握媒體，誰就掌握權力」。控制的目的無它，意在掌握至高無上的權力，宣揚個人的思想、理念，成就自己偉大的權力慾望及夢想。

　　無論是十六、七世紀的英國王朝或二十世紀的蘇維埃社會主義國家，甚至二十一世紀直接民選的中華民國政府，對媒體的控制，無不根源於一家、一黨、一人的私利。

　　事實上，對媒體的控制並非只有私利一途。眼見媒體受到政治、經濟勢力的控制而流於質變，成為一人、一黨或資本家的工具，美國學者希伯特等提出四種新聞理論（Four Theories of the Press）時，即提出社會責任論的構想（Siebert et al., 1956: 7）。

　　希伯特等建議，媒體工作者和閱聽人採取反制行動，甚至政府應該出面直接經營媒體，以確保公益。

　　易言之，媒體的控制可分為私利與公益兩個面向。

　　為一國、一黨、一己之政治、經濟利益遂行媒體控制，絕不可取。數百年來，並釀為爭取傳播自由、新聞自由、媒體自主的革命運動。二十一世紀的國際現勢，以政治私利為目的進行媒體控制者，雖尚未銷聲匿跡，但已非潮流。尤其，在東歐共產國家及蘇聯解體之後，蘇維埃社會主義的新聞制度，已經蕩然無存；仍然標榜社會主義國家者，已是少數國家中的少數，著名如中國大陸、北韓、古巴等，但這些國家大體已採取比較開放的立場，媒體已向市場開放，進行企業化經營，政治意識形態及控制漸進式的放鬆。

從二十世紀以降，資本主義的新聞制度，倒成了資本家控制媒體的新局面，並且一直延燒到二十一世紀。

面對資本家、財團控制媒體，造成輿論的壟斷、新聞內容、節目水準的降低，以求最大的獲利。已引起閱聽大眾的不耐及反感。要求政府直接介入者有之，自覺的成立媒體閱聽人組織者有之，旨在要求媒體的公共化，媒體為全體閱聽人之權益所用。

當然，公共化是否成為少數個人的權力化；媒體閱聽人組織是否成為「霸權」，干涉新聞自由的運作，同樣成為新的話題。可以確信的是為增進最大多數人的利益而做的媒體「控制」，是一種公益目的善意控制。

媒體控制的歷史久遠，幾乎與媒體歷史同壽。當最早的媒體誕生不久，社會中有權的勢力及系統如政治、經濟即虎視眈眈、迫不及待地將控制媒體的那隻手伸進媒體界。

數百年來，對媒體控制的那隻手如影隨形，毫不放鬆控制的手段，從激烈的執照特許、誹謗入罪、徵收課稅、全面收歸國有國營到津貼媒體、賄賂記者、或以廣告刊播、財務支持及投資收購，遂行其綿密的控制大網，讓媒體經營者及工作者很難逃脫於這層層的天網糾葛。

媒體為自由社會的基石，理當在沒有任何壓力及黑手的控制下，才能發揮其監督社會、政府的第四權力，防止腐化與敗亡。若媒體不能抵抗來自政治、經濟勢力不當的控制，甚且與政經同腐，則將危害自由、民主社會的成果。

如何排除不當的媒體控制呢？

·公民覺醒

成熟的公民社會才能支撐理性而負責的媒體產業，不致使媒體

專業為錢、權隨波逐流，向資本家屈膝、向政客低頭，為求生存發展，甘為資本家鷹犬及政客、政團喉舌。

只有公民的覺醒才不會把手中的權力扔向虎視眈眈的政經惡勢力，任憑不當的控制力量瀰漫於媒體產業間。

·良善立法

法制社會，依法行政。透過對法律的制定及修正，使所有可能的控制力量遠離媒體產業，使政治的黑手無法伸進媒體，那麼，媒體產業才能健康、有序的發展。

諸如，我國廢除出版法，修訂「廣電三法」，要求黨、政、軍不得經營媒體，即能降低各種黑暗勢力對媒體的控制。

·媒體使命

媒體本為社會公器，亦有社會第四權的社會責任。媒體經營除了企業的營利之外，實應具有高度的使命感。良善的立法固然可以禁阻政治力的魔手伸向媒體，在自由市場機制中，卻很難立法規範商業營運，除非明顯的違反詐欺、壟斷等民、刑事件。

因此，是否接受政府、政黨、財團津貼、補助或賄賂，只有媒體的自我要求可以克服。切斷來自經濟勢力不當得利的那隻手，以社會公器自許，扮演社會公正、負責的第四權角色，自然可以排除來自四面八方的控制來源。

MEDIA LITERACY

第四章

不可不知的傳播法規

　　新聞自由是人類重要的權利之一，各國無不在國家根本大法
——憲法之中明文保障，使新聞自由不致受到任何侵犯。新聞自由
具體的執行者與捍衛者——大眾傳播媒體無形中亦受到憲法層次的
保障。

　　任何政府以法律或行政規章對新聞傳播媒體的規範及管理，很
容易引起侵犯新聞自由的指責。政府及媒體間對於法律規章的制定
及執行，因此變得敏感。

　　事實上，從法治精神而言，任何權利必須經由法律規章的制
定，才能落實執行，新聞自由亦然。因此，新聞傳播法律規章的制
定，從消極面來說，在防杜新聞自由的濫用及媒體脫序的行為。從
積極面而言，在建構良好的媒體環境，保障媒體及閱聽大眾受與不
受、傳播與不傳播的新聞自由。唯任何新聞傳播法規的制定，皆不
能以保障新聞自由之名，侵犯到新聞自由。

　　職是之故，本章研討與新聞傳播媒體相關法律規章時，將重點
放在閱聽人權利的保障及傳播者應受的規範。如此傳播者下筆為
文、電視轉播才不會誤觸法規，自害害人。閱聽人有此基本認識，
也才能保障自身基本權利，避免受到傳播的傷害而不自知，而求助
無門。

傳播法規的法源與意涵

■傳播法規的法源

　　爲保障人民知的權利，所以言論自由、出版自由、新聞自由是以國家憲法明文規定的。著名如美國憲法第一修正案：「國會不得制定下列法律：確立宗教或禁止信教自由；剝奪人民言論及出版之自由；剝奪人民和平集會及向政府情願之權利。」

　　我國憲法第十一條：「人民有言論、講學、著作及出版之自由。」；第十二條：「人民有秘密通訊之自由。」皆在保障人們知的權利。

　　幾乎所有的國家都做了類似上述的規範，意在保障言論自由、出版自由、新聞自由，社會主義國家的憲法亦不例外。

　　各國憲法雖然保障人民的言論自由、新聞自由，但亦非無限上綱，諸如我國憲法第二十三條同時規定：「以上各列舉之自由權利，除爲防止妨礙他人自由、避免緊急危難、維持社會秩序、或增進公共利益所必要者外，不得以法律限制之。」易言之，有上述四種情況發生時，言論自由、新聞自由是受到限制的。

　　類似美國及我國憲法明文保障言論自由、新聞自由者，學者視爲「直接保障」反之，僅在一般法律對言論自由、新聞自由加以保障者，則視爲「間接保障」。

　　由於憲法是一國的根本大法，其法律位階至高無上，憲法的規

範，自然是所有立法精神的來源，易言之，任何法律的制度不能違背憲法的精神。

■傳播法規的意涵

新聞傳播法規，顧名思義指的是與新聞傳播活動及媒體有關的法律及行政規章。

新聞傳播法規係用來輔助憲法上言論自由、新聞自由具體實現的保證。而且新聞傳播法規隨著新聞傳播技術及媒體事業的演進，變得更複雜。諸如，印刷媒體發展有數百年的歷史，近代第一個規範媒體及傳播活動的新聞傳播法規即爲出版法，而後廣播、電影、電視勃興，乃有廣播電視法、電影法的立法。

本節旨在闡明新聞傳播法規的意義及分類。使讀者對所謂新聞傳播法規有進一步的認識。

依據中央法規標準法規定，法規包含法律、命令兩種，其間位階爲法律不得牴觸憲法，命令不得牴觸憲法或法律，下級機關訂定之命令不得牴觸上級機關之命令。

法律通常定名爲法律、條例或通則，必須經由立法院通過、總統公布。各機關發布之命令則得視性質稱規範、規則、細則、辦法、綱要、標準或準則。命令係各機關依其法定職權或基於法律授權訂定，視性質分別下達或發布，並送立法院。

哪些事項之權利義務關係該由法律定之呢？中央法規標準法第五條規定：（一）憲法或法律有明文規定，應以法律定之者；（二）關於人民之權利義務者；（三）關於國家各機關之組織者；（四）其他重要事項之應以法律定之者。

爲了增進對法律的認識和適用，學者按照各種不同標準進行法

律的分類，林紀東將法律分為：（一）固有法和繼受法；（二）公共和私法；（三）普通法和特別法；（四）強行法和任意法；（五）實體法和程序法。為便於下一節的說明，我們僅對普通法和特別法做解釋。

林紀東認為普通法和特別法是以法律效力所及的範圍為分類標準。凡適用於全國任何地方、任何人或任何事的法律叫做普通法；反之，僅適用於特定地方、特定人或特定事項的法律叫做特別法（林紀東，1983：41）。

新聞傳播法規指的即是特別法，因為該種法律係針對特種事項進行規定，如出版法、廣播電視法、有線廣播電視法、衛星廣播電視法、電影法、公共電視法等。

事實上，與傳播媒體相關的法律不只是特別法而已，普通法中涉及新聞傳播者仍有刑法、民法、國家安全法、著作權法等。

媒體與特別法

隨著科學技術的發展，傳播媒體事業在各個時代中有其帶領風騷的代表，報紙、雜誌從起源迄今四、五百年之久，網路則是最新興的媒體寵兒。因應不同媒體及傳播活動的發生，有關新聞傳播的特別法規亦應運而生，以我國為例，出版法最具歷史，甚且也已被廢除；廣電媒體是時代的大熱門，影響社會、人民權利關係至鉅！廣播電視法、有線廣播電視法、衛星廣播電視法──所謂的「廣電三法」最引人重視，幾經修訂，廣電媒體與政治、經濟的關係仍未釐清。網路媒體方興未艾，一部完整規範的網路媒體特別法則未出

現。已經過廢止的出版法，正在進行的「廣電三法」及未來的網路媒體專法皆是我們此節探討的重點。

■出版法

「出版法」係我國最早完成立法的傳播法規，早在民國十九年（一九三〇年）十二月十六日即由剛完成統一的國民政府公布，迄民國八十八年（一九九九年）一月二十五日總統命令公布廢止，陪伴國家及人民達六十九年之久，可謂歷史悠久。

六十九個年頭，出版法規範了國內的出版秩序，也引來箝制思想之議。無論如何，皆無法抹滅其時代性的意義。當然，出版法之廢止，是我國言論與出版自由的一個重要里程碑。

出版法從公布迄廢止，總共修訂六次，全文四十六條，施行期間，總有箝制思想之爭議，隨著歲月推進，條文窒礙難行、不合時代潮流之批評日多。及至民國八十六年（一九九七年）七月二十七日、二十八日新聞局舉辦出版研討會，與會者仍建議進行修訂。

為順應民意要求，新聞局在次年二、三月間即依據各界建議完成出版法修訂草案，並在五月間邀請出版相關業界進行諮詢。結果三次會議均有「現行出版法架構難以修訂成合乎時代所需」的聲音，並建議廢除。

民國八十七年（一九九八年）九月四日新聞局召開研商廢止出版法相關事宜會議，與會者包括出版業界代表與法學專業四十餘人，會中業界均贊成廢止出版法（立法院公報，1998：45，71-72）。其後經行政院、立法院通過廢止，並經總統於一九九九年一月二十五日公布廢止，使出版法走入歷史。

出版法雖已走入歷史，不再規範印刷媒體，但其具有之時代意

義及爭議之處，仍有重提之必要，雖非蓋棺論定，卻也應讓閱聽大
眾及新聞從業人員得以撫今追昔，使當政者勿要重蹈箝制思想及迫
害新聞自由之覆轍。

　　出版法顧名思義為規範出版品的法令。法令雖已廢止，但諸多
規定，仍成為出版界、新聞界的習慣及定義。諸如報紙（新聞紙）
係指用一定名稱，其刊期每日或每隔六日以下之期間，按期發行
者；雜誌則指用一定名稱，其刊期在七日以上，三月以下之期間，
按期發行者（出版法第二條）。

　　在諸種傳播事業中，「發行人」可是屬於出版業的「專用」，
出版法第三條規定，發行人係主辦出版品並有發行權之人。其實發
行人係相對應於出版業中著作人、編輯人、印刷人的法律稱謂。出
版業雖也採公司組織登記，但在向主管官署（新聞局）申請登記
時，發行人及編輯人的重要性卻大於公司組織的最高領導人──董
事長。並對擔任發行人、編輯人有積極、消極的資格限制。如出版
法第十一條規定，有下列情形之一者不得為新聞紙或雜誌之發行人
或編輯人：（一）國內無住所者；（二）禁治產者；（三）被處二
月以上之刑在執行中者；（四）褫奪公權尚未復權者。及出版法施
行細則第十二條規定，如為新聞紙或雜誌之發行人時。以具有下列
資格之一，並持有合法證明文件者為合格：（一）曾任新聞紙或雜
誌之發行人者；（二）在公立或經教育部認可之國內外大學獨立學
院或專科學校畢業者；（三）經高等考試或相當於高等考試之特種
考試及格者；（四）有關新聞出版之學術著作。經著作權主管官署
核准著作權註冊者。

　　上述規定雖有侵犯新聞、出版自由之虞，但立法精神卻彰顯對
印刷媒體應有權威的尊重，認為印刷媒體之發行人、編輯人應具有
一定的學識程度才足以堪任。對印刷媒體之老闆──董事長則無此

嚴格規定。

出版法最惹人爭議的尚不是發行人、編輯人的資格規定。而是印刷媒體係採申請登記制（出版法第九條）及出版品內容審查（出版法施行細則第二十九條）。而出版法施行細則第二十七條的規定甚且成爲「報禁」的法源。箝制新聞自由之行爲，自然引起矚目。

出版法第三十二條對出版品登載事項之限制，亦容易發生擴大解釋及羅織罪名，入人於罪的聯想。

第三十二條規定，出版品不得爲下列各款之記載：（一）觸犯或煽動他人觸犯內亂罪、外患罪者；（二）觸犯或煽動他人觸犯妨害公務罪、妨害投票罪或妨害秩序罪者；（三）觸犯或煽動他人觸犯褻瀆祀典罪或妨害風化罪者。

違反出版法規定者，尚列有警告、罰鍰、禁止出售散布進口或扣押沒入、定期停止發行、撤銷登記等處分，這也被批評爲侵犯新聞自由、箝制媒體，反對者認爲，印刷媒體任何犯罪、違法脫序行爲應回歸一般民、刑、商法規範，一罪兩法屬於行政侵犯。

出版法並非一無是處，下述規定迄今仍爲其它傳播法規所沿用。第十五條規定，新聞紙或雜誌登載事項涉及之人或機關要求更正或登載辯駁書者。在日刊之新聞紙應於接到要求後三日內更正或登載辯駁書。在非日刊之新聞紙或雜誌應於接到要求時之次期爲之。但其更正或辯駁書之內容顯違法令。或未記明要求人之姓名、住所或自原登載之日起逾六個月而始行要求者不在此限。更正或辯駁書之登載。其版面應與原文所載者相同。第二十六條規定，新聞紙或雜誌採訪新聞或徵集資料。政府機關應予以便利。前項新聞資料之傳遞。準用前條之規定。第三十三條規定，出版品對於尚在偵查或審判中的訴訟事件或承辦該事件之司法人員或與該事件有關之訴訟關係人不得評論。並不得登載禁止公開訴訟事件之辯論。

■廣播電視法

　　廣播及電視事業在我國發展頗長的時間之後，方有廣播電視法的立法行為。相較於規範印刷媒體為主的「出版法」，「廣播電視法」的立法精神及規範比較進步。

　　民國六十五年（一九七六年）制定實施的「廣播電視法」，第一條，開宗明義的表示，立法目的係管理與輔導廣播及電視事業，闡揚國策、宣導政令、報導新聞、評論時事、推廣社會教育、發揚中華文化、提供高尚娛樂、增進公共福利。廣電法共計五十一條。曾在七十一年（一九八二年）、八十二年（一九九三年）、八十八年（一九九九年）、九十二年（二〇〇三年）進行四次修正。

　　廣播電視法中對於廣播電視主管機關、電台種類、電台設立、節目管理、廣告管理、獎懲規定，均有明確的規範。

　　我們針對與傳播者及閱聽大眾間所應遵守及重視的條文進行解析。

　　依廣電法第十六條規定，廣播電視節目分為：（一）新聞及政令宣導節目；（二）教育文化節目；（三）公共服務節目；（四）大眾娛樂節目。

　　同法第十七條規定，新聞及政令宣導節目、教育文化節目、公共服務節目之播放時間所占每週總時間，廣播電台不得少於百分之四十五、電視台不得少於百分之五十。

　　同法第十九條規定，廣播電視節目中之本國自製節目不得少於百分之七十；外國語言節目規定應加映中文字幕或加播國語說明。

　　對於後二條的規定，閱聽大眾可能心有戚戚焉。我國廣播、電視中的新聞、教育文化、公共服務節目達到了規定的比例嗎？商業

利益掛帥下，大眾娛樂節目是否超過比例，甚且違反了同法第二十一條，對廣電節目內容的規範，是否：（一）損害國家利益或民族尊嚴；（二）違背反共復國國策或政府法令；（三）煽動他人犯罪或違背法令；（四）傷害兒童身心健康；（五）妨害公共秩序或善良風俗；（六）散布謠言邪說或淆亂視聽。

解構我們的廣電娛樂節目似乎很難通過上述法規的考驗，只是我們的主管機關並未發揮應有的監督權力，放任大眾娛樂低俗化、情色化。

電視中的外製節目是否超過比例，也是本土藝人及關懷廣電教育人士常常討論的議題，尤以有線電視最為氾濫。

廣電法二十二條、二十三條、二十四條是三條非常重要的條文，對傳播者（媒體）及受播者皆然。只可惜認真重視該些條文者少。

廣電法第二十二條有關偵查不公開原則的規定，指稱廣播電視節目對於尚在偵查或審判中之訴訟事件或承辦該事件之司法人員或有關之訴訟關係人不得評論；並不得報導禁止公開訴訟事件之辯論。

第二十三條有關錯誤報導之更正與責任的規定，對於電台之報導利害關係人認為錯誤於播送之日起，十五日內要求更正時，電台應於接到要求後七日內，在原節目或原節目同一時間之節目中，加以更正或將其認為報導並無錯誤之理由，以書面答覆請求人。

前項錯誤報導，致利害關係人之權益受有實際損害時，電台及其負責人與有關人員應依法負民事或刑事責任。

第二十四條規定，廣播電視評論涉及他人或機關團體致損害其權益時，被評論者，如要求給予相等之答辯機會，不得拒絕。

事實上，廣電媒體傳播者有多少人遵守偵查不公開的原則進行

報導；報導評論之錯誤，又有多少傳播者誠實、嚴謹的面對，反之，又有多少遭受侵權的閱聽人提出了要求及主張。

閱聽大眾是否感覺廣播、電視的廣告太多、太爛了！廣電法中對此亦有規範。

對於民營（商業）廣播、電視台，廣電法同意播送廣告，公營如中央廣播電台、公共電視台則非經新聞局許可不得播送廣告。

民營（商業）廣播電視台即便可以播送廣告，但也非漫無限制！為所欲為！廣告內容除了應送請新聞局審查之外，播送廣告時間與方式，亦有明確規範。

廣電法第三十一條規定，電台播送廣告不得超過播送總時間百分之十五。

有關新聞及政令宣導節目，播放之方式及內容，不得由委託播送廣告之廠商提供。

廣告應於節目前後播出，不得於節目中間插播，但節目時間達半小時者得插播一次或二次。

廣告播送方式與每一時段中的數量分配，由新聞局定之。

廣播、電視媒體若違反上述節目、廣告等規定，需接受處分，廣電法第十一條規定，視情節可對廣電事業主依情節輕重處予警告、罰鍰、停播、吊銷執照的處分。

■有線廣播電視法

我國「廣播電視法」中對廣播、電視的規範，雖然涵蓋無線及有線兩種方式，但對於民國七十年代（一九八○年代）有線電視前身──社區共同天線業者、第四台──的違法脫序行為，諸如侵害著作權或妨害風化等，卻顯得有氣無力。主要是廣電法第二條第二

項雖將有線電視、廣播納入管理，但法令所指仍以無線廣播電視為主，實務上也無任何團體依「廣播電視法」申請有線電視許可。

社區共同天線業者及第四台的經營者，在無線三台之外，播映電視節目，在民國六、七〇年代（一九七〇、八〇年代）風起雲湧，蓬勃發展。雖然具有彌補無線電視台教育、資訊、娛樂之不足，卻也因未有正式法令規範，乃造成地下電台、第四台違法脫序。

有鑑於此，行政院新聞局、交通部乃於民國七十八年（一九八九年）六月研議制定「有線電視法草案」，同年，政府核定開放有線電視經營。

民國八十年（一九九一年）二月二十六日「有線電視法草案」完成，民國八十一年（一九九二年）二月十三日送立法院審議，民國八十二年（一九九三年）七月十六日完成三讀，同年八月十一日由總統公布施行。由於「有線電視法」未包含有線廣播部分，乃再度進行修正，並在民國八十八年（一九九九年）二月總統公布施行，名稱由「有線電視法」改為「有線廣播電視法」，全文七十六條。

從此，有線廣播電視進入立法規範階段，舉凡由申請設立、核准、營運、節目、廣告管理及收費與收視戶的權利保障，均有明確規定。

「有線廣播電視法」與「廣播電視法」相較，更具民主精神及進步的象徵，因為該法設有「有線廣播電視審議委員會」的組織，不再由行政機關一手操縱。該法第十九條規定，審議委員會由十三至十五人組成，其中，專家學者十至十二人，交通部、新聞局、行政院消費者保護委員會代表各一人。審議委員會審議相關地區議案時，應邀請各該直轄市或縣（市）政府代表一人出席。出席代表之

職權與審議委員相同。審議委員中，同一政黨者不得超過二分之一；其擔任委員期間不得參加政黨活動。

委員之選聘由行政院長為之，並報請立法院備查。與「廣播電視法」相較，雖然稱得上進步，難免仍有行政力干預的疑慮，諸如行政院能否保持行政中立。不過，該法在委員會開議及委員自行迴避、申請迴避方面倒是做了蠻完整的規定。（有線廣播電視法第十、十一、十二、十三、十四、十五、十六條）

「有線廣播電視法」中對於營運管理的規定比「廣播電視法」嚴謹，諸如對於依法獲得核准的有線廣播電視系統經營者，「有線廣播電視法」第十九、二十、二十一條做了明確規定。

有線廣播電視法第十九條規定，系統經營者之組織應為依公司法設立之股份有限公司。

外國人直接及間接持有系統經營者之股份，合計應低於該系統經營者已發行股份總數百分之六十，外國人直接持有者，以法人為限，且合計應低於該系統經營者已發行股份總數百分之二十。

第二十條規定，系統經營者具有中華民國國籍之董事，不得少於董事人數三分之二，監察人亦同。

董事長應具有中華民國國籍。

有關系統經營者與其關係企業及直接、間接控制者間之限制，第二十一條規定如下：

系統經營者與其關係企業及直接間接控制之系統經營者不得有下列情形之一：

1.訂戶數合計超過全國總訂戶數三分之一。
2.超過同一行政區域系統經營者總家數二分之一。但同一行政區只有一系統經營者，不在此限。
3.超過全國系統經營者總家數三分之一。

　　前項全國總訂戶數，同一行政區域系統經營者總家數及全國系統經營者總家數，由中央主管機關公告之。

　　這項規定旨在保護有線廣播電視的經營權，不會受到外國人或外國企業集團的控制，第二十一條的規定則在防範國內財團的壟斷，其意在保護有線廣播電視的媒體閱聽大眾不因有線廣播電視的集團壟斷而喪失節目多元化的選擇。

　　在節目管理、廣告管理上，「有線廣電法」亦與「廣播電視法」有些不同，諸如節目內容的限制方面，「有線廣電法」不做損害國家利益或民族尊嚴、違背反共復國國策或政策法令的規定。本國節目最低占有率不得少於百分之二十。易言之，有線廣播電視的節目內容限制更為寬鬆。

　　廣告插播方面，「有線廣播電視法」第四十五條規定，系統經營者應同時轉播頻道供應者之廣告，除經事前書面協議外不得變更其形式與內容。

　　廣告時間不得超過每一節目播送總時間六分之一。

　　單則廣告時間超過三分鐘或廣告以節目型態播送者，應於播送畫面上標示廣告二字。

　　計次付費節目或付費頻道不得播送廣告。但同頻道節目之預告不在此限。

　　有線電視系統經營者亦被許可設立「廣告專用頻道」，該頻道的廣告播送不受第四十五條第二項之播送總時間的限制。（有線廣播電視法第四十七條）

　　閱聽大眾或許對於有線電視的「跑馬燈」（插播字幕）不陌生，不但畫面的左側被占用，下部也被密集使用，事實上，有關插播式字幕的使用，有線廣播電視法第四十八條有嚴格的規定，系統經營者非有下列情形之一者，不得使用插播式字幕：（一）天然災

害緊急事故訊息之播送；（二）公共服務資訊之播送；（三）頻道或節目異動之通知；（四）與該播送節目相關，且非屬廣告性質之內容；（五）依其他法令之規定。

此外，利害關係人要求更正的處置（第六十一條），被評論者權益受損時之答辯（第六十二條），大致與「廣電法」相同，只是有線廣播電視在錯誤更正的時間獲得放寬，得以在要求更正十五日內更正（「廣電法」為七日內）。

由於有線廣播電視屬於收費制，「有線廣播電視法」在收費及權利保護方面列有專章（第六章、第七章），可供閱聽大眾參考，保護自行權益。唯收費標準需要由系統經營者報所在地方政府，並經由各地方政府費率委員會審議，有這一層把關的工作，閱聽大眾是可以比較放心。

媒體與普通法

除了新聞傳播有關的特別法規外，普通法中也有不少規定與新聞傳播媒體有密不可分的關係，雖不是針對傳播媒體而來，卻也是傳播媒體及其工作者最可能觸犯的法規，本節特別介紹國家安全法、刑法及著作權法。

■國家安全法

民國八十年（一九九一年）五月一日，總統宣告終止「動員戡亂時期」。為確保國家安全及社會安定，「動員戡亂時期國家安全

法」仍有維持之必要，民國八十一年（一九九二年）七月二十九日總統令修正名稱為「國家安全法」。

「國家安全法」中與傳播媒體關係最大者約是民國八十五年（一九九六年）二月五日總統令增訂公布的第二條之一及第五條之一條文。

國安法第二條之一規定，人民不得為外國或大陸地區行政、軍事、黨務或其他公務機構或其設立、指定機構或委託之民間團體刺探、蒐集、交付或傳遞關於公務上應秘密之文書、圖畫、消息或物品，或發展組織。

第二條之一雖係針對全民的規範，但政府（包括國防）為防範國防或非國防機密外洩，常以此條做為對傳播媒體的箝制，顯有防衛過當之嫌。因為媒體基於環境瞭望、告知的責任，將所知的情事公諸於眾，無非亦是滿足讀者、閱聽大眾「知的權利」。

在新聞傳播實務中，不少傳播工作者被依國安法第二條之一進行指控。顯係過當的引用。

第五條之一則係規定洩密的處罰。意圖危害國家安全或社會安定，違反第二條之一規定者，處五年以下有期徒刑或拘役，得併科新台幣一百萬元以下罰金。上述之未遂犯亦要受罰。倘若其它法律有較重處罰之規定者，依較重者處罰。

■刑法

刑法，是規定國家在何種條件之下，於何範圍之內，認定某人犯罪，行使刑罰權，而處以某種刑罰的法律。因為國家的行使刑罰權，係以人民的犯罪為前提，故有人稱刑法為規定犯罪和刑罰的法律（林紀東，1983：298）。

　　刑法規範的各種犯罪行為中，傳播媒體最容易觸犯的是第七章妨害秩序罪中的第一百五十三條（煽惑他人犯罪或違背法令罪）及第二十七章妨害名譽及信用罪之第三百一十條誹謗罪。

　　刑法第一百五十三條規定，以文字、圖書、演說或他法公然煽惑他人犯罪或煽惑他人違背法令或抗拒合法之命令者，可以處二年以下有期徒刑、拘役或一千元以下罰金。

　　新聞傳播實務上，被依刑法第一百五十三條規定起訴、定罪者甚少。不過其描述之犯行，是新聞傳播媒體工作者很容易遭遇的事。諸如，傳播者對於政府之施政或法令規定認係明顯不公不義，激於義憤，評論中呼籲人民不必遵守法令，發起抵制運動。雖然，這屬言論自由之範疇，有關機關以此入人於罪，似乎也是依法有據。

　　到底是煽惑他人犯罪或是新聞自由的範疇，其爭議的空間仍大。新聞媒體固應「自律」，唯「法律」亦不應動輒扣人於罪，侵犯人民的言論自由及新聞自由的空間。否則真理必然不明，惡法當道，人權無由伸張。

　　新聞傳播實務上，傳播者最容易被控告的是「誹謗罪」。刑法第三百一十條規定，意圖散布於眾，而指摘或傳述足以毀損他人名譽之事者，為誹謗罪，處一年以下有期徒刑，拘役或五百元以下罰金。

　　散布文字、圖畫犯前項之罪者，處二年以下有期徒刑，拘役或一千元以下罰金。

　　對於所誹謗之事，能證明其為真實者，不罰。但涉於私德而與公共利益無關者，不在此限。

　　傳播媒體主要職責在於對社會環境進行觀察及採訪，透過文字、聲音、影像將採集訊息發布出去，報導過程很容易被利害關係人指涉為誹謗，可謂動輒得咎。媒體工作者經常處於緊張的被告狀

態。所幸，誹謗罪中，明確的規定了，「意圖」及能證實爲眞者的前提及除罪條件，亦即「有意圖」才能定爲誹謗罪刑，而且如果能證實爲眞且與公共利益有關則可不罰。

除了上述的前提及除罪條件外，刑法第三百一十一條又明定免責條件，凡以善意發表言論，而有下列情形之一者，不罰：（一）因自衛、自辯或保護合法之利益者；（二）公務員因職務而報告者；（三）對於可受公評之事，而爲適當之評論者；（四）對於中央及地方之會議或法院或公衆集會之記事，而爲適當之載述者。

傳播媒體工作者，若能把握上述原則，心存公益、善意，不爲假公濟私、公報私仇，意圖散布於衆，而指摘或傳述足以毀損他人名譽之事者，大可不必害怕「誹謗罪」纏身。反之，廣大人民若有名譽權遭受媒體侵害者，並能證實與公益無關，自可循法律途徑找回公道。

■著作權法

著作權法立法之目的在保障著作人著作權益（著作權法第一條）。而「著作權法」中明文規定的重製、公開口述、公開播送、公開上映基本上與傳播媒體關聯甚大，稍有不愼即可能觸犯「著作權法」。

在何種情況下可能觸犯「著作權法」呢？「重製」他人著作及「公開侵害」著作財產權是最嚴重的侵權行爲。「著作權法」第九十一條規定，擅自以重製之方法侵害他人之著作財產權者，處三年以下有期徒刑、拘役，或科或併科新台幣七十五萬元以下罰金。

意圖銷售或出租而擅自以重製之方法侵害他人之著作財產權者，處六月以上五年以下有期徒刑，得併科新台幣二十萬元以上二

百萬元以下罰金。

第九十二條規定，擅自以公開口述、公開播送、公開上映、公開演出、公開傳輸、公開展示、改作、編輯或出租之方法侵害他人之著作財產權者，處三年以下有期徒刑、拘役、或科或併科新台幣七十五萬元以下罰金。

那麼什麼樣的情況下是「重製」？什麼樣的情況下，又為「公開侵害」？

重製係指以印刷、複印、錄音、錄影、攝影、筆錄或其他方法直接、間接、永久或暫時之重複製作。於劇本、音樂著作或其他類似著作演出或播送時予以錄音或錄影；或依建築設計圖或建築模型建造建築物者，亦屬之（著作權法第三條第五款）。

公開侵害則包括公開口述、公開播送、公開上映、公開演出等行為。

公開口述：指以言詞或其他方法向公眾傳達著作內容（第三條第六款）。

公開播送：指基於公眾直接收聽或收視為目的，以有線電、無線電或其他器材之廣播系統傳送訊息之方法，藉聲音或影像，向公眾傳達著作內容。由原播送人以外之人，以有線電、無線電或其它器材之廣播系統傳送訊息之方法，將原播送之聲音或影像向公眾傳達者，亦屬之（第三條第七款）。

公開上映：指以單一或多數視聽機或其他傳送影像之方法於同一時間向現場或現場以外一定場所之公眾傳達著作內容（第三條第八款）。

公開演出：指以演技、舞蹈、歌唱、彈奏樂器或其他方法向現場之公眾傳達著作內容。以擴音器或其他器材，將原播送之聲音或影像向公眾傳達者，亦屬之（第三條第九款）。

印刷媒體比較容易涉及「重製權」，而廣電媒體對於未取得著作權的公開口述、播送等行為則應戒慎。

「公開侵害」犯行中，尤其要小心「改作」的侵權行為。所謂「改作」係指以翻譯、編曲、改寫、拍攝影片或其他方法就原著作另為創作（第三條第十一款）。

傳播媒體係提供閱聽大眾新聞、資訊、娛樂、教育等內容為主的事業，在內容製作過程一不小心即會侵害他人著作權，甚且是動輒得罪。為保障言論、新聞自由，也為了保護著作人的權益，著作權法對傳播媒體仍做了一些除外的規定，使新聞從業人員有法可循、有路可走。

茲將與傳播媒體相關的著作權法條文列述如下：

第四十一條：著作財產權人投稿於新聞紙、雜誌或授權公開播送著作者，除另有約定外，推定僅授與刊載或公開播送一次之權利，對著作財產權人之其他權利不生影響。

第四十九條：以廣播、攝影、錄影、新聞紙、網路或其它方法為時事報導者，在報導之必要範圍內，得利用其報導過程中所接觸之著作。

第五十條：以中央或地方機關或公法人名義公開發表之著作，在合理範圍內，得重製或公開播送。

第五十二條：為報導、評論、教學、研究或其他正當目的之必要，在合理範圍內，得引用已公開發表之著作。

第五十六條：廣播或電視，為播送之目的，得以自己之設備錄音或錄影該著作。但以其公開播送業經著作財產權人之授權或合於本法規定者為限。

前項錄製物除經主管機關核准保存於指定之處所外，應於錄音或錄影後六個月內銷燬之。

　　第五十六條之一：為加強收視效能，得以依法令設立之社區共同天線同時轉播依法設立無線電視台播送之著作，不得變更其形式或內容。

　　有線電視之系統經營者得提供基本頻道，同時轉播依法設立無線電視台播送之著作，不得變更其形式或內容。

　　第六十一條：揭載於新聞紙、雜誌或網路有關政治、經濟或社會上時事問題之論述，得由其他新聞紙、雜誌轉載或由廣播或電視公開播送，或於網路上公開傳輸。但經註明不許轉載、公開播送或公開傳輸者，不在此限。

　　第六十二條：政治或宗教上之公開演說、裁判程序及中央或地方機關之公開陳述，任何人得利用之。但專就特定人之演說或陳述，編輯成編輯著作者，應經著作財產權人之同意。

　　第六十四條：依第四十四條至第四十七條、第四十八條之一至第五十條、第五十二條、第五十三條、第五十五條、第五十七條、第五十八條、第六十條至第六十三條規定利用他人著作者，應明示其出處。

　　前項明示出處，就著作人之姓名或名稱，除不具名著作或著作人不明者外，應以合理之方式為之。

　　事實上，除了上述規定外，著作權法第九條亦對著作權的標的做了限制，也就是下列各款不得為著作權法的保護：（一）憲法、法律、命令或公文；（二）中央或地方機關就前款著作作成之翻譯物或編輯物；（三）標語及通用之符號、名詞、公式、數表、表格、簿冊或時曆；（四）單純為傳達事實之新聞報導所作成之語文著作；（五）依法令舉行之各類考試試題及其備用試題。

　　前項第一款所稱公文，包括公務員於職務上草擬之文告、講稿、新聞稿及其他文書。

第二部分

認識媒體

MEDIA LITERACY

第五章

媒體發展紀事

　　說古論今討論過去的歷史，有時候讓人索然無味，記過去年代的紀事，說歷史洪流中的古人，即使那些人、那些事對於後來的社會具有偉大的貢獻及影響，讀歷史的發展同樣讓人感到無奈，更何況是一大段產業的發展史。

　　儘管如此，對於培養具有媒體識讀能力的現代公民而言，瞭解媒體產業過去那一段塵封往事，還是非常有必要的。暫不論「鑑往知來」，我們總該瞭解報紙發展的歷程、廣播電視發明的艱難過程及網際網路無心插柳的成果。

　　為了便於研讀，不讓讀者帶有排拒感，對於媒體產業發展的敘述，儘量不做數字的堆積或統計，也不談目前世界上各國的最新發展，只做發展原理的介紹。即便如此，這已是份量可觀的一個章節。

　　一般而言，大眾傳播媒體包括報紙、雜誌、廣播、電影、電視、網路等。本章省略雜誌及電影，係因為雜誌的過去與報紙系出同源，所以不做專節介紹；至於電影雖也被認定是傳播媒體，不過，其藝術的成分更高，應以專業藝術的角度去認識，所以也略過不談。

　　有關報紙、廣播、電視、網路的故事，我們大抵均由起源、發展進行敘述，並由外而內，從國際發展情事說到國內的起源及發展。希望使讀者對媒體事業發展歷史能有系統性的瞭解。

報紙的故事

　　現代人對「報紙」這一名詞，絕對不陌生。大抵是指每日出版

的新聞紙。廢止的「出版法」甚至有更明確的規定。新聞紙指用一定名稱，其刊期每日或每隔六日以下之期間按期發行者。就定義所指當然是近代的報紙。事實上，報紙由古而今的發展史，可不是如此明確。報紙產出之初，從內容到形式與雜誌並沒有差別，而且不論中外，報紙的發展史都可上推至西元前的那個年代，只是當時報紙的形式、內容、作用，並不容易與現代的報紙產生聯想，也只具備大眾傳播媒體告知、守望的功能。具有現代報紙的雛型則等到十六世紀以後才次第出現。

　　討論報紙新聞事業的發展，將分這兩大階段進行論述，尤側重後段的演變。

■新聞信與邸報

　　閱聽大眾對「新聞信」（news letter）這個名詞，並不陌生。因為現代企業為公關需要，有時候也會編寫「新聞信」，並以此命名，事實上，這是古代羅馬人的發明，而且幾乎自西元前沿用至十五世紀，迄今仍然獲得青睞，可見此創見之卓越。

　　什麼是新聞信呢？資料顯示，西元前五十九年，羅馬帝國朱利業·凱撒（Julius Caesar）大帝，特別重視政令之傳揚，下令頒發一種手撰公報（Acta，又稱為Acta diurna），意即《每日紀事公報》，也稱為《羅馬公報》。這份公報被史學家稱之為「歷史上的第一份官方報紙」。

　　《羅馬公報》也是一份長命的報紙，一直到西元四七六年西羅馬帝國滅亡，才告停止出版。其影響不可謂不深遠。

　　事實上，《羅馬公報》真正的影響仍在於「新聞信」的發行。此話從何說起呢？原來，《羅馬公報》（或《每日紀事公報》）是張

貼在政府大門前的布告欄。由於公報內容，包括政令、戰爭、法庭審判、災變、異象，甚至貴族結婚生子、體育競賽活動等。這一切信息，自然是羅馬城人及非羅馬城人所關心及重視的訊息。更何況當時的羅馬帝國有如今日之美國，羅馬堪稱是世界首都，因此，專人抄寫，寄發全國的「新聞信」於焉誕生。新聞信的寫寄，咸信在當時已成爲一種職業。

西元四七六年西羅馬帝國滅亡，《羅馬公報》也就停止發行，而新聞信卻得以繼續流行。中世紀的時候，新聞信在歐洲各大城市間傳達政治、商業新聞。當時，歐洲的商業重鎮威尼斯就又變成了新聞信的寫寄中心，以滿足各地對威尼斯商業訊息的渴求。

對於十四、五世紀發行的新聞信，有學者將之歸類爲「手抄新聞」的時代。因爲供應的新聞訊息仍然是以手抄寫，由於它以威尼斯爲中心，部分新聞書籍也將此時手抄新聞泛稱爲《威尼斯公報》。

手抄新聞雖然與新聞信同樣的以手抄寫，發行方式已有很大的改變。研究者認爲手抄新聞約有五種發行方式：

1. 室外張貼，閱者收費：手抄新聞主人將新聞張貼於公共場所，以繩或欄杆圈圍，進入閱讀者必須繳納費用。
2. 室內張貼，進閱收費：將新聞張貼室內，進閱者繳費。而這種房子被稱爲新聞房。
3. 沿街叫賣：手抄新聞主抄寫多份，沿街叫賣。
4. 訂貨加工：手抄新聞主接受訂貨，因應需求抄寫新聞，費用較高。
5. 定期寄售：接受定期訂閱、定期寫寄，有點類似現代雜誌的訂閱、寄發。羅馬帝國圖書館，目前仍保存兩本手抄新聞，一本是一五五四至一五七一年，另一本是一五六五至一五八

五年，咸信這是所謂定期訂閱的版本。

手抄新聞雖發源於威尼斯，但迅速在歐洲各地廣泛流行，在羅馬、巴黎、里斯本、里昂、布魯塞爾、倫敦等地，都曾發現手抄新聞的發行，而手抄新聞至十七世紀末葉因無法對抗印刷新聞而逐漸消逝。

與《羅馬公報》——新聞信有異曲同工之妙的古老報紙，約屬我國的「邸報」。

歷史文獻記載，我國歷朝出版的報刊統稱邸報。所謂邸，即地方諸侯（政府）在首都（京城）設立的辦事機構。邸報大多由「邸」來寫寄，內容包括皇帝的詔書、命令、起居言行，官吏的任免、升遷、賞罰，大臣的奏章疏表；朝廷的法令、公報等，其內容與發行形式與西方的「新聞信」類似。差別在於新聞信由民間寫寄，邸報由官方傳發。由民間發行的中國新聞信——小報，要到宋朝（西元九六一年）以後才出現，小報興起於北宋，直到清朝為止，一直是民間大眾獲得新聞信息的來源，但它卻是非法出版物，歷代朝廷屢禁不止。我國「邸報」由何時開始發行，無源可考，但「邸」在漢朝時即已存在，而漢朝可上推西元前二〇五年開始，咸信其出現時間與羅馬公報不遑多讓。

從歷史文獻分析，我國古代報刊計有邸報、朝報、閣鈔、雜報、條報、除目、狀、報狀、京報等不同稱呼。當然，它們都不是具有現代意義的報紙，充其量也只是「政府公報」而已，甚且只有「報」名而無報之實。

對於這時期的報紙，有學者以二個重點進行定位，並與具有現代意義的報紙區隔。第一，只記不採。第二，只述不論。

所謂只記不採，指的是新聞信或邸報都只是一種摘錄而已，並

非如現代新聞報紙內容是主動採訪所得。只述不論，指的是新聞信或邸報都只有單純的記述，而沒有評論，基本上並不符合媒體的輿論要求。

■印刷機與報紙

造紙術、雕版印刷術雖然是中國人發明，並藉由文化交流向西方世界傳遞，但與報紙產業最具密切關係的這些發明，並未替中國的報紙產業帶來領先的作用，具有近代形式的報紙，卻是西方的產物。

德國人古騰堡（Johannes Gutenberg）在西元一四五〇年改進我國印刷術，發明了印刷機之後，首先印刷的產品是「聖經」。隨後，新聞書（Newspamphlet）也逐漸由鉛字多量印刷。據現存的資料顯示，最早的新聞書係在德國的法蘭克福發行，一五八八年奧地利人艾青印刷出版了新聞書，每六個月出版一冊，介紹過去這半年時間，歐洲及周邊地區的重大事件，內容包括政治、軍事、商情。一六二〇年荷蘭阿姆斯特丹也有新聞書的發行，目前在大英博物館尚獲得收藏，彌足珍貴。同時期出版的新聞書尚有《西班牙新聞》、《德國新聞》、《英國新聞》。

上述新聞書有固定刊名，採書籍方式印刷，沒有固定刊期，說它是報紙，倒不如說是書籍或雜誌更爲貼切，只是它具有時事報導的內容，讓人有新聞報紙的感覺，當然這些時事也多是過去半年或數月的舊聞，但在那個交通不發達，往來不頻繁、資訊流通困難的時代，新聞書仍具有新聞般功能與特性。

新聞書出版發行之同時，新聞周刊也在市場上出現，一六〇九年德國奧格斯堡發行的《觀察新聞報》（*Avisa Relation Oder*

Zeitung），號稱是世界上現存最早的印刷周刊，每星期出版一張，只刊登一項新聞。同年出版的尚有斯特拉斯堡的《新聞報》（*Strasbourg Relation*），隨後，又有《法蘭克福人紀事報》（一六一五年）、《法蘭克福郵報》（一六一六年）。一般而言，在十七世紀的大多數日耳曼城市都有一份報紙存在，報紙的這一行業在德國可算是風行，或許與他們發行了印刷機有關。

其他歐洲國家亦感染這股辦報熱，英國的《信使報》（*Corante*）創立於一六二一年，內容標明刊登來自義大利、日耳曼、匈牙利、西班牙與法蘭西各地的新聞。法國的《公報》（*Gazette*）創立於一六三一年，後來改名為《法蘭西公報》（*Gazette de France*），初為周刊，後改為半周刊。

俄國第一家稱為報紙的《新聞報》（*Viedomosti*）於一七〇二年創刊；美國「報紙」的濫觴《公眾時務報》創立於一六九〇年。基本上，十七世紀的歐洲各國幾乎都有了周刊期的「報紙」發行。但這種周刊尚未脫離書籍的形式，內容仍以政治、軍事、商業新聞為主，兼而有評論（有些仍然只有新聞而無評論）。

而我國類似的「報紙」，要到一八一五年八月五日才在馬來半島的麻六甲創刊、印刷，然後運到我國的廣東省一帶發行。名稱是《察世俗每月統紀傳》（*Chinese Monthly Magazine*），屬於月刊性質，內容以宣傳教義為主，若干新聞資訊為輔。創辦人是英國傳教士馬禮遜（Robert Morrison）。當時，中國仍在流行手寫的「小報」。

■現代形式報紙出現

上述報紙，雖不乏具有報紙的固定刊名，但與其說是報紙，倒

不如稱呼雜誌來的貼切，這也是印刷類媒體發展初期不易分辨的原因。不過，印刷類媒體發展至此，具有近代形式、內容、功能的報紙很快就出現。被認為是世界上最早的日報，要屬一六六三年，德國萊比錫出版的《萊比錫新聞》（*Leipziger Zeitung*），不久即改為日刊，但仍以書本形式出現。世界上第一個採用單面印刷的報紙為一六五五年十一月十六日發行的英國《牛津公報》，不過，《牛津公報》尚屬周刊，英國按日出版的報紙則為一七〇二年的《英國每日使信報》（*The Daily Courant*），採四開小張、兩面印刷。

法國第一家日報為《巴黎紀事報》（*Journal de Paris*），創於一七七七年。

美國第一家日報《賓夕法尼亞晚郵報》（*Pennsylvania Evening Post*）創於一七七五年，至一七八三年才改為日報。

日本第一家的新聞報紙橫濱《每日新聞》，因創辦期落後於歐洲各國，所以《每日新聞》一成立時，即為現代日報型態，那是在一八七二年。

以中文印行每日出刊的報紙為一八五八年的《中外新聞》，它是《香港孖剌報》（*China Mail*）的中文晚報。至於在中國內地出刊的日報，是一八六一年一月成立的《上海新聞》，它是《字林西報》（*North China Daily News*）的中文版。《中外新聞》、《上海新聞》開始時都是兩日刊，後來才改為日報。

新聞學界公推正式的中文日報係上海《申報》，它創於一八七二年，為英國人美查所有，其後由國人席子佩、史量才接辦。《申報》之後，純由國人創辦之報紙如雨後春筍般的出現，正式揭開中國報業的新時代。

廣播的發明

在人類大眾傳播媒體歷史上，廣播是第二位登上舞台的主角。事實上，在人類的傳播活動中，聲音的傳播是要早於文字（印刷）類。不過要將聲音化爲既遠且廣的大眾傳播，其需要的科學技術含量顯然高過印刷機的發明。

當然，人類的科學、文化進步是無止境的。在印刷媒體的基礎上，傳播聲音的媒體在上世紀初也就迅速登場，並使媒體發展面臨鉅大變局。

■無線電與廣播

談到廣播的發展史，大多數的學者都從一八九五年義大利科學家馬可尼（Guglielmo Marconi）發明無線電報開始敘述。

事實上，廣播媒體之誕生是科學累積的成果。先是丹麥科學家奧斯發現電與磁的關係：一八三一年英國法拉第確定電磁感應定律：一八六四年英國科學家馬克思威爾發現無線電波，並測定無線電波的速度和光速一樣，每秒三十萬公里：德國科學家赫茲用實驗方法說明馬克思威爾的理論，發現產生、發射、接收無線電波的方法，並在一八八八年發表「電磁及其反應」的研究報告，爲紀念他的貢獻，電磁波振盪頻率的計算單位乃以「赫茲」命名。一八九五年，馬可尼和俄國科學家亞歷山大・斯捷潘諾維奇・波波夫同時發明了無線電報。當時，波波夫在彼得堡物理化學協會物理學部年會

上報告及示範他的發明。

而馬可尼的無線電通訊實驗也獲得成功。隨後，馬可尼得到英國政府的資助，進行一連串的實驗，一八九九年三月，他成功地把電報從英國拍到法國。一九○一年，又成功的將 "S" 字母由歐洲傳向美洲。事實上，馬可尼的發明是成功而且偉大的，在他發明的基礎上，人類的聲音終於可以無遠弗屆的向地球彼端傳播，爲廣播時代的到來奠基，而此項發明也爲他得到一九○九年的諾貝爾物理學獎。

當無線電技術廣泛運用在通訊之際，歐美科學家試著以無線電傳送聲音，而這種試驗在美國獲得成功。由美國匹茲堡大學物理學教授的加拿大人費斯頓領導的研究團隊，一九○二年在麻薩諸塞州的布蘭特岩城設立無線電廣播實驗室，進行無線電傳送聲音的實驗，並獲致突破。一九○六年聖誕夜，費斯頓在實驗室進行了首次的無線廣播。首次廣播節目內容包括聖經、唱歌、小提琴演奏、詩朗誦等，一般認爲這次的廣播是成功的。此後，無線電廣播成爲熱門的研究工作，全美各地幾乎陷入實驗廣播電台熱，而接收無線電廣播工具——收音機——的構想，也在一九一六年被馬可尼公司提出，並被美國無線電公司實現。

■商用廣播電台成立

隨著收音機的發明，實驗性及商業性的無線廣播電台接踵而起。包括一九二○年八月三十一日，美國底特律8MK實驗電台廣播該州州長初步獲勝的新聞，這條新聞被認爲是最早的廣播新聞。同年，十一月二日，匹茲堡西屋電器公司獲得美國商務部頒發營業執照，並以KDKA呼號播出，這是美國第一座的商業廣播電台。

　　KDKA廣播電台獲得商業營運之後，開辦廣播電台成了熱門事業。一九二一年，美國商務部即核准二十八個執照，一九二二年，全美廣播電台已有五百多家，收音機達到二百多萬台。

　　美國的廣播熱如火燎原，到二〇年代末，歐美和亞洲、非洲、拉丁美洲總共有五十多個國家和地區開辦廣播電台。一九二四年十一月，廣播已成為總統選舉的有力宣傳工具，候選人紛紛透過廣播宣傳自己，爭取選民支持。廣播的出現已然對報紙媒體造成革命性的衝擊。

■我國廣播電台源起

　　我國之廣播電台則率先由美國商人亞斯本（P. Osborn）於一九二二年在上海設立，但因效果不佳，旋即停辦。隨後的美孚洋行、美商開發公司亦都未能持久經營廣播電台，後者，每天播音八小時的播音內容苦撐了五年，至一九二九年仍告結束。由政府成立的天津廣播電台到一九二七年一月才成立；中國廣播公司的前身──中央廣播電台──一九二八年在南京建立，由當時國民革命軍總司令蔣中正致詞揭開序幕。

　　台灣在日據時已有廣播電台設立，其功能在傳達日本政府的政令。民國三十八年（一九四九年）政府遷台，繼續輔導廣播事業的發展，至民國四十八年（一九五九年）交通部轉行政府核定「民營電台在清查整理期間不開放一案准予備案」又停止受理廣播電台申請。

　　至民國八十二年（一九九三年）元月三日，交通部與新聞局聯合宣布將在全省十三個地區開放二十八個地區性中功率調率廣播頻道之前，台灣地區有三十三家廣播公司，一百八十六座電台（公營

十一家、民營二十二家）。

　　隨著政治解嚴、報禁開放，因應設立電台的需求（一九五九年至一九九二年間共有九十九件設立廣播電台申請案），為弭平地下電台四處發聲的脫序行為，政府從一九九三年開始分十個梯次開放廣播電台申請。

　　配合廣播頻率開放申請，政策將新申請電台分為大功率（涵蓋範圍全國）、中功率（涵蓋範圍二十公里）、小功率（涵蓋範圍十公里），前二者申請資本額五千萬元、後者一百萬元，大功率屬於全國性電台、中功率為區域性電台、小功率則為社區電台（見表5-1）。

　　有趣的是，在十個梯次開放申請中，幾乎皆為調頻（FM）電台，只有三個調幅（AM）電台。甚且也出現老的調幅電台要求以調幅電台換調頻電台的聲音。

　　經過十個梯次的開放，台灣的廣播天空異常熱鬧，同時也造成廣播市場的激烈競爭。

■數位廣播出現

　　最早的廣播技術及系統，被發明於第一次世界大戰後，屬於中波廣播的技術，一般稱為調幅AM廣播。隨著電視發明，廣播業者求新求變以求抗衡之餘，發現使用於電視的UHF頻道比AM廣播提供更好的音質，進而持續研究改善，為FM調頻廣播時代揭開序幕。

　　FM調頻廣播發明於一九四〇年代，直到一九五〇年代末期，FM廣播才普遍透過UHF頻道進行傳播。一九八〇年代中期，廣播節目已大部分由AM轉移到FM。

表5-1　台灣地區廣播頻道類別一覽表

電台類別	發射功率	播送範圍	資本額
甲類調幅電台	低於1000W	半徑40公里	新台幣5,000萬元
甲類調頻電台（小功率）	低於250W	半徑10公里	新台幣100萬元
乙類調頻電台（中功率）	250至3,000W	半徑20公里	新台幣5,000萬元
丙類調頻電台（大功率）	3,000至30,000W	半徑60公里	新台幣5,000萬元
金馬地區調頻電台	低於750W	半徑10公里	

資料來源：行政院新聞局網路 。

　　基於人類求新、求變、追求卓越的理念，廣播技術也是日新月異。一九八○年代CD的出現，逐漸取代傳統唱片，數位音樂更佳的品質，促進廣播技術的進一步發明。尤其個人電腦、網際網路載體的興起，及其數位處理音樂的成效，加強聽眾對廣播音質及多媒體資訊功能的追求。

　　歐美先進國家也自一九八○年代開始進行數位廣播技術的研究。DAB（Data & Audio Broadcasting）便是自歐盟Eureka 147專案的研發的數位廣播系統。

　　數位廣播系統不同於AM與FM廣播之處，在於同一電台以同樣的頻率可以發射數個經過數位化的節目訊號，而且音質清晰、穩定。

　　可使用於地面廣播、衛星直播、衛星地面混合廣播以及有線廣播網路等多功能服務廣播系統。目前所有歐洲及世界主要國家都已開播或已在試播DAB節目。

　　我國於民國八十七年（一九九八年）開始規劃數位音訊廣播服務，數年來已累積相當的基礎，假以時日，我國廣播產業將完全邁入數位化的新紀元，有如CD取代傳統唱片一般。

電視的進程

　　電視是電子技術高度發展的產物，是廣播之後出現的另一電子媒體。它運用電子技術傳輸圖像和聲音，成為二十世紀發展最快的媒體，由於其傳播效果宏大，功能卓著，被喻為是二十世紀最偉大的發明之一。

　　二十世紀家庭中普遍使用的電視機，從無到有，可說歷經百年的不斷研究發明，才終於有成。就技術而言，電視的產生有賴於兩項技術的突破，一為光電轉換技術；二為圖像掃描技術。

■光電技術的突破

　　有關光電轉換的部分，可以追溯到一八一七年，瑞典科學家布爾茲列斯發現了化學元素——硒（SE）開始。其後，英國科學家約瑟夫·梅在一八七三年發現了電流通過硒時會隨著光照強弱的變化而變化的光電轉換特性，並奠定電視發明的基礎。

　　圖像掃描的技術，最早可由一八八四年，德國科學家尼普可夫的「電訊訊號傳播圖像機械掃描盤」談起。它是在金屬圓盤上打了螺旋線狀小孔的工具，當圓盤在光電管之間旋轉時，影像便被分解成許多像素，逐個出現，通過視覺暫留作用，這個快速掃描的過程便融合為一個完整的、活動的圖像。即是這個原理促成了電視的發明。

　　其後，一系列電子映像管的發明，使電視變為可能。包括：一

八九九年德國布勞恩的電子顯像管——陽極發射線示波器、一九〇六奧地利科學家可以傳送清晰圖像和文字的陽極射線眞空管。一九〇七年俄人羅斯恩完成第一部電子映像機。

二十世紀初葉，俄、美、法、德、英等工業先進國家無不積極研究電視的原理，並不斷獲得突破。直到一九二五年十月二日，英國人約翰‧洛吉‧貝爾德利用尼普科夫發明的機械掃描圓盤，成功製造出第一台電視的雛型，並且做了實驗，把一個店家服務生的臉部在電視機上清晰地顯示出來。

■電視之父——貝爾德

一九二六年一月二十七日貝爾德在倫敦第一次公開電視表演。此後，貝爾德成立「貝爾德電視發展公司」，並不斷推出電視表演，一九二七年三月六日，美國《紐約時報》發表〈電視——未來的展望〉一文，並畫有貝爾德電視機的圖解。

一九二七年，貝爾德進一步透過電話線，在倫敦將電視圖像傳至六百四十公里外的格拉斯哥。一九二九年，則改由無線電波，利用在大西洋航行的汽船，將圖像由倫敦傳至紐約。同年，貝爾德與英國廣播公司（BBC）合作簽約合作，並首次播出三十行掃描的電視節目。一九三〇年，貝爾德開始播出有聲電視，第一個節目是《花言巧語的人》。一九三一年，貝爾德應邀至美國，爲紐約的WMM和WDJF兩家廣播電台建立電視廣播。貝爾德有關電視的貢獻，爲他贏得「電視之父」的尊稱。

美國也是較早研究電視的國家之一，一九二七年，美國也進行實驗性電視廣播，貝爾電話實驗並在紐約和華盛頓間傳輸有線電視節目。當年，美國即有十七座實驗電視廣播台。美國國會並通過

「廣播條例」，並成立「聯邦無線電廣播委員會」。隔年，委員會將第一個實驗電視廣播的執照頒發給美國無線電公司所屬的全國廣播公司（NBC）實驗電台。一九三〇年NBC開始電視實驗廣播。

德國自一九三五年三月二十二日起，在柏林定期試播黑白電視節目，一九三六年的柏林奧運，電視節目更是大出風頭。

蘇俄自一九三八年在莫斯科電視中心和列寧格勒電視中心開始試驗性播出，一九三九年開始定期播出。

法國的第一個實驗性電視台於一九三二年在巴黎建立，一九三八年時每天定期播出。

電視技術發展至一九三〇年代末期，已臻成熟。美國甚且已經開始商業運轉，其第一家商業電視台執照係由NBC的WNBT電視台取得。第二次世界大戰爆發，打擊電視的發展，如柏林電視台遭盟軍炸毀，遠離戰火的美國也是維持六座商業電視台的播出，電視機則全面停產。

■電視時代

電視時代的來臨及勃興，則是第二次世界大戰後的事情。一九五〇年代後，彩色電視機、衛星電視、有線電視紛紛加入市場，使得電視事業的發展更為開闊，並成為二十世紀最偉大的事業。

一九五四年，美國國家廣播公司正式播出彩色電視，影響所及，各工業先進國家紛紛發展彩色電視系統。隨著彩色電視機的普及，及彩色節目增加，黑白電視乃被取代。

一九六二年，美國施放「電星一號」（Telstar I），是利用太空通訊衛星從事電視傳播的開始。它把美國發射的節目傳至歐洲，又將歐洲的節目發射傳至美國。一九六五年，國際電訊衛星公司發射

第一枚商業通訊衛星「晨鳥」（Early Bird），此後，世界各國陸續利用通訊衛星進行越洋節目轉播。

　　在彩色電視系統發展的同時，有線電視系統也悄悄的進入市場。它的出現可說是對無線電視的沉默挑戰。由於偏遠山區收視戶無法清晰的收到電視訊號，「社區共同天線電視系統」（Communiny Antnna Television, CATV）在一九五〇年代的美國即已出現。業者係在山頂設置大型電視收訊天線，方便接收無線電視台的訊號，然後再將訊號擴大，以線纜傳送到訂戶家中的電視。

　　社區共同天線業者在提供清楚無線電視視訊之餘，亦逐步提供錄影帶節目，發展成為有線電視（cable system）系統。相對於無線電視，有線電視系統是付費制度，定期繳費才能收視有線電視傳輸的節目。

■我國電視事業發展

　　相較於歐美諸國，我國電視事業的發展顯得遲緩。我國至民國四十八年（一九五九年）才由交通部公布「電視廣播電台設置暫行規則」、「電視廣播接收機登記規則」、「黑白電視廣播技術標準規範」等相關法令。三年後，教育電視實驗廣播電台及台灣電視公司開播，開啓我國電視事業的新頁。

　　民國五十一年（一九六二年）四月二十八日誕生，同年十月十日正式開播的台灣電視公司──台視，係屬「中日合作」、「公私合營」的商業電視台。當時的台灣省政府是主要的大股東。

　　隨後成立的中國電視公司（一九六九年）、華視電視台（一九七一年）雖然資本結構不同，如中視的大股東是國民黨營的中國廣播公司，華視則由國防部和教育部協商擴建教育電視台（前身為教

育電視實驗廣播電台）。但都屬於商業電視台的性質。

　　民國五十八年（一九六九年）中視成立時，國內的電視收視也轉進到彩色電視機階段。台視首次發出的第一個彩色電視節目即是迄今仍然令人回味無窮的「群星會」歌唱節目。

　　此外，民國五十八年（一九六九年）及六十三年（一九七四年），我國國際電信局亦分別完成通訊衛星地面電台的建設，從此三台可以經由衛星傳送及接收國內外電視節目，而得以跟國際接軌。

　　我國有線電視的出現同樣由社區共同天線系統而來。民國五十八年（一九六九年）政府爲了協助改善花蓮豐濱地區住戶的收視情況，完成約五百餘戶連線的共同天線系統，是台灣地區最早的有線電視收視戶。民國六十年（一九七一年）前後，小區域的共同天線系統林立，民國六十八年（一九七九年）政府乃訂定「共同天線電視設備設立辦法」進行管理及輔導，開啓我國有線電視時代的新頁。十年後（一九八九年）政府正式核定開放有線電視經營。

■中國大陸電視事業發展

　　中國大陸第一座電視台──北京電視台，也是直到一九五八年五月一日才正式開始試播。

　　中國大陸衛星電視受到早期「閉關政策」影響，發展較晚，但也可說後來居上。從一九八四年起至一九九一年，已先後發射五顆衛星進行電視訊號傳送、接收。一九八五年並租用第一代國際通信衛星轉發器，八月正式傳送電視節目。中國大陸幅員遼闊，衛星電視是中國電視收視戶的主要依據。

　　爲了進行對外電視節目輸出，中國大陸中央電視台積極租用國

際通信衛星傳送該台「第四套」節目,使中央電視台第四套節目的全世界覆蓋牽達百分之九十八人口的國家和地區(袁軍,2000:136)。

　　此外,中國大陸亦自一九六○年代初期開始研究有線電視技術系統,一九六四年建成第一個共同天線應用系統。一九七五年,北京的東方紅煉油廠設立了可以轉播和自辦節目的第二代有線電視系統。

■數位電視誕生

　　電視發明之後,科學家即將研究焦點放在提昇收視品質上,因此,彩色電視不久即取代了黑白電視。對於彩色電視更高畫質的研究亦不停的努力中。

　　從文獻資料發現,一九六八年,日本即投入高畫質電視(High Definition TV, HDTV)的研究,並在一九九○年完成MUSE(Multiple sub-Nyquist Savnpling Encoding)高畫質電視系統的試播,不過此系統與傳統電視系統都屬於類比訊號傳輸,對於收視的畫質提昇仍然有其瓶頸。

　　在日本之後,歐洲、美國亦競相投入高畫質電視的研發,亦都走過類比式的高畫質系統及類比式和數位混合的方法,最後,皆都走向全數位化。諸如美國在一九八○年代為提昇類比NTSC(National Television System Committee)電視系統之服務功能,提供較寬的螢幕比例,因而進行類比和數位混合的方式,最後才導入全數位的研究。

　　一九九三年美國七家公司及組織聯合組成高畫質電視大聯盟(Digital HDTV Grand Alliance),開始整合他們各自的資訊與技

術，共同開發數位高畫質電視系統。並在一九九五年提出完整的報告，即ATSc標準。一九九六年，美國聯邦通訊委員會（FCC）接受這個標準，並在隔年四月頒布命令並公布數位電視地面廣播時程並指配數位頻道給電視廣播業者，每一家地面廣播電視台都可以免費指配到一個新的6MHZ數位電視廣播頻道，標誌美國數位電視地面無線廣播的新時代來臨。一九九八年十月美國四大廣播網在四十六個轉播站開始播出數位電視。美國預期在二〇〇六年結束類比式電視系統的服務。

歐洲國家甚至比美國更早訂定數位電視標準，如一九九四年完成數位衛星DVB-S（Satellite）及數位有線DVB-C（Cable）標準，並於一九九七年完成數位無線DVB-T（Terrestrial）標準。

由於歐洲國家開發數位電視系統較早，不但歐洲系統的標準受到世界各國的參考引用（美國除外），數位電視的普及率亦高，二〇〇一年的一項調查，英國數位電視普及率已達百分之三十七，而且是衛星、有線、無線及非對稱無頻網路四種平台都有。

我國則是自民國八十八年（一九九九年）訂出數位電視地面廣播時程以來，由電視學會成員的四家無線電視台向經濟部申請建立數位電視實驗台進行測試。並先後引用了美國ATSC及歐國DVB-T系統進行測試，最後因DVB-T具備行動接收能力而獲青睞。

在此之前，我國行政院亦在民國八十年（一九九一年）十一月核定「高畫質視訊工業發展推動方案」，隔年十一月成立「經濟部高畫質視訊工業發展推動小組」，積極推動數位電視發展。

二〇〇四年我國數位電視正式開播，邁向數位電視的時代。

數位電視不僅是單純的電視收視或提昇畫質而已，同時具有隨選視訊（Video On Demand, VOD）、互動電視（Interactive TV, ITV）、付費電視（Pay TV, PTV）等功能。有人形容這是繼黑白電視、彩色電視的第三代電視革命。

網路的誕生

　　對於二十世紀末的地球公民而言，網路（Network）是一個新的名詞，網路對於廣大的地球人之作用與影響，絕不下於二十世紀初廣播及電視的發明，而其影響力道正在加深、加廣之中。

　　做為一個新興的傳播媒體，網路的歷史顯然是很短暫，儘管如此，在「知難行易」的人類行為中，使用人對網路的瞭解仍然不多，只知道他是一個比報紙、廣播、電視還炫、還快速、更豐富、更多元的新媒體而已。

　　身為二十一世紀的地球人，不但要能善加使用網路媒體，更要能夠知道網路的歷史及原理；善用網路使我們的生活、工作內容更為多元、豐富，瞭解網路歷史及原理則可以做為再創新的基礎及體會網路媒體的精神。

■網路起源

　　網路，通常指的是網際網路（Internet），它是由大大小小數以億計個網路連接起來的「網中之網」。是目前世界上最大的國際性互聯網路，有稱之為網際網路者，有稱之為互聯網或因特網。

　　網際網路發展之始，其實並非做為國際間普通使用的通訊網路，甚且它是隱密的做為少數人使用的軍事通訊工具。凡事往往令人料想不到，原計畫做為求勝的軍事通訊工具，卻發展成為溝通世界文化、生活、資訊的和平之鴿。

討論網際網路的起源，通常會從一九六九年美國國防部尖端計畫研究所（Advanced Research Projects Agency, ARPA）的ARPANET談起。

一九六九年，國際間仍處於美蘇對立的冷戰時期，為了不在蘇聯發動核子攻擊時，癱瘓美國全部的通訊網路。ARPANET被設計成受到任何外力攻擊時，仍能正常工作，即電腦可以通過任何一個路線而非固定路線發送信息。最初ARPANET只在美國國內由四台電腦間連線。

ARPANET是一種資源分享的通訊系統，只要與該網路連接，便可以使用該網路上的相關資訊。一九七三年，美國開放北大西洋公約組織的盟國英國、挪威連接ARPANET。到一九七六年，更發展到連接一百多台各種不同電腦，聯網用戶二千多人。為因應日增的聯網及通訊，一九七九年ARPA成立了一個非正式的委員會——網際控制與配置委員會（Internet Control & Configuration Board, ICCB）以協調、指導網際互聯協議和體系結構設計。新的網路協議定名為TCP/IP（Transmission Control Protocol/Internet Protocol），即現在大家熟知的傳輸控制協議和網際協議。

一九八〇年，ARPA把ARPANET上的電腦設定為新的TCP/IP協議，一九八二年，美國國防部要求所有連接ARPANET的網路都必須採用IP協議互聯，一九八三年，TCP/IP成為ARPANET互聯網路上的標準通訊協議，此年並被認為係全球網際網路誕生的一年。

由於ARPANET原即為軍事用途設立，雖然逐漸開放學術研究用途，分享ARPANET的網路資源，但畢竟有各種的安全考量，也間接限制學術研究的發展。一九八三年完成TCP/IP的通訊協議之際。美國國防部另外成立Milnet，專用於軍事用途，唯ARPANET和Milnet之間仍保持互聯狀態，這種網際互聯的網被稱為DARPA

Internet，不久即簡稱為Internet。

　　ARPANET和TCP/IP技術成熟，續有CNSNET、BINET的發展，BINET係由美國學術界和IBM公司合作成立；CNSNET則由美國國家科學基金會NSF（National Science Foundation）協助各大學的資訊系所聯結，亦稱之為NSFNET。

　　一九八七年，CNSNET與BINET正式合併，成立CREN（Corporation for Research & Education Networking）。

　　CNSNET在一九八六年建立成高速信息網路時，也與ARPANET互聯，並同樣採用TCP/IP協議。一九九○年七月ARPANET功成身退，CNSNET乃成為網際網路的主幹。

　　由美國的網際網路發展經驗及技術推廣，網際網路很快在世界各國得到發展的機會，世界各國也紛紛建立高速信息網路，並與國際間連結，使世界聯結在一起，成為麥克魯漢口中標準的地球村。

■網路知識整合三傑

　　網際網路這項新興傳播媒體的發展，使人類追求語言統一與知識整合的夢想在二十世紀末葉得以再現，不得不提布希（V. Busn）、尼爾遜（T. Nelson）、柏納斯李（T. Berner PS-Lee）三人（梁瑞祥，2001：83）。

　　布希對網際網路的最大貢獻，在一九四五年發布於《大西洋月刊》（*Atlantic Monthly*）的一篇文章中，提出了文字與圖示相聯結、資訊相互串聯儲存、搜尋等重要的技術構想。

　　一九六五年，尼爾遜則提出超聯結（hyper）的觀點，他更投入三十年時間，進行電腦程式設計，使超聯結成為可能。此項構想及實現，才促成網際網路成為包羅萬象的花花世界。

　　早期的網際網路係以文字爲主，在布希、尼爾遜研究基礎下，柏納斯李終於在一九八九年提出超文本標記語言（Hyper Text Markup Language, HTML），可用以存取多媒體資訊，使成全球資訊網（World Wide Web, W. W. W. ）的雛形。

　　一九九〇年，柏納斯李開放大眾使用這個能創作、搜尋、擷取超文件的軟體，並界訂「超文件傳輸協定」（Hyper Text Transfer Protocol, HTTP），這個協定現在已成爲電腦間相互查詢文件的標準格式。柏納斯李又創造出「通用資源位標」（Universal Resource Locator, URL），這個標準的發明，使得使用者只要輸入網址（http://www.website.com）就能搜尋文件。

　　一九九三年，美國國家超級電腦應用中心（National Center for SuperComputing Applications, NCSA），開發網路多媒體瀏覽器Mosaic，全球資訊網乃大受歡迎。而目前全球普遍使用的Netscape、Internet Explorer等網路瀏覽工具，因更合乎人性化要求，鼓勵更多網民上網，尤其後者，幾乎獨霸全球。

　　一九九三年二月，美國柯林頓政府對於發展中的網際網路深表重視，副總統高爾大力提倡。他提出國家資訊基礎建設（National Information Infrastructure, NII）的主張，將網際網路視爲資訊高速公路的主體。一時間，資訊高速公路的口號響徹雲霄，並引起世界各國的跟進。

■我國網際網路發展

　　二十一世紀是資訊網路的時代，資訊的迅速掌握是提昇國家競爭力的重要關鍵。當美國提出NII建設之後，世界各國不敢怠慢，也紛紛展開各自的NII建設，期能提高各自國家的競爭優勢。我國

　　也於民國八十三年（一九九四年）八月在行政院成立跨部會的小組來主導國家資訊基礎建設的推動。

　　我國行政院NII小組推動策略包括七個構面：（一）健全法規組織；（二）加速網路建設；（三）普及網路教育；（四）推廣資訊應用；（五）發展網路產業；（六）加強研究發展；（七）擴大國際發展。從上述構面不難察覺，推廣網際網路的普及應用是我國推動NII的基本原則。

　　事實上，NII小組成立之際即喊出「三年三百萬」的目標。意味著推動小組在二十世紀結束前要使網際網路普及到我國人民生活上的每一個環節上，資訊網路化的社會隱然成形。

　　在此之前，國內的網際網路發展亦隨著國際間的腳步前進；諸如，我國學術網路TANet，在一九九○年即建立起第一條的學術資訊高速公路，網路骨幹係以教育部與台大、政大、中央、交大、中興、中正、成大、中山、花師、東華及東師等區域網路中心以高速數據線路連接為主的網路。此外尚有財團法人資訊工業策進會主導的SEEDNet網路（一九九二年）及中華電信主導的HiNet網路（一九九四年），相繼成立。

　　為了達到快捷的網路運作及繞道北部網路的資源浪費，TANet、HiNet、SEEDNet國內三大網路系統在一九九七年（民國八十六年）九月進行多點互連，疏解網路上的交通流量。

　　NII又稱為「資訊高速公路」，主要是在建立高速與寬頻的資料傳輸能力，使資訊的流通更為快速便利。也由於資訊的公開及便利取得，有助於人民參與公共事務，甚且在電腦與通訊的結合之下，傳播媒體的本質也獲得改變，使人人都可以是傳播者，改變傳播權由少數人壟斷的情況。此外，隨著通訊設備的提昇，遠距教學、遠距醫療、視訊會議、在家辦公都將成為可能，人類的生活必將發生

劃時代的改變，成為不折不扣的網路世紀。

為提昇相關資訊建設效率，二〇〇一年，行政院合併NII、行政院資訊發展推動小組和行政院產業自動化及電子化推動小組為「行政院國家資訊通信發展推動小組」，簡稱NICI（National Information and Communication Initiative），繼續推動我國資訊通信、電子商務及相關產業升級。提高政府機關行政效率與便民服務及網路普及應用，提升國家競爭力。

二〇〇二年，行政院又將「數位台灣計畫」納為「挑戰二〇〇八國家發展重點計畫」十大建設計畫之第六分項。數位台灣計畫內容包括「六百萬戶寬頻到家」、「e化生活」、「e化商務」、「e化政府」、「e化交通」等五大架構。

在「六百萬戶寬頻到家」項目上，希望在資訊通信基礎建設上，落實電信自由化；建構寬頻多元化電信網路；在全島公眾區域建置三千處無線上網環境；全天候管控政府重要資訊系統；預計六年內發放三百萬張自然人電子憑證，可在網上享用政府所提供的電辦服務及電子商務。

而「六百萬戶寬頻到家」則代表全國有八成家庭可以以寬頻上網。

事實上，我國國家資訊通信發展，在政府與民間企業相互結合的情況下，以政府帶動、民間主導為策略，已建立良好的發展環境。根據資策會電子商務研究所FIND的調查，截至二〇〇三年六月底止，我國經常上網人口達八百七十六萬人，網際網路連網應用普及率為百分之三十九。相較於一九九六年六月的四十四萬左右上網人口，相差何以計數。而根據聯合國國家電信聯盟（International Telecommunication Union, ITU）於二〇〇三年所公布各國上網人口總數評比顯示，二〇〇二年底，我國經常上網人口數

排名全球第十三名、亞太第四名。

　　除了上網人口外，寬頻用戶數（Broadband Subscribers），依資策會電子商務研究所FIND的調查，二○○三年六月底時，我國寬頻用戶數達二百四十五萬戶，幾乎已達「六百萬戶寬頻到家」的半數。而此用戶數，據寬頻應用研究公司Point Topic於二○○三年公布的評比顯示，我國寬頻用戶數普及率排名全球第四名。顯示我國寬頻網路的普及率及應用程度已具世界水準。

　　網際網路商業化的發展，只不過是近十年來的事，但網路技術突飛猛進，及各國資訊通信基礎建設的落實，網路對全球經濟、產業、社會帶來的影響，已超過以往一百年來的各種通訊設備及產業，而且在網路的世界中，仍充滿著無限的可能與希望，預期，網際網路正將逐漸的改變我們的生活。

MEDIA LITERACY

第六章

那些人那些事——媒體事業組織

　　有關新聞或傳播著作中，往往忽略媒體事業組織的架構，認為只是公司組織的一張架構圖而已，並無太多可做學問之處。事實上，媒體事業組織的架構加上組成人員身分，一幅鮮明的政治經濟權力學不就躍然紙上。學習媒體識讀第一步，在批判媒體內容之前，對於媒體事業組織必然要有所瞭解。因為，什麼樣的組織架構，什麼樣的組成分子，必然導向什麼樣的成品。

　　媒體事業組織的架構，也讓我們可以輕易的看清該媒體或該類媒體事業側重之處，諸如，廣播、電視有節目部的設置，而報紙、雜誌顯然就沒有必要了。網路媒體要求多媒體的影像設計，這類的要求比起電視台的需求，又更為重要，也成為吸納大學院校視覺傳達系、多媒體傳播等相關系所畢業生的重點事業。

　　本章計畫針對報紙、廣播、電視、網路四大媒體進行其組織架構的剖析。

報紙事業組織

　　報紙是歷史最悠久的媒體。報紙之能成為大眾傳播媒介，實有賴於印刷機的發明。因此，西方早期報紙事業主，往往是印刷商人，也就是報人與印刷主是同一身分。我國現代報紙的發展歷史與西方不同，其著眼於宣傳理念，如傳教或革命黨派報紙，因此，報人常是知識分子或文人志士，「文人辦報」的說法，即由此產生。

　　報紙發展所側重的兩個主要組成成分，描繪出早期報紙的兩大特色及報紙組織的兩大重點，即印刷與評論。印刷與評論不但是形成報紙的兩大因素，更是早期報紙的兩個主要部門。兩大部門迄今

仍是報紙媒體事業的兩大支柱及重要的組成分子。

　　報紙由「文人辦報」的階段之後，步向「商業辦報」時期。報紙做爲一個企業經營，其商品除了評論文章之外，販售的是「新聞」。隨著讀者對資訊、消息的渴求，「新聞」甚且凌駕「評論」之上，成爲報紙的主力商品，新聞部門乃成爲報紙最重要的單位之一。

　　既然是一個企業事業單位，不能不講究商品的銷售及廣告的招攬，經理部門又成爲報紙事業組織架構中的新貴。

　　透過圖示（**圖6-1**），可以更清楚的瞭解報紙媒體事業的組織架構。

　　傳統文人辦報時期，數人一機即可以完成報紙出版，現代報紙媒體事業，需要極大的資金及人力資源始能發揮應有的作用與效果，屬於資本密集及人力密集的產業，所以現代報紙媒體應依法成立股份有限公司進行集資及出版。

　　因此，我們必須將報社此一媒體事業分爲資方及勞方兩個部分剖析。

■資方

　　辦報的第一個步驟是集資申請成立股份有限公司，所有出資者組成股東大會，法理上是報社的最高權力機關，但由於股東人數眾多，集會不易，依公司法大抵設有董事會及監察人的組織，再由董事會選出董事長、常務董事。

　　欲瞭解一家報社的立場及發展方向，從董事會及監察人的成員結構可以瞭解梗概。政治色彩濃厚的報紙，從董監事的選派即知他是屬於何黨何派；企業集團投資的報社亦復如此，誰能取得董事長席位，代表該企業集團掌握報社的發展方向。

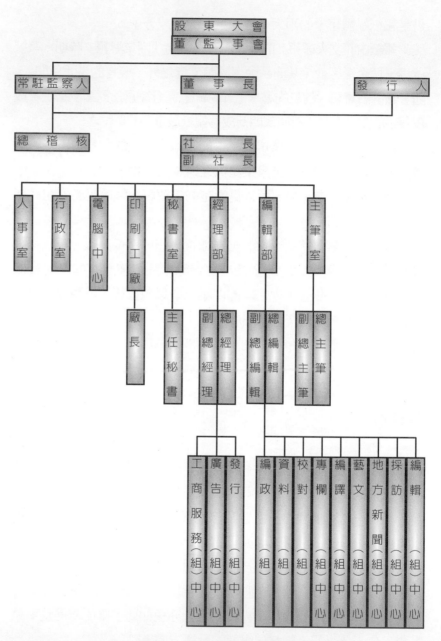

圖6-1　報紙事業組織系統

■勞方

　　報社從社長以下，均屬勞方，每一人均為受僱員工，即使社長也不是老板，除非是董事長兼社長。

　　社長在企業中屬於高階經理人，雖然他不是資方，但董事會聘請他來主持報社的日常行政工作，在理念上、精神上必然與資方契合。也因此，分析一家報社社長的出身、背景也就不難瞭解該家報社言論立場、編採方針、營業取向。社長在出版法規範中通常具有發行人的身分，但也有由董事長擔任者。

　　在社長之下，一家現代報社大約設有言論部門──主筆室、編採部門、經理部門、印刷工廠、電腦資訊部門及行政單位如秘書、人事、會計等單位。

・言論部門──主筆室

　　報紙的內容主要為新聞報導及新聞評論。新聞評論屬於主筆室的工作範圍，負責報社社論及方塊文章的撰寫，其言論代表報社的立場。主筆室的負責人為總主筆，下設副總主筆及主筆、撰述委員等。主筆又分專任主筆及特約主筆，除由報社資深記者出任外，大量聘請大學教授、專家擔任。

　　主筆為文多不具名，立論、措辭代表報社的觀點。

　　主筆室通常每日下午召開主筆會議，由總主筆主持，討論當日社論題目、立場與言論觀點，並指定執筆人（亦有排班輪職的方式）。社論題目之決定，總主筆常需與社長保持聯絡，因為社論代表一個報社的立場，社長不可不知道。

・編採部門

　　以核心來形容編採部門絕不為過。因為一份報紙的絕大部分內容是由編採部門負責供給，沒有編採部門的參與，一份報紙將只剩下社論、零星方塊專欄及廣告，當然也就成不了報紙。而編採部門也是報社中人員最為龐大的單位之一。

　　編採部門由編輯組（中心）、採訪組（中心）、地方新聞採訪組（中心）、藝文組（中心）、編譯組（中心）、專欄組（中心）、校對組、資料組、編政組等單位組成，包含編輯、採訪記者、編譯、校對、資料管理員等，各組（中心）設組長或主任，編輯部由總編輯領導，數位副總編輯襄助，負責全部的編輯、採訪工作。

　　在一些報社組織中，編輯部重要組（中心）的組長或主任也有由副總編輯兼任。各組（中心）介紹如下：

　　編輯組（中心）：設編輯，一位編輯大約負責一個版面的工作，包括稿件整理、標頭製作、版面設計。編輯的來源除了記者轉任之外，亦有公開招考，報考者以傳播、中文系所的畢業生居多。

　　採訪組（中心）：設採訪記者。報社依新聞需求分別指派記者進行採訪與報導，諸如黨政、國會、軍事、外交、文教、體育、財經、社會、影劇等。

　　地方新聞採訪組（中心）：報紙總社所在地的採訪報導由採訪組（中心）負責，以外的地區大抵歸地方新聞組（中心）的記者採訪。早期電腦通訊不便，分散在各地的記者以火車、飛機寄稿方式進行報導，故有「通訊組」的稱呼。

　　藝文組（中心）：設編輯。負責報紙副刊、生活專刊的編採工作，工作性質與採訪單位相較屬於靜態，資訊的時間性較弱。工作成員中以具藝文能力的作家及圖文創作者居多。

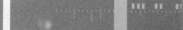

　　編譯組（中心）：設編譯。工作職掌為翻譯外國通訊社的通訊社稿。工作人員外文能力強，外文系畢業生居多。

　　專欄組（中心）：專欄組亦設記者，工作性質與主筆室類似。專欄組記者除了自己撰寫專欄或專題報導之外，負責與學者、專家聯繫，並依新聞焦點邀約學者專家撰寫專欄文章，彌補新聞報導深度之不足。

　　校對組：在報紙排印仍屬鉛字檢排時期，校對工作非常重要，充當新聞記者與檢排工作的橋樑，務使檢排的小樣、大樣、清樣不致有誤。隨著，電腦技術及工業發達，記者撰稿時自己鍵入電腦中，省去了檢排這個動作，而此發明，使得檢排工人悉數失業，校對人員亦大半被解職。校對組成為可有可無的單位。版面錯漏字也就增多。

　　資料組：顧名思義，資料組乃在蒐集資料、提供資料之單位，設資料員，規模大者設有組長或主任。電腦化後，記者、編輯人員對資料組的信賴不若從前，很多資料從電腦網路中可以搜尋。資料人員大多為圖書館系畢業生居多，亦最能得心應手。

　　編政組：屬於編採部門的後勤補給部門，從事聯繫及編採庶務工作，如收發文件、稿件、開立稿費等。

‧經理部門

　　報社的經理部門負責人為總經理，下設發行組（中心）、廣告組（中心）、工商新聞組（中心）。

　　發行組（中心）：主要工作係將印出的報紙銷售到讀者手中，又透過各種管道徵集報紙訂戶，使報紙的銷售份數可以穩定成長，並得以高銷售的報份帶動廣告業績。

　　廣告組（中心）：廣告收入係報社生存的命脈，廣告人員需全

力衝刺廣告業務。報社廣告主要分為商業廣告及分類廣告兩大項。

　　廣告組（中心）、發行組（中心）：設組長或經理一人、副組長或副理若干人，帶領組員全力衝刺。

・印刷工廠

　　印刷工廠當然也是報社的重要組成之一，只有自己所有的印刷工廠才能及時配合將熱騰騰的新聞印出來。隨著電腦傳輸技術的進步及經營形態的改變，當下有不少報社並未設置印刷工廠，而採委託外部印刷。優點是節省資金投資及人事成本的開銷，缺點是印刷時間常會受到控制，無法隨心所欲的等新聞或改版。

　　印刷工廠的人事生態屬於「師徒制」的成分居多，倫理、輩分分得很清楚，凝聚力高，很團結，是報社中的另一種次文化系統。

・電腦中心

　　電腦中心是報社電腦化後新成立的單位，負責電腦軟、硬體的維修。在全面電腦化、資訊化的時代，電腦中心重要性將變得更具舉足輕重。

廣播事業組織

　　廣播屬於二十世紀初葉出現的媒體事業，其發展得力於科技及技術的進步。廣播媒體事業的科技工程含量極高，其組織架構自然有別於印刷媒體。

　　廣播電台之設立仍然得依照一般公司企業進行申請設立，所以

資方的結構與一般企業或報紙媒體相同。再由董事會聘請專業經理人帶領廣播業務的發展。

　　廣播電台（公司）有別於報紙之處在於其科技工程含量較高，也以娛樂為主，其組織架構最大的特色為節目部、工程部。其實，這也是「廣播電視施行細則」的基本規定。至於其他部門則視各廣播電台的發展方向及重點而異。

　　「廣電法施行細則」第十六條規定，廣播事業應分設節目、工程及管理部門外，並應視其性質增設新聞、教學、業務專業廣播或其它有關部門。

　　「廣電法施行細則」第十六條對於是否設置新聞部門並未特別規定，由各電台視需要而定，使得廣播以娛樂節目為主的特色不言而喻。電視則否，同條對電視設置新聞部門有明確的要求。

　　因此，我國廣播電台因所側重營業重點不一定，組織架構也呈現些微不同，諸如我國廣播的龍頭──中國廣播公司──因開闢新聞台，所以其新聞部的編制非常龐大，甚且亦有派駐國外的特派員，遠非其他廣播電台所能比擬的。

　　我國廣播事業非常蓬勃發展，每家公司之經營政策、目標及規模不一，組織架構自然不同，圖示是以中國廣播公司的組織架構為例（如圖6-2）。

■廣播電台組織

　　廣播電台依其資本結構，可分為公營（含國營及財團法人經營）及民營。公營廣播電台又可分為國營，如中央廣播電台、交通廣播電台、漢聲廣播電台及財團法人公營廣播電台，如社區廣播電台（ICRT），國營電台都依政府機關的組織章程組成；民營電台依相

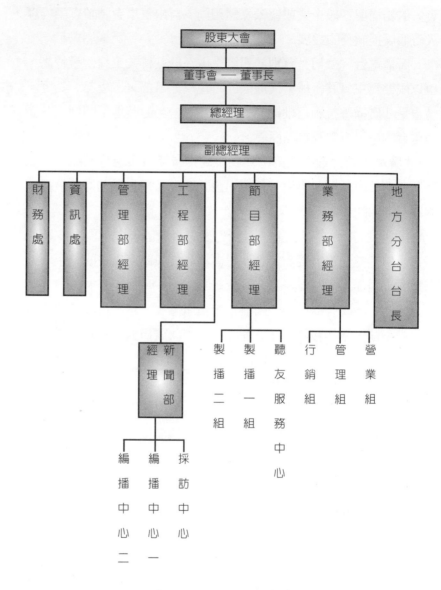

圖6-2　廣播事業組織系統

關法令為公司登記，以股東大會為最高權力單位，再由股東大會選舉董事及監察人，成立董事會及監察人會，做為平時的決策及監督組織。

董事會設董事長一人，董事若干人；監察人會設常駐監察人一人、監察人若干。

為使廣播電台（公司）能正常營運，並有好的表現，董事長延攬適當專業經理人擔任電台（公司）台長（總經理）。並由董事長提名經由董事會通過。台長或總經理為廣播電台的實際負責人，遵照董事會通過的計畫執行業務。

總經理之下，通常會設置一至二位副總經理及各單位主管。

廣播電台至少會設置工程、節目、業務及管理四個部門，每一個部門主管職稱為主任（經理），如節目部主任或節目部經理。

下列針對工程部、節目部、業務部進行說明：

・工程部

廣播電台最主要的運作工具是無線電廣播器材，包括發射系統、節目錄、製、播設備，面對這些器材設備的維修，非得有專責單位不可，那即是工程部，當然規模小的廣播電台總也要設個工程課、工程組。對於一個廣播電台而言，這些工程專業人員是非常重要的，如果這個環節出了問題，廣播電台發不了聲，在好的節目傳不出去、或傳訊效果不好，都對廣播電台的聲譽及營運有損，久而久之，電台廣播的效果就失靈了。

・節目部

節目部也是廣播電台的靈魂之一，空有好的發射系統或高傳真的錄、製設備，若沒有好的節目內容，一切都是惘然。

　　節目部是節目製作的負責部門，主其事者為節目部經理、副理襄助之。節目部除播報人員外，亦聘有特約主持人，壯大及充實節目內容。

　　規模不大的廣播電台，通常未設新聞部，此時，新聞單位委身節目部內，成為一個新聞組或採編組。類似情況，電台內只設新聞編輯一人，負責對當日的日、晚報或通訊社稿進行編輯，交由播報員播報。

　　目前，國內廣播電台獨立設有新聞部者少，所以廣播記者並不多見。

・業務部

　　在諸種傳播媒體中，廣播媒體對於廣告的依賴最高，幾乎可以達到百分之一百，因為廣播不像報紙的營運方式，除了廣告費的收入外，還有販售報紙的收入；也不如電視台可以將電視節目的播放權銷售給其它電視台或海外電視媒體。因此，廣告業務部門在廣播電台中也是愈來愈重要。

■廣播電台的那些人

　　有收聽廣播習慣的閱聽人，對於廣播電台最熟悉的人士，大約是主持人。但廣播電台並非只有主持人而已，因為一個好節目的播出，通常是需要由一個團隊來群策群力，才能成其事功。

　　哪些職務是廣播電台的幕後功臣呢？細數三個部門的組成，約有節目部的編審、製作人、導播、主持人、播音員、編輯、廣播記者；工程部的工程師、副工程師、工務員、機務員；業務部的業務專員、業務員及公關人員等。

　　管理部門屬於行政後勤單位，與節目製作、播放比較沒關係，其組成人員為秘書、組員、辦事員等。

　　從基本配置而言，一個單一節目至少要有製作人、主持人、節目企劃人員、行政助理的編制。其中，最重要的人物要屬製作人，他的工作在於提出節目構想及爭取時段，若為外製外包的節目，製作人還有爭取廣告的責任。其次才是節目主持人。

　　唯國內廣播電台都係中小型電台，更多的節目是由主持人兼製作人、兼企劃人員。

　　導播亦是節目製播的靈魂人物，指揮播、錄音室的收音、成音，是節目進行的技術指揮。

■廣播電台的分類

　　廣播電台其功能及作用雖然相同，但因經營型態及特色不一，而有不同的分類。

・就經營型態區分

　　國有國營、公有公營、商有商營、公商合營。國有國營電台，經費有一定的來源，被當作政府機關的一部門，代表國家發言、或擔任政府指定的特別任務，如美國之音或我國的中央廣播電台、警察廣播電台、漁業廣播電台等。民營電台則由民間人士籌組，需倚靠廣告挹注，也以聽眾的興趣、利益為節目製作的政策及指標。

・就特色區分

　　廣播電台依設立宗旨及特色，則又可分為綜合性、新聞性、政論性、音樂性、專業性、教育性、資訊性等。

國內廣播電台大部分為綜合電台，其餘則在服務特殊的分眾，如漁業電台、農業電台等專業電台，其服務對象自然係農、漁民。教育性電台如台北教育電台，其節目政策及特色非常明確，旨在推廣教育。

電視事業組織

電視堪稱是二十世紀最偉大的發明之一，透過無線電能將聲音、影像、色彩傳送到每個家戶，代表著新傳播媒介的技術進步。但其經營形態與廣播電台類似，在國外的許多電視台都由廣播電台的老闆投資經營，台灣早期的三家無線電視台雖然另起爐灶，與廣播電台的經營者關係不大，但不少廣播電台的節目人員，甚至新聞記者曾跨足電視台。

電視台的組織架構，看來有似曾相識的感覺，與廣播電台架構差異者，約只有電視台無不設新聞部者。這除了是「廣電法施行細則」的規定之外，具有影像、聲光的電視新聞節目是電視台主要的節目來源之一。甚且可說是「物美價廉」的節目來源。

職是之故，電視公司不僅設有新聞部，尚有單獨設立電視新聞台者，並採二十四小時播放。

目前我國電視台雖有無線電視台及有線電視台之別，但電視台的組織架構趨同。

■電視台的組織

一家電視台的基本組織架構有節目、新聞、工程、業務、行政等五個部門（如圖6-3）。

電視台的基本組織系統介紹如下：

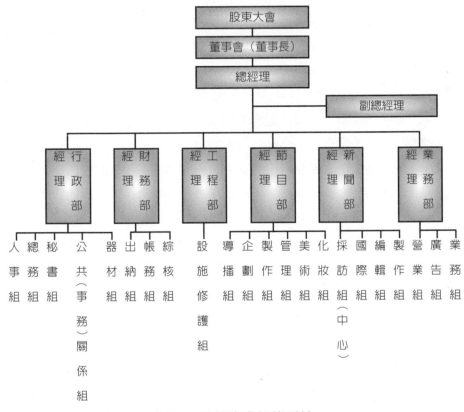

圖6-3　電視事業組織系統

・節目部

電視能同時呈現聲音、影像、色影，做為一種傳播媒介，無疑是受到極大歡迎，尤其電視能夠呈現強大的娛樂功能。「廣播電視法」中也同意每週總時數的百分之五十可用來做為大眾娛樂節目之用。因此，節目部在電視台中所占有的地位是多麼的重要。

事實上，節目部經理是電視台中最重要的職務之一，是可以與新聞部經理並駕齊驅，甚至略高一籌。

節目部負責電視節目之製作及編排，具體工作有節目企劃、節目審查、編排、導播、服裝、道具、布景、化妝等。

・新聞部

電視新聞具有即時、現場的效果，是閱聽大眾接收最新訊息的來源之一，新聞部的重要性不言可喻。

為滿足閱聽大眾對資訊的需求，新聞專業電視台應運而起。不過，小至電視台的新聞部，大至新聞專業電視台，其工作內容及組織大致相同。

新聞部門負責國內外新聞之採訪、拍攝，重大突發新聞及體育賽事的實況轉播；新聞影片及外電的整理；新聞播報、新聞節目的企劃與製作等。

・工程部

電視台的工程部門也是非常複雜而龐大的組織。包括節目聲音的收錄、影像畫面的攝錄及機器的採購、維修等，工程部一般又分設主控播映、發射、修護、轉播等組，基本上是屬於專業的技術部門。

・業務部

業務部是電視台的營運單位，有如報社的經理部性質，亦稱為廣告部。顧名思義，不難理解其工作性質，業務部負責節目推銷、廣告承攬及其他營利事業的推動。

・行政部

行政部又稱管理部（因單位而異）。管理秘書、人事、會計、總務、公關等日常的行政事務。

■電視台的專業人員

一個節目的製作及完成，需依靠節目部、工程部的一群專業人員通力合作。基本上須有製作人、編審、導播、技術指導、助理導播、現場指導、美術指導、音樂指導、攝影師、燈光師、成音師等。

上述專業人員之晉用，一般並無特別的學歷限制，但大抵以受過電視節目製作的相關訓練或大學校院廣播電視系所畢業生為主。

專業人員的工作內容與職務相符合，如美術指導，係負責場景、服裝、化妝、道具的設計及指揮布置，同時也依導播指示，協助畫面拍攝的美化效果。現場指導，則係在攝錄現場；依導播指示，指揮現場作業。

一個節目的製作與拍攝（無論一般節目或新聞播報），製作人及導播是全場（程）的核心人物。製作人聘請團隊成員（包括演員），領導整個節目團隊工作；導播負責指揮攝錄工作，包括攝影鏡頭取景及分鏡指導與確認；技術指導、助理導播、現場指導、美

術指導、音樂指導、成音師、攝影師一干人等全需聽從導播指揮調度。所以一個節目成敗關鍵實與製作人及導播息息相關。

我們在前面曾提到幾個大部門的主管，一般稱為經理，如節目部經理、新聞部經理。事實上，電視台目前正流行一個新職銜 —— 總監。

經理職務高，還是總監大呢？常常令人丈二金剛摸不著頭緒。經理為一個部門的最高主管無庸置疑，負有行政決策、人事管理、任務分派等權責；總監職責在於監督，諸如此節目品質的監督、新聞品質的監督等，屬於專業職權，對於部門內的決策、人事等業務則沒有權責。易言之，新聞部總監是協助新聞部經理監督新聞品質，孰大孰小？不言可喻。

當然，部門中不設經理，只設總監，總監自然替代經理的職務。

網路事業組織

網際網路係二十世紀末開始發展的一種嶄新傳播媒介。網路媒體事業正在世界各地蔓延，其發展速度較之二十世紀四〇年代的電視有過之而無不及。

不同於傳統電視媒介，網路媒介的互動性、迅捷性，使網路在告知、守護、教育、娛樂、商業諸種傳播功能上發揮的淋漓盡致，更是其它傳統媒體所不能企及的，並紛紛與網路搭上線，希望沾上網路的利益，報紙搭上網路之後，晉升變成電子報；廣播、電視連上網路之後，透過數位化的技術，網友很容易的在網上收聽、收視

到廣播、電視節目，進而有之，數位廣播電台、數位電視台又紛紛崛起。

　　二十世紀末，最熱門的新興行業，要屬網路事業，一時間，網路公司、網路媒體多如繁星。但是迄今仍很難對網路媒體確切下個字義，網路（數位）電視、網路（數位）廣播，自然要算是網路媒體，電子報更是網路媒體中的主力，但是超連結（hyperlink）影音媒體、各家電子報的入口網站，算不算是網路媒體呢？何謂網路媒體？哪些網站稱得上是媒體網站，其討論空間仍大。

　　本節探討的網路媒體組織，基本上以電子報爲主。原因是電子報即便只是由傳統的報紙資訊轉變而來（有人稱電子報爲報紙的電子版），但它仍需要重新編排，虛擬的電子報與實體的報紙仍有很大差異。反觀廣播、電視便沒有很大的差別，它們只是將電波的影音傳輸轉換爲數位的傳播而已，不需對內容進行重編重寫。

　　廣播、電視均爲科學技術的結晶，網路媒介的技術性成分不遑多讓，與印刷媒介——報紙、雜誌相較，網路媒介的技術更高過一疇。由網路媒體的組織架構或可得知一二（如圖6-4）。

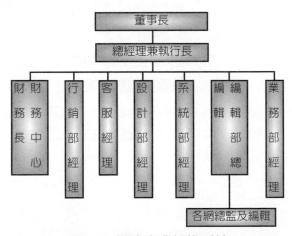

圖6-4　網路事業組織系統

對於電子報主要部門簡述如下：

■編輯部

　　網路電子報，在數位化的網路事業群體中屬內容產業。意即提供網友充足的內容，尤指新聞訊息內容。這點與傳統的實體報紙相仿，所以電子報的重心一如報紙，仍在編輯部。

　　不過，編輯部的組織則因電子報屬原生、半原生或重製傳統媒介資料而異。

　　所謂「原生電子報」，係指電子報的資訊內容由自己單位採集而來的。正由於是自己採集而來，所以原生電子報必須聘僱採訪記者，成立採訪中心進行前製作業（即採訪寫作）。而這道手續是重製電子報所沒有的，半原生電子報的採訪架構則小而化之，仍以重製為重點。

　　一般而言，三種不同典型的電子報編輯部，我們各以台灣曾經存在或仍繼續存在的電子報為代表。曾經引起極大注目的《明日報》是典型原生電子報的代表，曾經聘用一百五十名左右的採訪記者進行資訊採集；《東森電子報》則號稱半原生電子報，資訊來源除了本部記者採訪之外，另有同事業集團的媒體供稿，包括東森電視台、《民眾日報》等。大多數電子報都屬重製型。舉凡傳統報紙、廣播、電視所辦的「電子報」大抵屬於這一類，典型的如《中時電子報》、《聯合電子報》。這類電子報的編輯部以編輯為主，甚且沒有採訪人員。

■業務部

業務部即廣告部，舉凡所有媒體都不會缺漏，網路媒體同樣如此，而且網路媒體的業務部正在分食廣告市場的大餅，後市可期，傳統媒體不能不注意。

■客服及行銷部

由於網路媒體具有立即、互動的特性，所以客服及行銷部門比起傳統媒體更為重要。該部門對網友、會員的詢問、資訊要求，幾乎要有求必應，至少也要能隨問隨答（當然，這些應答都在指間進行）。

■系統部、設計部

系統部、設計部更是網路媒體的特色，系統部指的是資訊工程或資訊管理，以進行編輯系統軟體的設計、開發及網路硬體的管理、維修。設計部則以網頁設計為主。

網路媒體除了提供訊息內容外，要吸引網友的注意，網頁的設計至關重要。如果能夠提供人性化操作、夠炫麗的網頁，必定是成功的保證。

■財務中心

網路媒體屬於新時代的產物，它們對於資金的籌措、經營模式

均較靈活，企圖形成資本密集的產業，所以網路媒體普遍會設置財務中心，並置財務長，是網路媒體是否更上一層樓，成為上櫃、上市公司的靈魂人物。

MEDIA LITERACY

第七章

你學什麼的

面對電視新聞台二十四小時荒腔走板的 "Live" 播出，觀眾邊看邊罵，「記者問的是什麼白痴問題？」、「記者到底有沒有常識？」。報紙讀者也經常看到報紙上更正自家（獨家）報導的啓事，更常見的是被報導的當事人或機構出面澄清，指責報導「子虛烏有」；另一方面，閱聽大眾看到報紙、雜誌如雨後春筍般的出版，有線電視頻道近百，大、中、小功率廣播電台林立，一幅媒體產業蓬勃發展的好光景，如何側身媒體業，就任媒體記者、主播的工作亦成爲年輕人心嚮往之熱門行業。

一褒一貶之間，問的是同樣的問題？我們該對新聞教育的起源發展及其問題進行探究，自然可以解答我們對媒體業的疑惑。

新聞教育探源

「學術、學術」是先有學理再有術理，亦或先有術理再有學理，與「雞生蛋或蛋生雞」同樣的令人難解。顯然的，新聞學術是先有術理，爲求其精而專，乃有新聞學理的進化，易言之，新聞實務發展在先，成爲蓬勃發展的一個事業聚落之後，研究、教育乃跟隨其後發展。而一行業是否蓬勃發展，從他的專業課程及專業教育可以窺知梗概。

新聞教育的萌芽時期，可以推得很早，雖然不至於如印刷媒體起源的十五、六世紀那般，在十九世紀中葉以後，新聞教育已因新聞事業的發展而誕生。其誕生地是現今新聞、傳播學研究的重鎮——美國。

在一八六九年，美國華盛頓李大學（Washington & Lee

University）已設有新聞有關課程，可說開世界新聞教育之風氣。一八七八年密蘇里大學、一八九三年賓夕法尼亞大學也相繼開設新聞學課程。一九〇八年密蘇里大學單獨成立新聞學院，更是領先美國諸大學。

　　世界主要國家，亦幾乎在這時間發展他們國家的新聞教育，充實他們國家的新聞品質；諸如英國倫敦大學在一九一九年亦開辦新聞系，是該國新聞教育之始；德國早在一八八四年的巴斯爾大學設置「報學課程」，一九一六年則在萊比錫大學正式成立該國第一所新聞學院。蘇俄的第一所新聞學校係一九一九年由塔斯社前身羅斯塔通訊社創辦的職業訓練課程，只對參加報業的新進記者及共產黨的宣傳人員進行訓練，並非正式的新聞教育。正式的新聞教育機構——國家新聞學院，至一九二一年由蘇維埃政府設立，一九三〇由共產黨中央委員會接管改組為「共黨新聞學院」，並在全國各重要城市設分院。日本的新聞教育始於一九二九年帝國大學（當今的東京大學）的新聞研究室。該研究室創辦人小野秀雄一九三四年又轉至上智大學主持設立新聞系。

　　我國的新聞教育則肇始於一九一八年（民國七年）在燕京大學政治系開設的「新聞學」課程，及「新聞學研究會」。二年後，上海聖約翰大學正式創辦「報學系」；民國十三年燕京大學正式成立新聞系，十五年後大學成立新聞系，二十三年中央政治學校（政治大學前身）外交系開設「新聞學概論」；次年成立新聞系，這些知名學府為我國新聞教育奠定良好基礎，也培養了無以數計的新聞界菁英。

　　民國三十八年（一九四九年）大陸淪陷後，政府遷台，隨著政治民主化、經濟自由化，新聞教育蓬勃發展，開展新聞教育輝煌的新紀元。

台灣的媒體發展，曾因國家安全的關係，受到極大的限制，在這段時間（一九四九年——一九八八年）內，新聞教育發展同樣受到阻礙。長時間內，只有政治大學（一九五四年）、政工幹部學校（政戰學校前身）（一九五八年）、國立師範大學（一九五五年）、中國文化學院（中國文化大學前身）（一九六二年）、輔仁大學（一九七一年）及世界新聞專科學校（世新大學前身）（一九五六年）、國立藝術專科學校（國立藝術大學前身）（一九六〇年）七所大專院校設立新聞或傳播科系。

在這三十餘年時間內，台灣媒體事業的專業人才進用，大抵由這些學校的畢業生中產生，尤其世新大學的前身（世界新聞專科學校）幾乎全以新聞工作者的培養為宗旨及目的，畢業生在各種媒體中所占比例極高。

隨著報禁的解除，廣播、電視頻道的開放及高等教育鬆綁，新聞教育如雨後春筍般的創立，而且學術分工日精，台灣的新聞教育五花八門，令人目不暇給。迄今，台灣至少有二十七所大學院設有五十六個相關新聞系別及二十九個碩士班研究所、二個博士班研究所，其發展不可謂不快。

當前台灣新聞教育發展

台灣高等教育發展，在很長一段時間中，受到很大的控制，專科學校升格或新設大學的申請幾乎處於停滯狀態。高等教育一環的新聞教育自然深受影響。

從民國四十三年（一九五四年）國立政治大學在木柵復校，設

立新聞研究所碩士班開始，迄民國七十六年（一九八七年）間，台灣設立新聞教育的大專院校幾乎沒有變動，始終維持在政大、師大、文化、政戰、輔大、世新、台灣藝專等七所學校，期間系所或有增加、更名，學校總數並沒有改變，只在民國七十二年（一九八三年）增設淡江大學大眾傳播系及民國六十九年（一九八〇年）核准銘傳商傳大眾傳播科設立。

受到國際新聞傳播事業及新聞高等教育發展影響，此階段台灣新聞教育呈現國際新聞教育思潮的特色，諸如在民國五十九年（一九七〇年）以前成立的科系大抵以「新聞系」為主，如政大新聞系（一九五五年）、政戰新聞系（一九五八年）、文化大學新聞系（一九六三年）、師大社教系新聞組（一九五五年），比較時髦的科系名稱約只有文化大學夜間部的大眾傳播系及以專業技術養成為目的的世新、藝專的各種科別，如編輯採訪科、廣播電視科、電影科、印刷攝影科、報業行政科。

一九七一年至一九八七年，增設的新聞相關系所，除政大廣告（一九八七年）、政大廣播電視系（一九八七年）、文化廣告系（一九八六年）之外，則以大眾傳播系為主，如輔仁大學（一九七一年）、淡江大學（一九八三年）大眾傳播系、銘傳商專大眾傳播科。

一九八八年以後，台灣在政治、經濟、文化上都面臨極大的轉變，諸如經濟高度成長、政治民主化、報紙解禁、廣播電視開放申請，台灣高等教育也如雨後春筍般的蓬勃發展，新聞教育亦是水漲船高，成為熱門的系所。

民國九十三年（二〇〇四年）大學校院招生，七十一所大學校院（不含科技大學及技術學院的專科學校）中，有二十七所大學校院設置五十六個新聞傳播相關系別（如表7-1）。這些學校近七成（

表7-1　我國大學院校新聞傳播相關系所一覽表

	校所名	數目	校系名	數目
新聞類	台大新聞所、政大新聞所（博士班、碩士班），政戰新聞所、文化新聞所	5	政大新聞系、政戰新聞系、文化新聞系、輔大新聞系、世新新聞系、玄奘新聞系	6
大眾傳播類	輔大大傳所、淡江大傳所、師大傳播所、世新傳播所（博士班、碩士班）、佛光傳播所	6	輔大大傳系、文化大傳系、淡江大傳系、玄奘大傳系、長榮大傳系、義守大傳系、中正傳播系、慈濟傳播系、東華民族語言與傳播系、聯合大學台灣語文與傳播系、銘傳傳播學院	11
資訊傳播類	世新資傳所、元智資傳所、文化資傳所、玄奘資傳所	4	世新資傳系、元智資傳系、淡江資傳系、文化資傳系、靜宜資傳系、高師大資傳系、開南資傳系、立德資傳系、台中健康資傳系、銘傳資傳工程系、銘傳數位資傳系	11
傳播管理類	世新傳管所、銘德傳管所、中山傳管所、南華傳管所	4	世新傳管系、南華傳管系	2
傳播科技類	師大圖文傳播所、中正電訊傳播所、世紀平面傳播科技所	3	師大圖文傳播系、台藝大圖文傳播藝術系、世新圖文傳播數位出版系、文大傳播與科技學系、致遠網路通訊系、興國網路應用科學系	6

（續）表7-1　我國大學院校新聞傳播相關系所一覽表

	校所名	數目	校系名	數目
多媒體類	台藝大多媒體動畫藝術所、台藝大應用媒體藝術所、南藝院音像管理所、南藝院音像紀錄所、南藝院音像動畫所、北藝科技藝術所	6	輔大影像傳播系、台藝大電影系、世新數位多媒體設計系、銘傳數位媒體設計系、台藝大多媒體動畫系、長榮媒體設計科技系	6
廣電類	政大廣電所	1	政大廣電系、台藝大廣電系、世新廣播電視電影系	3
廣告類	政大廣告所	1	政大廣告系、文化廣告系、輔大廣告傳播系	3
視覺傳播類			大葉、台藝大、玄奘視覺傳達設計系、實踐媒體傳達設計系	4
公共傳播類			世新公共關係廣告系、大葉人力資源公共關係系	2
傳播教育類	國北師教育傳播與科技所	1	師大社教系新聞組	1
口語傳播類			世新口語傳播學系	1
合計		31		56

百分之六十六點六）是在一九八八年以後陸續申請設立。

　　綜觀二十七所大學校院相關系別的設立，再一次反映傳播科技及傳播媒體事業的發展，帶動相關系所的增設。

　　一九八八年前的二個階段，台灣高等教育以新聞、大傳系所為主，兼而有以專業技術養成目的的廣電、廣告、印刷科系等。一九八八年以後，新聞傳播相關系所品目繁多，本書將其分為十二大類。

由表7-1中看來，大傳類仍是新聞傳播系的主流，並駕齊驅的是資訊傳播類；老資格的新聞系與傳播科技類、多媒體類並列第二大學群；視覺傳播類緊追其後。

這種發展趨勢，充分顯現技術掛帥的優勢。無論資訊傳播、傳播科技、多媒體視覺傳播，幾乎為廣播、電視數位化及網路媒體的蓬勃發展而設。

新聞傳播教育內涵及趨向

新聞學、大眾傳播學是否係一門獨立的科學？一再的被質疑，質疑的原因有四，第一，新聞學或傳播學的研究時間短，以學科演進史觀而論，確實不易成為一門獨立學問。第二，新聞學本來就是配合新聞事業發展的學科，而新聞事業又係隨著社會變遷、媒體改進、意識形態而千變萬化的一種事業，新聞學在這種環境中，想要兼容並蓄，深刻研究，很難有一個固定、統一的學理研究方向能夠把握。第三，部分新聞教育工作者，只強調新聞學對人類社會的深遠影響，致力於新聞技術的傳授，而忽略學理探討。第四，現代新聞事業在以營利為目的前提下，對學院式的學理多不重視，認為無助於實際的經營，使新聞學之發展增加了障礙（鄭貞銘，1984：232）。

翁秀琪進行「台灣傳播教育的回顧與願景」研究時發現，台灣在一九九一年以後，每年至少有一所傳播相關系所成立，且以傳播新科技類、視覺傳播類、管理類、藝術類為大宗，其入門課程的發展，不僅不能「為學問而學問」地以學術發展為本，反而更向專業

性、技術性課程發展。證明台灣傳播學門的發展受到傳播科技的牽引更甚於廣義社會科學理論的發展（翁秀琪，2001）。

證諸新聞傳播發展史，新聞傳播事業發展在先、新聞傳播教育緊隨在後，新聞傳播教育的內涵主要即為了培養新聞傳播從業人員。新聞傳播的學術發展，事實上，是由「術」而「學」，這是無庸置疑的。

檢視國內各大學校院新聞傳播系別課程之設計，大抵亦能呼應「學」、「術」兼備的要求。亦即社會科學的整合、知識教育的傳授及實務的訓練。

「學術兼備」的課程設計，對於新聞傳播教育的發展可說是務實而前瞻的。畢竟，大學教育在學術研究及職業準備中，都占有相當的比重，可說是各占有百分之五十的比例，不可偏廢。至於完全的職業取向或學術研究，那還得等到大學學業完成之後才開始分道揚鑣。

亦即台灣傳播教育應回歸大學法的基本精神：（一）回歸大學的學術研究本質，以學術研究為大學主要概念；（二）重拾通識教育理想，以造就「全人」為大學教育目標；（三）研究所是大學的延伸，是專業教育場所；（四）階段性看待人才培養，把人才培養視為大學部次要目標，凸顯研究所階段的專業教育，及畢業後在職教育的特定功能（王石番、陳世敏，1996：3）。

新聞傳播教育的內涵除了在於新聞傳播從業人員專業學理、實務知識的培養外，更重要的是專業精神及新聞道德的薰陶。

大學教育除在培養一個有知識的高級技術工人外，亦應重視專業精神及新聞道德的養成。

迄今並未有對新聞傳播科班出身及非新聞傳播科班的新聞傳播從業人員進行專業精神及新聞道德層面認知的調查，不過，從實務

經驗得知，新聞傳播科班出身的新聞傳播從業人員對於新聞專業精神的堅持、新聞道德的信守，比非新聞傳播科班的從業人員要更加重視。更有深厚的「社會責任感」，並能以「社會教育導師」自持。

其實，大學新聞傳播教育最可貴之處，仍在於道德教育，使每一個可能的新聞從業人員都具有責任心和正義感，堅守服務崗位及犧牲奉獻的精神。

面對新聞傳播媒體的亂象，不少閱聽大眾指責是新聞傳播教育出了問題，如果這些亂象真的是新聞傳播科班的從業人員所引起，那麼我們的新聞傳播教育就真的出了問題，尤其是專業精神及道德教育方面發生偏差。

新聞傳播教育未來發展

在可預見的未來，新聞傳播媒體事業仍會是我們人類社會中重要的機制；媒體事業仍將會跟隨著新的傳播科技發展、新聞傳播教育相互呼應，必然是配合傳播科技。預期，傳播科技成分高的系別在未來會愈來愈多，學術兼備仍然是發展主軸。展望未來，新聞傳播教育仍需不斷探索及革新，為新世紀的新聞傳播教育走出一條既是事業，也是學術的路。

新聞傳播教育目標在「傳遞文化知識、培養學生傳播學術能力、發展學生職業技能，以及重塑社會價值」（Spraque, 1990: 23-26）。但目前台灣各大學傳播教育課程安排出現四大缺點：（一）以媒體性質區分教學與研究領域的作法，似乎已無法反應邁向多媒

體整合之資訊時代的特質及學習的需要；（二）偏重專業、忽略通
識與人文課程；（三）教育資源重複配置；（四）強化本位主義，
學生誤解學系本質（王石番、陳世敏，1996：89-9）。

　　因應之道，台灣新聞傳播教育仍應在於「兼顧專業養成、學術
成長、通識教育的『三角模式』」（王石番、陳世敏，1996：
109）。展望未來，應有以下途徑可循：

■加強人文社會科學的導引

　　新聞傳播教育不只在培養新聞生產線上的裝配員或熟練的技術
工人而已，尤應加強人文社會科學的培養與導引，使其具有獨立判
斷的能力及堅毅不拔的人格。新聞傳播教育培養的是具有通識能力
的新聞人與報人，只可惜我們社會中敢自稱「報人」者日少，多的
是成功的新聞集團企業家。

■強化科學研究方法的學習

　　新聞報導不被認為是學術著作的原因，除了是前者著重事實的
報導與紀錄，是屬於片斷、零碎的知識、缺欠整理、比較、分析、
歸納。

　　甚且新聞報導淪為「從你口，經我手」的加工而已，真實性本
即存疑，更何況甘心被利用者，豈有一點科學精神可言。

　　未來新聞傳播教育，應強化科學研究方法的培養，觀察固然是
科學研究方法之一，比較、綜合的能力及實驗的精神更值得鼓勵。

　　研究所是大學部的延伸，筆者即以「學者型的記者」自我要
求。而此前提需具備科學的精神，能夠運用科學的研究方法。這一

切端賴大學新聞傳播教育的強化。

■重視專業技能的養成

　　新聞傳播教育的發展，由新聞學、傳播學至傳播科技掛帥的多媒體傳播、視覺傳達設計、資訊傳播等不同系別，當然各有其核心專業技能，這正是學子學習的目的，也是大學新聞傳播教育的內涵。

　　大學新聞傳播教育要能精準的掌握，並傳授專業技能的養成，才能與時俱進，成為資訊時代優秀的新聞從業人員。

第三部分

分析媒體訊息內容

MEDIA LITERACY

第八章

什麼是新聞

　　新聞的意義？新聞的價值？何謂新聞？幾乎是「新聞學」著作的開宗明義章。如此安排其來有自，認識這門學科前，對這門學科的基本定義進行探索，不但應該而且有必要。

　　「媒體識讀」這門學科也必要進行「新聞」定義的探討，係因為認識媒體、批判媒體時，有必要瞭解新聞的原理，知道什麼是新聞？媒體為何刊登這則新聞？原理何在？是否背離新聞的要義？那麼也才容易剖析媒體工作人員的企圖。

新聞的定義與要素

　　新聞是什麼呢？幾乎人言言殊。每人一把號，各吹各的調，不過，卻也都言之成理。新聞是發生在東、西、南、北四方的事情。（錢震，1978：27；鄭貞銘，1984：2；李茂政，1995：161）卻是用之最廣的定義。

　　這個定義是由News這個英文字母去做文章的，News代表Nortn、East、West、South四個英文單字，也就是說News指的是在四方發生的事情就是新聞。聽起來，似乎卑之無甚高論，但仍然有很多人奉為圭臬，早期的《赫頓詞典》（*Haydn's Dictionary*）也曾經記錄這個定義。

　　事實上，這個定義有些牽強、附會，新聞學者錢震認為，News一詞，原寫為Newes是名詞，其形容詞為Newe，應是出於拉丁文的Novus。因此，將News解釋為四方的四個單字組合，就不可信了，不過，不探究其字母來源，單純以News來加以延伸，也算得上是有創意而寫實。

■新聞的定義

　　更為口語化、生活化的新聞定義尚有：

　　「狗咬人不是新聞，人咬狗才是新聞！」（If a dog bites a man, it is not a news, if a man bites a dog, it is）。

　　「新聞是一種令人讀了會驚叫的東西。」（News is something that makes a person exclaim）。（Charles A. Dana，美太陽報發行人）。

　　「新聞就是女人（Woman）、金錢（Wampum）、罪惡（Wrong doing）三個W。」（Stanley Walker，美國報人）。

　　類似上述這些新聞的定義，雖帶有諷刺、戲謔的味道，不過，早已成為中外新聞工作者的教條，做新聞的金科玉律，尤其是小報、八卦報，更是如此，三個W的新聞，不就是情色、衝突、鬥爭的代名詞。

　　這些定義的流行，有其時代的意義。因為彼時，美國報業正陷於「黃色報業」的競爭，報紙競相以相同新聞題材吸引讀者，基本上是屬於美國新聞的黑暗時期。

　　嚴謹、中規中矩的新聞定義也不在少數：

　　「新聞是任何人能引起大多數人的興趣，而且從未被他們注意過的東西。」（News is anything which interests a large part of the community and has never been brought to their attention）。

　　「新聞是任何具有時間性，並且能使一些人感到興趣的東西。最好的新聞，乃是能使最大多數人感到最大興趣之新聞。」（News is anything that interests a number of persons , and the best news is that which has the greatest interest for the greatest number）。（Willard

Bleyer，美國學者）。

「新聞通常供給消息，從這種新消息上面，一般人可以得到滿足與刺激。」（News is usually stimulating information from which the ordinary human being derives satisfastion of stimulation）（Chilton Bush，美國學者）。

「任何事，只要有夠多的人想讀，就是新聞；倘若這件事並不違反構成良好風氣的規條與誹謗法的話。」（Anything that enough people want to read is news, provided it does not violate the canons of good taste or the law of libel）。（J. J. Schindler，美國報人）。

「新聞是新近報導的事情。」（News is recent report of events）。（Frank Luther Mott，曾任美國密蘇里新聞學院院長）。

上述，大抵爲西方學者、專家對新聞所下的定義，那麼我國學者的看法又是如何呢？

「新聞是具有重要性或趣味性的事情的新近報導，這種報導必須正確、完整而適宜。」（錢震）。

「對一個足以引起讀者興趣的觀念及事情，在不違背正確原則下所作的最新報導，皆爲新聞。」（王洪鈞）。

■新聞的要素

新聞的定義，誠如上述五花八門，人言言殊。不過，每個定義雖不盡周延，強調重點及特色不一，但綜合起來即成爲構成新聞的要素，而能滿足這些要素一、二者即成爲可讀性高的新聞，滿足的要素愈多，可讀性愈高。

我國報人及新聞學者錢震曾歸納諸家之說，提出十一項新聞要素：（一）不尋常性；（二）驚人；（三）興趣；（四）時間性；

（五）重要性；（六）滿足與刺激；（七）刺激性；（八）讀者需求的東西；（九）一位好報人所決定刊布的東西；（十）適宜刊登的東西；（十一）新近報導（錢震，1978：34-35）。

新聞學者鄭貞銘亦曾提出新聞要素的十個主要條件：（一）人情味；（二）英雄崇拜；（三）性；（四）個人利益；（五）新發明與新發現；（六）不尋常；（七）關係個人所屬團體的事情；（八）競賽；（九）災難事件；（十）成就（鄭貞銘，1984：4）。

兩位學者所述，有許多重複之處，事實上，錢震的十一個要項是整理中外的新聞學定義而得，因此，這些要項頗具放諸四海而準的綱領性意義。

本書試著對上述要項進行歸納、整理，得出七個重點，並逐一說明：

・時間性

新聞界的名言——「時間是新聞的生命」。意味著，時間對於新聞的重要性，所以電視常要搶現場及時發生的（Live）新聞，要強調最新的新聞；報紙的出版通常會等候到最後的截稿時間，即便已經排印，爲了最新的重大發展，也要停止印刷（停機）、「挖版」，補上最新的進度，可見時間性的重要，這點在錢震的要項中明列，鄭貞銘的十個新聞條件雖未明列，但其新發明、新發現，也是強調時間的重要。

最新的發現、最後的時間雖然重要，「過去事」並不表示「非新聞」。雖然事件發生已經過一段時間，只要未經披露廣爲周知，而仍具重要性、趣味性，那麼仍然是一則好的新聞。

‧不尋常

所謂不尋常，即非正常狀態發生的事，也就是怪、突出、不按牌理出牌的意思，諸如抗議大王柯賜海無處不在舉牌抗議的行為，就經常是新聞的焦點，並塑造自己成為搞怪的明星，這純粹是利用「不尋常」是新聞要素的精神。

‧英雄崇拜心理

人類普遍具有偶像崇拜的心理，無論政治人物、藝人、明星，通常很容易引起支持者的關注，對他們偶像的報導具有絕大的可讀性，居此心理，對各行業偶像的報導，會是受歡迎的新聞題材，也是新聞的重要因子。儘管有人不喜歡，但畢竟可以滿足各種領域的支持者，競賽、成就新聞的報導，也是英雄崇拜的心理反應。

‧性

性的新聞雖予人淫亂的感覺，長時間以來總是新聞賣座的題材，在報禁未開放前，有些報社的總編輯總會固定在版面上放置一些清涼的美女照片（國外通訊社提供），做為滿足部分讀者的需求，雖然為衛道人士不齒，但效果很好。

隨著報禁開放、傳播資訊自由化，類似性暗示的新聞題材更加充斥在報紙版面及電視畫面。可見這類題材的新聞是很重要的新聞內容。

‧人情味

新聞素材雖然強調奇、怪、亂、競爭、衝突，但是能夠引人會心微笑或動容的小人物生活寫照也會是好的人情味新聞。

　　不過，會成為人情味新聞的題材，不能只是尋常的人情而已，如不能突出或超過尋常行為所及，仍然不成其為新聞。

・災難事件

　　基於人類關懷、恐懼、趨吉避凶的情緒，災難事件的發生必成新聞，而且鉅細靡遺的報導，才能滿足讀者的需求。

　　每遇有重大災難事件，所有新聞事業單位總會全力動員對新聞現場進行完整的報導，主要在滿足閱聽大眾憐憫、關懷及恐懼的心情，而此類新聞中，不乏人情味的題材。

・關係個人及所屬團體的事情

　　人類最愛的莫過於自己，最親近的則是與自己相關的團體。因此，對個人及所屬團體的報導，最能引起個人及所屬團體的關注。

　　有位報社的總編輯常喜歡刊用人名，其所持的觀點，無非就抓住這點「人類的自戀情結」。試問，報章、雜誌或電視節目中出現你的報導，你是否會多買一份或將其錄為錄影帶，永久保存。

如何評定新聞價值

　　全世界每天發生的新聞事件，何止千千萬萬則，其中亦不乏上述新聞要素中的內涵，但仍非每件事情的經過，都可能成為各個地區報紙、廣播、電視中的新聞或新聞焦點。而且在編採專業人員及閱聽大眾評定新聞價值時，其側重之處並不完全一致。

■編採專業的新聞價值

每一家媒體或每一個社會判斷、衡量新聞價值的標準不一，其所側重之處，自然也有不同。

如何評定新聞價值呢？鄭貞銘提出，變動性、影響性、臨近性、時間性、真實性、突出性、人情趣味等七項做為評定依據（鄭貞銘，1995：7）；李茂政則強調時宜性、變動性、接近性、重要性、趣味性、社教意義（李茂政，1995：165-172）。

兩位學者的評定標準大致相同，諸如時間性、變動性、臨近性、趣味性等都是重要的原則，我們從新聞編採實務進行說明，讀者可以更清楚的體會。

當新聞編採人員面臨許多則新聞訊息需要進行採訪或面對數十條完成的新聞稿進行選稿時，那些訊息或文稿可以雀屏中選呢？時間性自然是首選，一則已經刊播過的訊息毫無時間性可言，它畢竟已成昨日黃花，除非這個訊息具有強烈的變動性及深遠的影響性。

易言之，若是他家媒體已經刊播的獨家報導，屬於單一事件，無後續發展，那麼漏失的媒體可以不跟進，反之，那則獨家新聞的變化難測，如貪瀆弊案，案情如滾雪球般擴大，不跟進的結果，是一路落後到底。

編採工作人員在判斷一則訊息，一條新聞是否該選擇或大作、小作時，變動性、影響性的考慮最為重要，時間性的落後，倒成其次。否則新聞處理必然一路落後，一路處於挨打的局面。

新聞發生的接近性、臨近性也是選擇新聞的一個判斷標準，基於「親不親故鄉情」及「遠親不如近鄰」的心理，人們普遍對於自己身處的生活環境，有著特殊的感情及眷戀，對於周遭環境發生的

事情會倍感關心及親切。

　　新聞傳播媒體報導生活周遭的人、事、物，恐將會是社區中數日茶餘飯後的話題，相同的道理，社區中新建核子發電廠的震撼，恐怕比美國九一一恐怖攻擊事件有過之而無不及。

　　新聞編採人員在選擇新聞題材時，兩則重要性相同的新聞只能擇一選用，新聞的臨近性，必然是考慮的最主要因素，如果一則國內新聞，另一則為美國中部鹽湖城的訊息，被扔到廢紙簍的肯定會是鹽湖城的新聞。

　　趣味性的新聞，其影響性、變動性通常不強，新聞生命不長，通常也就是登過就算了。充其量也只能引起閱聽大眾會心一笑，帶給閱聽大眾輕鬆的感覺，不會有後續的發展。這類新聞俯拾皆是，如何應用端視編採工作者幽默感及人生的態度，但大抵不會影響媒體新聞內容的競爭及排斥。

　　具社教意義的新聞，原是傳播媒體最主要的內容之一，因為，媒體本即負有教育文化的功能。曾幾何時，具社教意義的新聞在商業、娛樂掛帥的媒體環境下，非常不容易成為新聞。想透過新聞報導進行社教的宣導及普及，還得費很大功夫向媒體編採人員請託，希望能納入新聞內容規劃。

　　當然，亦有以社教新聞為主的媒體，只是仍屬鳳毛麟角，而且相關類似題材的報導，常會被歸類為公共媒體的業務範疇。

　　一件事情發生，最終能否成為新聞或新聞焦點，編採專業人考慮的正是上述各種因素。但這些因素卻不一定就是閱聽大眾評定一則新聞價值所需考慮的標準。因為從閱聽大眾的立場出發，尚有一套衡量新聞價值的標準。

■閱聽大眾如何衡量新聞價值

新聞傳播編採人員衡量一則新聞價值時，考量的通常是時間性、重要性、變動性、臨近性等。對於一般閱聽大眾而言，更重要的是該則新聞的客觀性、正確性、完整性與可讀性，當然，這也是編採人員不能忽略的原則與價值，一則不正確、不客觀的新聞，任憑多重要、多接近民眾，一切也都是假的。不過，在想當然耳，一定要的作業環境下，由於專業的偏執，正確、客觀性的要求，反而被忽略。這可是閱聽大眾據以衡量判斷一則新聞或一家媒體是否值得信賴及具有閱聽價值的依據。

以下針對具有客觀性、正確性、完整性及可讀性四項原則，進行介紹：

・客觀性

什麼是客觀性？一般是指不受個人感情或偏見影響，觀察或查證一種現實狀態的發展。在新聞報導中，客觀性的要求是，採訪、編輯過程中，應該持科學、理性方法，不帶有感情及偏見，從事新聞採編工作。

可是，客觀性的要求何其難？也有人質疑，不可能有絕對客觀的新聞報導，也因此不敢要求新聞報導的客觀性。客觀性的要求確實很難，因為事實往往不是只有一種，從不同角度看事情，將有不同的結論。

在新聞學上，新聞事件的真實與否，至少即有了社會真實（Social Reality）、媒介真實（Mediated Reality）、主觀真實（Subjective Reality）、客觀真實（Objective Reality）等四種。

　　社會眞實指的是事件的眞相，但所謂眞相，可能眾說紛紜，所以社會眞實也不一定即是眞理。媒介眞實指的則是傳播者透過文字、語言、影像等符號進行傳播與報導，建構出似眞的形象。不過，社會眞實與媒介眞實經常發生出入。

　　易言之，如何衡量一則新聞是否客觀並不容易，不過從寫作、報導的內容可以得到佐證。爲了避免新聞報導過於主觀，新聞內容必須做到平衡報導、提出支持性的證據、直接的談話使用引號、減少使用形容詞、有清楚新聞來源等。

　　當然，這一切作爲只在於減少過度主觀性，但仍然無法完全避免。諸如，雖有新聞來源，他的說話也是直接引用，並不加形容詞，但這個新聞來源如果失之於「主觀眞實」，客觀性仍然難求。減少主觀傷害的作法只能平衡報導，讓另一種聲音與事實也同時呈現。

　　即使如此，仍有可被質疑未盡客觀之處。因爲，報導內容、字數，仍然可能影響客觀性。

・正確性

　　正確性可謂新聞報導的第一生命。一則不正確的新聞，那根本是一顆毒藥。中外記者信條大抵會開宗明義要求新聞的正確性。

　　中國記者信條第四條：「吾人深信：新聞記述，正確第一。凡一字不眞、一語不實、不問爲有意之造謠誇大，或無意之失檢致誤，均無可恕。……」

　　美國記者道德律第一條：「新聞記者之第一責任，爲報導正確，無偏見的事實於公眾之前。」

　　在編採作業時間緊迫及查證困難的新聞工作環境中，求眞實、正確，確實有點困難，因此，錯字、漏字不在少數，姓名誤植、數

字錯置、引用語話張冠李戴也常常可見。最嚴重的是新聞事件本身的錯誤報導，而這種錯誤根本是無法挽救的。更正、澄清有時候尚無法彌補過失於一、二，爲此可能招來誹謗之控訴。

新聞報導錯誤的原因，不外忙與盲。當然也有蓄意的錯誤報導，這種偏差的行爲自然是「罪無可赦」。

所謂忙與盲的錯誤原因，則包括搶獨家新聞、趕截稿時間的忙與專業知識不足、判斷錯誤的盲。

閱聽大眾要確認新聞報導的正確性與否，可以比較多家媒體，在比較中，你將可以發現大同中有小異，如果相異其趣，那這則新聞肯定正確性出了問題。

·完整性

新聞報導之可貴在精簡。利用最少的字或畫面可以告訴閱聽大眾最多的訊息，不過，精簡與完整往往是矛盾，精簡能達到完整性嗎？不能達到完整性的要求，難道要擴大報導的篇幅，使新聞看起來龐大、臃腫嗎？當然不行，因爲龐雜的新聞敘述，完整固然完整，可是不符科學、精簡的編輯原則，也缺少足夠的版面、時間，可以漫無限制的完整報導。

事實上，衡量一則新聞是否完整，可以「5W1H」的「六何」來加以檢驗。六何，即何人（Who）、何時（When）、何地（Where）、何事（What）、爲何（Why）、如何（How）。一則新聞如果能清楚交待六項內容，基本上已具備完整性，使閱聽大眾可以明瞭事件發生的梗概。

此外，新聞完整性，尚包括同一新聞事件的不同來源說法，諸如，學費調整，至少必要涵蓋學校、家長、學生，甚至消費者保護團體的說法，只有一面之詞，雖然新聞內容「六何」交待清楚，也

會有不夠完整的感覺。

　　而新聞後續發展的追蹤報導，也是完整性不可或缺。目前新聞報導的表現，常呈現提出問題，不見追蹤。新聞熱潮時，搞得轟轟烈烈，二、三天之後，後續結果無人聞問，新聞工作者又開始挖掘問題，這樣的新聞作法也是不符完整性。

・可讀性

　　一則新聞好與壞的價值標準，除了上述客觀性、正確性、完整性之外，可讀性同樣很重要。因為可讀性高的新聞或文章，讓讀者可以一目瞭然，求知若渴，迫不及待的一口氣閱讀完畢。反之，不忍卒讀，在好的新聞題材，亦屬枉然。

　　事實上，可讀性高低，是一門專業的學問，通過一些公式檢測，可做為可讀性的依據，簡單的檢驗則由段落分明、句讀清楚、用語精確判斷。

　　新聞事件每日層出不窮，新聞寫作可不是信手拈來，信筆塗鴉，一則雋詠的新聞，雖不一定需要文字優美，卻需要百分之一百的正確及客觀。而新聞的公信力正由此累積。

新聞製作過程

　　每當媒體消費者打開當天的報紙、電視或收音機，無不為媒體中豐富、精采的訊息表示訝異，但是又不瞭解這些訊息是如何發掘、如何產生的，因而對此充滿好奇，以致記者朋友常會被問到一個近乎可笑的問題，那即是各種刑案發生時記者是否在場？否則怎

能鉅細靡遺地將發生過程描寫出來？這皆肇因於媒體消費者對訊息製作常識的缺乏。在稱得上是「媒體世紀」的這個年代中，每個人都有必要對訊息製造及選擇過程進行瞭解，以避免遭致愚弄。

傳播媒體是專業人員的龐雜科層組織，儘管傳播工作者各有各的背景和喜怒哀樂，傳播組織卻一樣地非常科層化。在某種程度內，傳播媒介製造過程是可以與工廠的裝配線互為比擬的。因此新聞訊息的產生有如製造工廠一般，需經過幾道不同關卡才能完成。

■媒體工廠的裝配線

每一個工廠產品規格、樣式的不同，就有如每一個傳播媒體風格、政策的差異；不合規格的產品要遭到淘汰，不合乎傳播媒體政策的訊息，也同樣不可能在該媒體所擁有的媒介中出現。

簡而言之，在民進黨的機關刊物或其支持者的媒體中，不易出現讚揚國民黨的言論；在統一關係企業支持或所屬的媒體上，也不太可能看到不利於統一企業訊息。

有了這個基本認識後，可進一步就裝配線流程逐一介紹。一項資料或一個新聞事件，從發生到見報為止，最少需要經過六個專業人員加工，才能順利產生，獲得在媒體中曝光的機會。這六個專業人員大約是記者、各組召集人、採訪主任、分稿副總編輯、各版編輯、總編輯。當然，它會因媒體的不同製作流程而產生增減，例如，電視新聞節目的製作過程，就不同於一般報紙，不過裝配線的作業仍然存在。在上述流程中只要任何一處發生疑問，稿子即可能上不了報紙或無法在電視、廣播中播出（如圖8-1）。

資料來源

新聞記者

召集人

採訪主任

分稿副總編輯

編輯

總編輯

新聞訊息

圖8-1　新聞訊息製作流程

　　譬如，採訪人員進行採訪時，若本身不關心該項事件的發展，或不能瞭解其重要性，那麼即註定該項資料無法脫胎換骨，成為人人得以知曉的新聞訊息；然而即使採訪人員重視該事件，並將其寫成新聞稿，那也不一定就能在明天與讀者見面。因為稿子送交召集人時，召集人同樣會將它塗塗改改，甚至截稿不發，而這種情形又會同樣發生在採訪主任身上。

　　分稿副總編輯的字紙簍，比採訪主任的又要大幾倍，如果稿子順利過了三關，到達各版編輯手上，表示稿子見報及播出的機會大了許多，但是一個版面所能容納的稿子有限，因此新聞性弱或不合

老編胃口的稿子，還是會遭到丟棄的厄運。

　　一份稿子能否見報，似乎只有等待報紙印出來才能揭曉，因為六道關卡，步步驚險，難保不在任何一道關卡中被攔截，甚至已印刷上報的新聞，都可能為突發的重大新聞所代替。由此可見，想廣為人知的訊息，如不經一番包裝，是不容易獲得曝光的。

■記者是裝配線上的前鋒

　　在瞭解一段新聞製作工程後，得將重點先放在新聞原料的採集中，由此我們可以得知，資料從哪些管道可以成為原料，而送上裝配線。一般而言，每天出現在報端的新聞，可分由各該媒體記者採訪、通訊社供稿、資料室或資料供應社供稿，甚至由機關社團主動供稿，但是仍以各該新聞媒體的記者採訪所得為主，這也是每個媒體差異所在，如果無法加強自己內部記者的報導，那麼每一個媒體所刊載的，幾乎全是通訊社稿，那麼各媒體就沒有同時存在的必要，也因而缺乏市場的競爭力。由此可以發現新聞工廠裝配線上，前鋒作業的重要性。

　　前鋒作業何以重要呢？讀者、聽眾每天在報端、電視螢光幕上、廣播電波中，閱聽到的新聞包羅萬象，小至街聞巷議，大至世界局勢，均能詳細報導登載，因此怎麼不重要呢？而它重要固然重要，但是並不神奇，然而對不明就理的讀者而言，就會覺得記者神通廣大，一會兒東一會兒西，一會兒上山一會兒下海，其實說穿了，就不再神秘了。

　　記者這個行業雖然機動性高，也確實需要一點採訪本領，但是還尚未到讀者想像中，那般神通地「事事管，處處到」。前文曾言，新聞媒體是一個由許多專業人員組成的龐雜科層組織，就其中

的採訪部門來談，即可見其端倪。而在專業分工下，記者絕對不是萬事通，也與任何行業一樣講求專業。

　　爲了編輯需要，也爲了採訪工作方便，採訪記者必須進行分類，若以區域性質分類，約計可分爲地方記者、採訪組（中心）記者及國外特派記者。

　　顧名思義，地方記者即負責傳播媒體所在地以外，本國其它地區的採訪工作者。採訪組（中心）記者則是傳播媒體總社的採訪人員。國外特派記者當然是指派駐國外的新聞工作人員。

　　若就學科分類則類目更多，一般說來，國內新聞傳播媒體會將新聞歸類爲黨政新聞、國會新聞、外交新聞、軍事新聞、財經新聞、交通新聞、文教新聞、市政新聞、影劇新聞、醫藥新聞、科技新聞、法院新聞、體育新聞、社會新聞等；負責採訪各路線新聞的記者，大致以類目稱呼，如黨政記者、國會記者、醫藥記者、體育記者等，各記者皆是在分配路線中的有關機構裡進行採訪。

　　由於每個人執掌、工作劃分清楚，既不會有重疊或衝突現象，又因各有專司，因此只要確定盯住各自的目標物，就能鉅細靡遺地提供每件新聞事件的發展經過及來龍去脈。讀者詳讀至此，應該不會再對記者這個行業，有類似超人或偵探的疑惑與好奇，假如自身有重要訊息需要與新聞界聯繫，以達成宣傳、廣布的目的，也將不再發生「盲人騎瞎馬」的窘況。

　　爲使讀者對路線範圍有較清楚的認識，下面將逐一詳列歸納：

黨政新聞（記者）：總統府、行政院、各政黨、內政部、蒙藏委員會。

外交新聞（記者）：外交部、各使領館及國際組織。

國會新聞（記者）：立法院、監察院。

軍事新聞（記者）：國防部、各軍特總部、各軍事學校。

財經新聞（記者）：經濟部、財政部、經建會、金融機構、國營企業、證券市場、市場行情、各級工商團體及各大民間公司。

交通新聞（記者）：交通部、鐵路局、公路局、郵政電信、氣象局、航運、觀光局及觀光事業。

文教新聞（記者）：教育部、各級學校（大學、專科、中等學校及小學）、考試院、學術團體、救國團。

市政新聞（記者）：市政府及附屬單位、市議會。

影劇新聞（記者）：影劇藝術團體、各大電影公司、電視公司、藝術活動、畫廊。

醫藥新聞（記者）：衛生署、各大公私立醫院及各種民間醫療團體。

科技新聞（記者）：中研究、新竹科學園區、各研究機構。

法院新聞（記者）：司法院、司法部、各級法院、監獄、調查局。

社會新聞（記者）：警政署、刑事警察局、各警察局、消防局。

體育新聞（記者）：各項運動比賽及組織，如籃協、足協。

　　上述僅對新聞路線劃分作概略介紹，事實上，每個傳播媒體因其特性而仍有差異，如以經濟為主的《工商時報》、《經濟日報》，其路線的分配與《中國時報》、《中華日報》等報，就可能大不相同了，甚至為求廣告業務的推展，各報亦將廣告人員或工商記者統稱記者，不過其間可以區別的是新聞記者通常不拉廣告。此外，同類報紙對路線記者的調配，也有很大的懸殊性，至於各報採訪組（中心）各路線記者的編組情形，又是各異其趣。

新聞議題選擇

　　我們對新聞製作的流程有了基本認識，知道新聞的產製要經過六個環節。每一環節雖然都很重要，但影響新聞由新聞事件、資料變成報紙刊登、廣播電視播出的「新聞」，即所謂新聞「議題的設定」。事實上，議題的設定，包括文化、教育、規範等內外方面的複雜影響。

　　理解新聞議題選擇的巧門，廣大的閱聽人或許才要恍然大悟，大嘆一聲說，「原來是這麼一回事！」。對於民視、中視新聞報導的差異；《中央日報》、《自由時報》的南轅北轍也就不再疑惑了。

　　影響新聞產生及新聞議題的選擇，不外內在因素與外在因素兩大類。

■內在因素的影響

　　影響新聞議題的選擇，涉及所謂「守門人」理論（gate keeper）及新聞室控制、新聞室社會化的過程，當然，這與新聞專業教育及媒體界的規範、標準有更密切的關聯。

・守門人理論

　　上節我們談到新聞產製的過程，由新聞事件發生至新聞訊息的製成，經過許多環節，而這每一關卡，在新聞學上即稱為「守門

人」。

最早研究「守門人行為」的是李溫（Kurt Lewin），他在《人際關係》（*Human Relation*, 1947）這本書的一篇論文中提到，訊息通過各種關卡的過程和容許訊息通過的守門人。守門人主要的作用即在過濾他接到的訊息。

新聞生產線上，守門人包括記者、召集人、採訪主任、編輯、副總編輯、總編輯等。其中，記者這一層的「守門人」至關重要。因為他是第一層的把關人，他是採購者，亦即他喜歡什麼樣的口味？他經驗中什麼菜最有營養、安全？大家最喜歡的是什麼菜？會影響他的採購行為，後端者通常只能針對採購菜色進行烹調或配置，或是將發黃的菜棄置。

易言之，我們可以說，有什麼樣素質的記者，編輯就會有什麼樣的新聞。記者受的專業教育訓練，自然也會在他報導時無意中洩漏，深受新馬克思主義薰陶的採訪記者與傳統新聞教育下的畢業生，兩人對新聞題材的處理（即新聞素材的採購）當然有所不同。

新聞學者懷特（O. White）以報社電訊編輯進行「守門人」的角色研究時發現，只有十分之一的通訊社稿會被選用，十分之九被棄置。棄置的理由竟然是不值得刊登（百分之四十）及選登同一事件的另一稿件（百分之六十）。至於不值得刊登的理由包括沒趣味、枯燥、不好、宣傳等（李金銓，1984：29-33）。

不刊登的理由是否涉及主觀？是否如上述採購行為？但這些行為毫無疑問的是所謂「守門人」的行為。當然，他們守門的依據不外經驗、教育、文化，甚至還有規範。

後者所謂的規範，正是其他學者質疑「守門人」一夫當關的理由。

吉伯（Walter Gieber）認為，守門人處理新聞時，新聞本身的

價值或個人評價，對新聞的取捨都不是很重要的因素。重要的是守門人必須遵守新聞組織內的規範，否則工作的成果會被打折，甚且可能被要求重寫、重編。

・新聞室的控制（新聞室社會化）

　　新聞室控制，是指新聞編採人員的工作環境如何影響新聞成品的內容。新聞室社會化則表示，記者或編輯進入某一傳播媒體新聞室工作後，就不斷感受到組織有形無形的壓力（鄭瑞城，1988：118-119）。

　　新聞傳播學者鄭瑞城認為，傳播媒體就像其它企業一樣，是為了達成特定目標而成立。因此要達成組織目標，必須依賴一套有效的控制系統，而在傳播媒體組織中，新聞部門極為重要，所以組織的控制系統在新聞室（部門）尤其明顯。

　　新聞室社會化的意義與新聞室控制有異曲同功之妙。新聞室控制有其強制、積極的作為，新聞室社會化則是一種無形的壓力，例如，新聞寫不好，採訪主任、總編輯總難免指正一番；選錯新聞重點還會成為辦公室的笑柄。久而久之，記者或編輯就常察言觀色，依照媒體主管在開會中的提示或編輯部的政策，做為編採的依據。易言之，記者、編輯雖是守門人，尤其記者是第一層的守門人，雖然掌有新聞的生殺大權，但畢竟不能我行我素，置新聞部門的規範於不顧。

　　傳播媒體的新聞部門通常會透過強制、獎懲的方式來控制他們的工作人員，除了講述單位的創辦精神、編輯政策，做為同仁編採行事依據，對於能達到要求的給予獎勵，行事偏差者自然會得到糾正及懲罰，形成「刺激 —— 反應」的行為，媒體的規範也就深入工作同仁之記憶深層。面對新聞題材時，可以不假思索的進行選擇及

操作。

有關上述描述，閱聽大眾對於新聞室的控制感到害怕，認爲控制的森羅嚴密，記者、編輯一點自主權都沒有，如何能維護社會正義及擔當「第四權」的角色呢？事實上，新聞室雖然有其控制，但其規範必須合乎社會公義、政府法令及文化，他畢竟不是幫派組織，打家劫舍。

鄭瑞城認爲，新聞室的控制在不同情況下會有不同程度的表現（鄭瑞城，1988：122）。

1.新聞政策愈不明顯，成員受控制的感受愈淺。

2.與媒體組織關係愈小的事件，成員受控制可能性愈少。

3.上級主管對事件的知識愈淺，成員受控制的可能性愈低。

4.成員的聲譽、地位愈高，受控制的可能性愈低。

■外在因素的影響

影響傳播媒體新聞選擇的外在因素，基本上可分爲媒體與媒體之間的競爭關係，以及社會文化對傳播媒體的規範。（鄭貞銘等，1995：284）事實上，會影響新聞議題的選擇及製作的外在因素尚包括政治、經濟因素的干擾。這部分在「誰在控制媒體」一章中已有敘述，本節不再贅述。只針對媒體與媒體間的競爭關係及社會文化如何影響新聞議題的選擇進行說明。

‧媒體與媒體之間的競爭關係

媒體與媒體之間的競爭深深的影響新聞的製作，其間又可分爲同性質媒體之間的競爭及不同性質媒體之間的競爭。

國內媒體雖然異常蓬勃發展，但其生態並不健全，媒體內容趨

同性高，甚至形成「食物鏈」，即日報抄晚報，電視抄日報，廣播新聞只能編輯日報、晚報新聞進行播報。

這種生態使得國內媒體內容同質性高，報紙也好、電視新聞也罷，都是在這種環境下發展，究其原因，在於各媒體怕「獨漏」的心理作祟。

電視新聞從業人員每日一早常會從各主要報紙中尋找各單位獨家新聞或可讀性高的題材繼續進行採訪報導。所以讀過早報的閱聽人對午間電視新聞有似曾相識的感覺。

晚報的獨家新聞則是日報及電視新聞繼續炒作的議題。我們的新聞即陷入這樣的一個循環之中，永無休止，也永無寧日。沒有一家媒體的主事者可跳脫這個泥淖，走自己的路。殊為可惜。

此外，媒體間的「跟風」也很興盛。某媒體的一個專刊或專欄得到好評，類似的版面及欄目，立即一窩蜂的出現。

・社會文化的影響

媒體雖然具有行政、立法、司法之外「第四權」的雅稱。卻不能隨心所欲，為所欲為，相反的更加珍惜人民所託，所行所為大抵深受社會文化所影響，諸如情色題材雖然有一大部分的讀者想閱讀，但在報紙、電視等大眾媒體刊出、播出則有違背善良風俗之虞，所以媒體處理相關題材都得戒慎恐懼。

國人對於生死觀念仍然無法平常心面對，雖說見「棺」發財，但一早在報紙的一版看到棺木、墳場或血淋淋的畫面，卻是不妥當的。而媒體處理相關新聞必然到文化的影響，避免在報紙一版頭條刊登此類新聞。

MEDIA LITERACY

第九章

新聞寫作及錯誤報導

　　有位朋友直接的問道：「什麼是新聞呢？」乍聽之下，這個問題顯得幼稚而膚淺，因為報紙登的、電視新聞播報的，莫不都是新聞嗎？不錯，那些都是新聞。也唯有真正有價值的新聞，才能登上報紙及電視播報台。可是這樣的答案，也只就問題的表面作了回答而已，至於如何才能成為新聞？怎樣撰寫才算是新聞，則並未點出。

　　迄今，新聞學者對新聞下的定義很多，而顯得莫衷一是。有人說，最新發生、未經報導的事就是新聞；有人說，最新的科學發明或成就就是新聞；更有口語化的定義說，狗咬人不是新聞，人咬狗才是新聞；還有，看了能讓人發出「哎」的報導也是新聞。總之，何者才能稱得上是新聞，各家定義皆不一致。而個人認為，最新、最奇、影響範圍最大，並且關乎人、事、時、地、物的任何行為都可稱為新聞；簡而言之，能冠上「最」字的一切人、事、時、地、物者就是新聞。

　　而這一切能以「最」字冠上的行為、事物，自然是新聞採訪人員的目標物，可是，天底下又沒有那麼多「最」字輩的人、事、物等，因此等而下之或是人情味濃厚、具有社會衝突性等的矛盾、對立的奇情事件，亦成為新聞報導的主題。

　　明白這個觀念，對於何者是新聞，或在創造新聞時一定有所助益，不過，空有最好的新聞素材，而不能加以適切地烹調，仍然成不了色、香、味俱全的上等好菜，至於如何將好的素材下鍋呢？其實，新聞寫作仍有規矩可循。

新聞寫作結構

　　傳統新聞學中，對於新聞寫作非常重視，並定有原則可循。細心閱讀新聞報導的讀者或觀眾，不難發現一則新聞的結構，大體上分為導言（Lead）及本體（Body）兩個部分，導言指的是新聞的第一段，導言以外的則為新聞的本體。

　　導言係把整篇新聞中最重要的結果、最重要的特色，摘錄在第一段，用以引發閱聽人的興趣，導言講究精簡，不成文的規定，導言用字最長不超過九十個字，如果事件複雜，第一段容納不下，可分兩段敘述，第二段成為輔助導言。

　　這種新聞寫作方式有三個基本用途，第一，看到第一段文字時，幾乎已經知道最重要的結果，若再逐字閱讀下去，則可進一步瞭解經過及成因，一方面非常便利閱讀，另一方面又有助於漸次瞭解；第二、新聞版的容量有限，一條新聞稿在版面容納不下時，可能遭到斷尾處理，如果係依倒金字塔方式處理，即使斷尾也將不影響閱讀及瞭解；第三，方便編輯製作標題。由於導言幾乎是全篇新聞的重點及菁華濃縮，編輯製作標題時可以參考下題。不過，也因簡化再簡化使標題發生對新聞原意的誤導。

　　新聞報導的結構雖然只有導言與本體之分，但因新聞本身的內容、輕重及寫作者的觀察角度，寫作技巧不同，使得結構也呈現出形形色色的變化。唯最古老、最被廣泛運用的仍屬前述「倒金字塔」的寫法。

　　下述針對因導言及本體配置方式不同的新聞寫作方式進行介紹：

■倒金字塔式

　　所謂倒金字塔式的新聞寫作，就是將新聞中最重要的部分寫在最前面，次要放在第二段，依重要性依序而寫（如圖9-1）。相傳，此種方式源自於美國南北戰爭時期，由於電報通訊經常受阻，通訊社、報社乃要求記者將最重要的事件內容寫在最前面。一八六五年四月十四日美國總統林肯被刺，美聯社駐華盛頓記者的新聞第一段即為「總統今晚在戲院遭槍擊，可能傷勢嚴重。」成為新聞導言的經典（劉建順，1981：174）。

圖9-1　新聞寫作倒金字塔圖

■正金字塔式

　　正金字塔式的寫作方式，是將故事事件最有趣或最重要的放在最後，用在故事的敘述及小說的寫作較多，用在新聞寫作上不夠簡潔，也無助新聞閱讀（如圖9-2）。

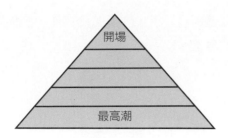

圖9-2　新聞寫作正金字塔圖

■折衷式

　　折衷式是取倒金字塔式及正金字塔式之混合型。這種方式的寫作，是在第一段中敘述新聞的重點，第二段則依新聞事件的時間或順序排列，常用以重要演說或文獻的報導，第一段將演說、文獻的重點抓出置於第一段，其後則依演說或文獻的內容順序（如圖9-3）。

圖9-3　新聞寫作折衷式圖

■平舖直敘式

　　當新聞事件中，各種事實價值不相上下時，即採平舖直敘式的寫法。這種寫作方式以資料的整理最多。或是不超過一百字的小新

聞不採分段（如圖9-4）。正式的新聞稿寫作，撰稿者無論如何也會抓一個重點做為導言。

圖9-4　新聞寫作平舖直敘式圖

新聞寫作體裁

　　新聞寫作的發展，呈現出不同的體裁與風格，使得新聞報導呈現出廣度及深度，不再只是一般事件的簡單描述而已。不過，新體裁雖然在不同年代有不同的表現，但新聞報導的客觀、正確、完整及可讀性則是百變不離其經的寫作原則。

　　一般而言，新聞寫作可分為一般性新聞報導、解釋性新聞報導、深度報導、新新聞學、調查性新聞報導、精確性新聞報導六種寫作方式。

■一般性新聞報導

一般性新聞報導（Straight News）強調依倒金字塔的方式寫作，將採訪見聞以簡明、客觀的方式記錄下來，不加入記者個人意見。看到什麼就報導什麼，不添油加醋，不夾敘夾議。是新聞記者最基本的新聞寫作要求。

■解釋性新聞報導

解釋性新聞報導（Interpretative Reporting）已經不是單純的一般報導，而係加有解釋性的內容敘述，這些內容可能來自撰稿人的經驗、專業，也有採用專業學者、專家的解釋，主要在對複雜的新聞事件進行背景說明。

此種報導方式雖有助閱聽人理解新聞內容，但也容易以撰稿者的個人經驗或偏見誤導閱聽人的判斷。

■深度報導

顧名思義，深度報導（Depth Reporting）側重新聞的深度。該種報導方式除了有解釋性報導的解釋功能外，更加入了撰稿者個人的分析及意見。簡言之，撰稿者係以各種不同角度對新聞事件進行解釋、分析，企圖建構新聞事件的完整面貌。美國專欄作家杜蒙德（Roscoe Drummond）說：「深度報導就是使昨天的新聞背景與今天的事件發生關聯，以獲得明天的意義。」真可謂一針見血。

■新新聞學報導

所謂新新聞學報導（New Journalism）的方式是用小說的筆法來寫新聞，如寫作方式的折衷式。新新聞學報導具有新聞的事實與採訪，也強調小說的對話、場景，更加入撰稿人的「悲天憫人」情懷，非常重視筆法技巧的表達。是一九六〇年代美國反戰運動下興起的一種報導方式。

批評者認為，新新聞學報導者涉入過深，甚至使自己成為新聞事件主角，主導新聞事件的發展並不可取。平心而論，其可讀性高，容易獲得好評，如果能夠排除不客觀的疑慮，未嘗不是一種好的新聞文體。

■調查性新聞報導

調查性新聞報導（Investigative Reporting）因一九七四年華盛頓郵報記者伍華德（Bob woodward）和伯恩斯坦（B-Carl Bernstein）的水門事件報導，而大紅特紅，並成為流行。

事實上，兼具解釋性新聞報導及深度報導做法的調查性新聞報導，早已在美國大行其道，強調的是「調查」的動作。

一八八〇年紐約世界日報記者即曾偽裝成精神病患進入瘋人院從事調查採訪，進而揭發該瘋人院虐待病人的情形，此種報導方式至一九六〇年代更為盛行，乃有一九七四年震驚世界的水門案，並進而導致美國總統尼克森下台。

調查性報導所需要的人力、物力、時間均長，台灣新聞媒體比較不願推廣，更重要的是不願意觸怒社會的權貴階級。

調查性新聞報導雖然難免有記者的預存立場，使報導客觀性受到質疑，不過這種新聞體裁倒是媒體發揮「第四權」的最佳利器。

■精確性新聞報導

所謂精確性新聞報導（Precision Journalism），無非是「讓數字說話」，是將社會科學中的研究方法 —— 問卷調查與傳統的新聞報導融合。精確新聞報導以數字敘述為主，不會加入撰稿者的主觀情緒，堪稱為客觀與精確。

事實上，問卷調查的設計也有盲點，諸如問卷設計是否偏差、樣本代表性是否不足、民調單位的立場等，皆可能影響結果的精確。

精確性新聞報導為純文字敘述的新聞報導增加另一種體裁，增加另一種方式，不啻是種好的報導方向。

新聞可讀性

新聞報導除了重視正確、客觀外，是否具可讀性？是該則新聞撰寫成功與否的另一種檢驗。

可讀性（readability）是指某種作品適於閱讀的程度。新聞可讀性指的自然是新聞適於閱讀的程度。有關新聞可讀性的研究，在國外非常普遍，也提出許多「公式」用以評量新聞的可讀性。難以避免的，這些研究及評量公式也遭到新聞界的反對與批評，認為這是為新聞報導穿上一件「緊身夾克」（Strait Jacket）。

　　事實上，將這種公式視為撰稿者自我評量的工具亦無傷大雅，而有助於新聞報導的簡潔及洗鍊。

　　新聞學者錢震曾綜合國外的新聞可讀性研究，提出他的看法，頗有參考之處（錢震，1978：275-276）。

1. 字彙之難易程度：制訂一項「中文難字表」，計算每百字中難字的多寡，難字愈少，可讀性愈高。

2. 字彙之抽象與具體程度：計算每百字中抽象或具體字彙之多寡，分別予以記錄，具體字愈多，可讀性愈高，抽象字愈多，可讀性愈低。所謂具體與抽象，如形容一女子之身材，說她「長得很高」，是抽象，說她「身高六呎」，是具體。又如形容時間之久暫，說「三、五、六天」是抽象，說「三天」或「四天」、「五天」是具體，餘可類推。

3. 句子的平均長度：把一段新聞的總字數，用句數除，得數愈少，表示句子的平均長度長，其可讀性必低，得數愈多，表示句子的平均長度短，其可讀性必高。

4. 含有人情味字彙的百分比：計算在一百個字裡面所含「個人字」的多寡，「個人字」愈多，可讀性愈高。

5. 含有人情味句數的百分比：計算新聞中所含「個人句」的多寡，然後以新聞總字數除之，得數愈大，可讀性愈高。

　　如就上述五項公式再加以分析，作者認為要增加新聞可讀性，在寫作新聞時必須注意下述各個方面：

1. 字句以容易閱讀為主，儘可能避免艱澀之詞語。
2. 多用具體的形容，儘可能避免含混其詞的陳述。
3. 句子愈短愈佳，避免洋化字句。

4.酌量多用「個人字」。

5.酌量多用「個人句」。

在上述之外，尚有兩點，也多少與可讀性有關，其爲：

1.全文長短適度，不因字數太少而令人不易瞭解，亦不因字數
　冗長而令人厭煩。

2.段落分明，儘量多分段落，以免讀者迷入字海！

錯誤報導形成原因

　　大眾傳播媒體雖然具有予人名位的神能，可使默默無聞的市井
小民一夕成名，也能使初入政壇的新秀熠熠發光、平步青雲；但是
不慎的報導，也足可讓人形象受損、公司倒閉，因此對於能夠載舟
亦能覆舟的傳播媒介，除了妥善應對之外，似乎也別無他法，因爲
財產的損失可以在事後要求理賠，可是名譽受損則很難補償，即使
日後發出更正啓事，即使毀謗官司獲勝而得以請求賠償，但是其實
這一切都已難補於萬一。

　　曾有句頗爲流行的廣告術語「燙髮就像戀愛，又是期待，又怕
受傷害。」這可說是公眾人物，對於傳播媒介的感受。不過，生在
傳播媒體時代中，已不可能摒棄媒體生活，因此只有種善因、取善
果，但是又如何種因取果呢？這是現代人不可不知的生活常識。

　　報禁開放後，報紙不再「限證」、「限張」，香港《蘋果日報》
登「台」後甚且已進入「厚報」時代，廣電媒體蓬勃發展，令人目
不暇給，二十四小時播出的電視新聞節目更是台灣的傳奇。可是讀

者知的權利是否如預期般地獲得更充分的滿足呢？這個答案不肯定，因為雖然報紙、電視家數多、篇幅擴張，然而新聞同質化現象並未減少，因此增加的或只是廣告而已。新聞採訪的競爭已然白熱化，為刺激報紙新聞銷路、收視率，而又不願多加追查新聞來源的態度，導致新聞報導頻頻出錯，使得新聞不可信度增高，也只有令人搖頭嘆息而已，這其中又包括人為有意的傷害，因而成為無可彌補的缺憾。基本上，新聞媒介錯誤報導所造成誹謗的事實，皆有其形成原因，一旦瞭解癥結所在，或可助於自己防微杜漸、免受其害。其中，傳言報導、議堂摘錄、惡意中傷是最主要形式原因。

■傳言報導

由於新聞版面擴大、電視新聞時段拉長，新聞需求無疑地大幅增加，負責新聞供稿的記者只好多採訪、多寫稿，以充分供應新聞量，最後並演變成有聞必錄、不加選擇、證實的現況，錯誤的報導自然不能避免。尤其愈敏感、重大的新聞事件，流言也多如牛毛，如果在這個關卡上，又有許多流言懷有中傷異己的目的，勢必將案情誤導或抹黑對手，使對手形象受損、斯文掃地。

■議堂摘錄

在議事廳上，國家法令賦予代議士有言論免責權，因此，代議士論政時，很容易出現攻訐隱私或誹謗性的言辭，記者在採訪報導時，若有聞必錄（尤其涉及個人隱私部分者，又多具有衝突、煽動性，這時記者豈會放過？不過這些不負責的質詢，往往又言過其實，若是經過深入調查、查證，往往無法獲得證實）。當時的議堂

摘錄，則已使人產生先入為主的觀念，即使日後重新更正，表示並無此事，也很難去改變人們既有的認知。最明顯的例子，莫如立法委員質詢前行政院院長俞國華「喝花酒」案，雖然事後俞前院長一再公開澄清，也曾首創政府首長登報警告的先例，但是俞前院長的形象還是受到了破壞，因為迄今還有很多人仍然不相信俞前院長的澄清，尤其在一般人的觀念中，官高如閣揆者喝花酒、金屋藏嬌應屬「正常」，否認了才是有鬼。而形象受損者莫此為甚。

■惡意中傷

除上述情形外，另有一類屬蓄意行為，通常是期望藉由媒介力量來醜化對方，使其形象受損，連帶地瓦解對方的人力、財力、物力，這種手法在政治傳播中尤其常見，當然，這也需要擔負誹謗的風險。惡意中傷的發生有兩個成因，一是單純由新聞媒介「挖掘」並提出攻訐者，一是經過有心人士布局，並散發予新聞媒介的採訪人員。它們造成的傷害雖然相同，但是目的卻是有異，前者在提高收視率及閱報率，後者則在打擊異己。

錯誤報導的特性及補救

錯誤報導成因已如上述，令人頗有防不勝防的感覺，因為傳言及惡意中傷根本無從預防，等新聞媒介披露之後，屆時傷害也已造成。然而傷害的形成何以如此快速呢？這與錯誤報導的特性有關。

■錯誤報導特性

錯誤的新聞報導，通常具有先入為主、傳播速度特快、立即反應等諸種特性。

・先入為主

人是有偏見的動物，何種意念最先影響自己，那麼，它將左右自己日後的行為及認知，這可稱得上是「先入為主」簡單的定義。由於人都具有這種偏見，因此，先入為主的特性在錯誤報導上，會產生明顯效果。諸如，新聞媒介報導某位權貴收受賄賂，事後雖經當事人公開否認，也業經法院判決宣告無罪，可是如此的結果亦將無法取信於民，因為先入為主的觀念，使他們對實情加以曲解，認為在官官相護、送紅包等惡習之下，自然宣判無罪。

・傳播速度特快

俗語說：「壞事傳千里」。我們無法細究為何惡名容易遠播，但是實際情況也已告訴我們：壞事傳得特別快。

新聞界也常流傳著一個笑話，那就是：只寫好的，將沒有人會記得你；若是狠狠地「修理」他一次，那麼他一輩子也忘不了你。而這裡所謂「修理」，就是揭露對方的一些缺失及問題，也就是從負面來進行報導。

由上述種種得知，大多數的閱聽人有喜歡讀負面消息的傾向，他們對於負面消息的記憶最為深刻，而且流傳也最快速，如果說錯誤報導等於負面報導的話，屆時訊息的傳開也只是在一夕之間而已。

．立即反應

錯誤報導一經刊載之後，其可能發生的連鎖反應令人稱奇，因為反應速度實在太快了！諸如媒介披露某信託公司或民營銀行不利消息，將立即發生擠兌風潮；又如媒介登載某項食品含有過量螢光劑，通常該項食品立即面臨滯銷命運；選舉期間的候選人，如遭到錯誤報導、流彈所傷，也無不嘗盡池魚之殃的苦頭。

■如何搶救形象

對於有意、無意間的錯誤報導既然防不勝防，而錯誤報導又具有先入為主、傳播迅速、立即連鎖反應等特性，這些皆會讓公眾人物或有意成為公眾人物者寢食難安，而亟思因應之道。因此對公眾人物而言，如何搶救形象當然重要，只是如何著手進行搶救呢？這對大多數的人來說皆感陌生，因為我們的媒體教育並不普及，更未教導我們如何採取保護之道。下述方法或足以讓受害者簡易自保。

．立即召開記者會進行澄清

如前面所言，基於先入為主的觀念，以致事後澄清效果並不顯著。立即召開記者會卻有其必要，也是較理想的方式。其理由有二，錯誤報導在先，新聞已被炒熱，然而隨即召開記者會對事情說明，將使詳情因而獲得相對刊載的機會；另外也可確定誹謗對象或對媒體提出法律訴訟，用行動證明清白。

．透過有關管道及途徑討回公道

在記者會中除澄清疑慮之外，掌握事實證據提出法律訴訟、或

是應用救助之道，展開反擊、自衛。當事人遭到個人、團體或新聞媒體錯誤報導傷害時，至少可以透過法律途徑及新聞評議委員會等相關團體討回些許公道，分列如下：

1.法律途徑：目前國內社會中，對於新聞媒體犯下的錯誤，幾乎缺乏有效辦法的處治，唯一有效的仍然是循法律途徑提出訴訟，但是國人囿於不願見簿公堂的心態，使得唯一最有效的搶救形象方式，也常在這種情況下被迫放棄，這是非常可惜的。

瞭解法律對於誹謗罪則的規定及消除妨害名譽的法令，或許真能使自己的受害減輕。

2.新聞評議委員會：除了提出法律訴訟外，另有一個除去名譽傷害的管道，即是向「中華民國新聞評議委員會」提出檢舉、討回公道。

以維護新自由、推行新聞自律、提高新聞道德標準、促進新聞事業善盡社會責任，及健全發展為宗旨的中華民國新聞評議委員會，係由台北市報業公會、台灣省報紙事業協會、中華民國新聞編輯人協會、中華民國新聞通訊事業協會、中華民國廣播電視事業協會、中華民國電視學會、台北市新聞記者公會、高雄市報紙事業協議等八個團體，協議聘請國內新聞界先進、新聞學者、法律專家及社會賢達擔任委員而組成。其受理新聞、評論、節目、廣告所涉及的當事人陳訴，或社會各界人士的檢舉，經調查、聽證後作裁定。

其他如消費者文教基金會、台灣媒體觀察基金會也都提供遭到侵權時的法律諮詢。

MEDIA LITERACY

第十章

如何閱讀報紙

數百年來，新聞報紙（newspaper）即是人類最可靠、忠實的夥伴，它帶給人們最快的訊息（message），提供人們綿延不絕、世代相傳的教育（education）、文化（culture）及娛樂等功能。

隨著科學技術進步及發展，新聞報紙在數百年間也有長足的進展。由單頁、單面新聞信（news letter）的手抄新聞時代至一四五○年，德國人古騰堡發明印刷機，進入印刷新聞時代，乃至二十世紀彩色、高速印刷，新聞報紙可說有變與不變之處。

變的部分大抵因印刷、攝影、通訊、電腦技術之改良或發明而得到發展，如彩色印刷、高速印刷及電腦傳版異地印刷等。印刷技術的進步，新聞報紙製作，印刷益發精美，張數亦不斷擴張，目前世界上日出二十大張左右的新聞報紙所在多有，小型報紙的張數就更多了。形成了所謂「彩報時代」、「厚報時代」。

有所變，亦有所不變，不變的是哪些呢？基本上，新聞報紙的組成內容（如圖10-1）百年來大抵不變，並自然形成近代新聞報紙的製作規範。報紙版面的形式構成，及衍生的新聞專業術語是閱讀報紙前必備的條件，進而能夠瞭解新聞訊息在不同版面、不同位置，以何種方式呈現各是代表何種意義。

報紙的構成

新聞報紙經過數百年發展及相關技術的改良，但做為一份報紙，其版面的基本構成並無多大的改變，無論大型報紙、小型報紙；中文報紙、外文報紙，報紙版面的基本構成大抵包括新聞、評論、照片、漫畫及廣告五類。

圖10-1　報紙版面的構成

■新聞

　　新聞是一份報紙的最大支柱，也可說是報紙的靈魂，占有報紙的最大版面。

　　哪些內容是屬於新聞呢？「本報訊」、「××訊」、（記者××　×／台北報導）、（記者×××華盛頓×日電）、（中央社訊）等都屬於新聞報導的內容，差別在於是由自己單位的記者在本地報導，如（記者×××台北報導）或是自己單位派駐外國記者的報導，如（記者×××華盛頓×日電），或是採用通訊社稿，如（中央社訊）。

　　一份報紙之良窳及公信力是否建立，端視新聞數量的多寡，品質的良窳，如果自發稿子少，通訊社稿多，表示其聘用記者少，可讀性自然小；假如一份報紙的新聞正確性低，獨家新聞少，顯現該報新聞編採人員素質不佳。一家經常沒有獨家新聞表現的報紙，註定是一份沒有特色的報紙，在報業市場上必然令人問津，最後只有走上關門一途。

■評論

　　精采、獨家的新聞報導，固然是一份報紙叫好、叫座的指標，評論文章在報紙版面亦有畫龍點睛之妙。

　　依據新聞報導規範，新聞報導必須以中立、客觀，不偏不倚的精神進行採訪、寫作。易言之，新聞的部分是最接近事實的，至於是非對錯，不容新聞報導時夾敘夾議。

　　評論的部分，提供了新聞記者品頭論足、評議是非，分析對

錯，或從頭敘述事情始末原本的陣地。有助讀者對新聞事件全面性
的瞭解，並能以不同的觀點、角度來看天下事。所以說，評論只有
畫龍點睛之妙。

　　一份報紙中，社論、專欄、特稿、民眾輿論都屬於評論的範
疇，只是代表不同的立場而已。社論是代表該家報社的立場；專欄
的評論則代表撰稿人的觀點。

　　翔實、正確、獨有的新聞報導，固然是一家報紙成功的保證，
精闢入裡、入木三分的評論文章更是不可或缺的輿論。

■照片

　　在一片字海中，新聞照片的置入，實具有「萬綠叢中一點紅」
的醒目效果。尤其在彩色照片、彩色印刷導入報紙印刷之後，效果
更為宏大。

　　照片除了具有美化版面的效果之外，照片本身更有一種「新聞
言說」的功能。新聞界常有一句話說，一張好的照片勝過十萬字的
描寫。可見照片在報紙版面構成中重要性可見一斑。

　　進入二十一世紀，由於民眾閱讀習慣的改變，「讀圖」的趨
勢，正在驅動著印刷媒體市場，報紙版面上，照片的比例逐漸擴
大，甚至有少數報紙標榜以新聞照片為重點，文字報導只居陪襯角
色。毫無疑問，照片在報紙版面上的地位無可取代，但取新聞而代
之，似乎矯枉過正。新聞如果成為「看圖說故事」，那已經不是報
紙所欲傳達的意義。

■漫畫

漫畫與照片同樣都具有美化版面的作用。照片主要在於「傳真」，漫畫則具有引起莞爾一笑的「會意」效果。漫畫與照片的對比關係有如評論與新聞般。

透過漫畫家筆下的漫畫主角，輕易的繪透人生百態，政治漫畫更是嚴肅政治新聞中的活水源頭，常能令人會心一笑。

國外報紙，漫畫比較受到重視，這可能與國民性格有關，以漫畫諷刺政治人物更是家常便飯。國內政治風氣日益開放，政治漫畫迭有佳作，主要報紙無不在網羅優秀的政治漫畫家。不過，國內報紙漫畫大抵放置在輿論版，做為漫畫家反映輿論的一種表現。

■廣告

廣告的營收除了是報社主要的收入來源之外，亦是報紙版面主要的構成因子。

廣告不是新聞，卻同樣具有告知、教育與娛樂的功能，最終目的當然在促銷其販售的商品或勞務，甚至在闡揚其思想、理念。

由於廣告不是新聞，所以它具有的告知、教育與娛樂功能難免有偏差，尤其是強調廣告物的完美及好處。

廣告設計已然是一門重要的學科，賞心悅目的廣告使報紙版面及內容更為多元及具可讀性，更為報社帶來財源，使報紙能夠永續經營。

當然，有讀者對報紙充斥太多的廣告版面有所非議。事實上，廣告是報紙的必要之惡。只要廣告的內容不涉及不實、欺騙，它畢

竟是報紙版面的主要組成因子，缺少了廣告的報紙，必然如人類身
體有所欠缺一般，使整體失去對襯及協調。

報紙術語

　　每個行業都有一些相沿成襲的用語，久而久之即變成了「行
話」，也就是這行人習慣的談話，如果用於學術研究，就成了學術
用語。它的好處在於可以清楚、明確的溝通、檢證，不會發生「雞
同鴨講」或「你講我不懂」的鴻溝。

　　現代的閱聽人（Audience）為了能精切掌握報紙的訊息，俾便
與同才間交換訊息，瞭解一些報紙的術語是非常有必要的。

■版面

　　報紙的每一頁，稱為一個版面（Page），第一頁稱為第一版或
頭版，其他各版，依此類推。

　　為了方便讀者閱讀，除了第一版、第二版的識別之外，通常會
對各版命名，如「要聞」、「焦點新聞」、「財經新聞」等，具有提
綱挈領的作用。

　　隨著報業競爭，報紙除了講究質的表現，量的比較亦日趨白熱
化，目前大型報紙日出十五大張者不在少數，為了區隔逐漸增加的
張數需求，台灣版面的編碼有了改變。部分報紙以A、B、C、D來
區隔每「落」之不同，在每一個英文字母後面加上阿拉伯數字，如
「A1」、「A3」等，用以取代傳統的版次。

■落

前述提到「落」這個術語，在此作一解釋。所謂「落」，在國外的用語是（Section），譯為單元的意思。它指的是報紙張數太多，為了方便讀者閱讀，編輯人員把性質接近的版面安排在一起，並摺疊成一個單元，即所謂的一「落」。

這種情形在張數少的時候是不會出現的。諸如台灣在報紙「限張」政策時，每日只能發行三大張，十二個版，那時即沒有必要分成幾個大落。目前台灣的報紙多則分五、六落，小則分成二落，完全以報紙張數多寡而決定。

■標題

報紙的每一個版面都由數則新聞或專欄或新聞照片組成。不論新聞、專欄或新聞照片大抵均有一至二行的較大文字的導引，這些文字即所謂的「標題」（Headline）。

它的作用，自然是具有融會貫通、提綱挈領的效果，方便讀者可先由標題知道新聞的重點，時間忙碌的讀者甚且亦能由瀏覽報紙標題，掌握新聞的發展。因此，標題是否活潑，用字是否切題、典雅大方，更成為標題製作的成功關鍵。

有時候，標題製作的過分花俏或張冠李戴，令人啼笑皆非，甚且憤怒。由此衍生出來的，有所謂「標題殺人術」或「報紙審判」等，意即標題有如判官之筆，一筆可以定生死。

新聞記者經常為「標題」揹黑鍋，被指不客觀、不專業，事實上，標題並非記者製作的，而係編輯部的內勤人員「編輯」所執行。

■社論

顧名思義，社論（Editorial）即代表報社的言論，具有解釋新聞、反映民意、引導輿論的功能，每家報社大抵將社論置放在報紙重要醒目的固定位置，而且每天不間斷。目前台灣報紙的社論，幾乎都刊登在第一落的第二版或第三版，即A2版或A3版。

社論和專欄不同之處是，社論代表報社的意見，而專欄則反映作者個人意見。因此在社論文章中，經常可以讀到「我們認為」等字眼，它是代表報社對事件及新聞的態度。

而為了發揮社論反映民意、引導輿論功能，報社通常會邀請各領域的專家學者或具風骨的意見領袖擔任主筆，負責撰寫社論，社論重要性可見一斑，而一篇擲地有聲的社論也常能起振衰起敝之功能。

■消息來源

消息來源（News Sources）通常是指新聞來源，每一則新聞報導都應有來源，否則即是捏造的假新聞。因此，每一則新聞報導都有某某人表示、某個單位或某某組織指出等。

有消息來源的新聞報導，表示報導者及被報導者負責任的態度，表示這則新聞是經得起追查的。

為了保護消息來源避免受到干擾及傷害。新聞報導有時以「據指出」、「消息來源表示」、「權威消息人士說」、「某專家透露」等方式代替正式的消息來源。

這種方式也被質疑，認為不負責任，可能捏造。記者被戲謔說

神通廣大，有時化身專家，有時成爲權威人士，某些時候則變成某位不願透露身分的官員。

　　基於新聞、傳播是社會科學中的一種學科，無法檢測的變數要儘量減少，並可以避免公信力及權威的降低。讀者對於過多隱密消息來源的報導，要持一定的警戒，因爲，這則報導可能是捏造、虛假的「假新聞」。

閱讀報紙的方法

　　台灣地區國民教育普及，幾乎沒有文盲的存在。閱報對一般民衆而言，並非特別困難。因此，談論閱讀報紙的方法時，大家會覺得看報紙也要有方法嗎？誰不會看報紙？

　　俗話說：「內行看門道，外行看熱鬧」。固然，每一個人都會讀報紙，不過方法殊異，獲得效果亦有差別。政治大學新聞系教授羅文輝即教讀者採取九項閱讀策略：（一）先讀第一版；（二）注意新聞提要；（三）找尋自己喜愛的版面；（四）注意每一版右上角的新聞；（五）從標題判斷新聞內容；（六）從導言判斷新聞的內容；（七）注意新聞分析、特稿、專訪、專欄或社論；（八）注意後續新聞；（九）比較不同的報紙（羅文輝，1497：34-38）。

　　做爲一位聰明或內行的讀者，上述九點策略中有值得參考之處，諸如先讀第一版、注意一版的新聞提要、注意每一版右上角的新聞，這是焦點（Focus）閱報法。從標題判斷新聞內容及從導言判斷新聞內容則爲略讀法。注意新聞分析、特稿，及注意後續新聞、比較不同的報紙則爲深度閱報法。三種方法簡述如下：

■焦點閱報法

報紙的編排原即在體貼讀者，以讀者為主。因此，報紙的版面是經過精心設計的，不但重視美感，也講究科學。諸如，讀者每日接觸報紙，第一時間映入眼簾的必然是第一版的上半個版面。也因此，編輯在第一版安排了最重要的新聞，是讀者所不能不知道的消息。而頭版新聞的威力可想而知了。由於頭版的版面有限，不能容納太多新聞，聰明的編輯設計了「新聞提要」，把其他重要的新聞以提要的方式公告在第一版，讓有興趣的讀者按圖索驥，先睹為快，可以省掉選版翻閱的時間。

依照新聞編輯的原理，中文直排的版面，以版面的右上角最醒目及最能吸引讀者的眼光，所以所謂每版的頭條新聞，指的即是這個位置。翻閱報紙時，閱讀一版新聞、新聞提要及每版右上角的頭條新聞，大概可以掌握到最新的新聞發展。橫排新聞則以左上角最重要。

■略讀法

目前報紙內容充實，如要全部看完，得花上數小時時間，忙碌的現代人通常只能看新聞的標題或新聞的第一段（導言）。由此，也能簡約瞭解新聞的事實。

新聞標題及導言是一篇新聞報導的重點所在，只要看標題及導言，該則新聞內容大抵能夠掌握。如果要全盤瞭解，只好逐字閱讀下去，甚且是愈多愈好。

■深度閱報法

上述二種閱讀報紙的方法可說是為現代人設計。如果你真要依靠報紙來瞭解世界或每件新聞的來龍去脈及真實經過,那麼你必須要採用深度閱報法。

因為客觀、真實報導的原則要求,使每一則新聞報導內容大同小異,特稿、專欄、專訪是每報的特色,鮮有雷同的觀點,多加閱讀必然能更加深入新聞的事實及內幕。

新聞事實只有一種,但因為報紙的不同立場,強調的觀點亦有差別,重點當然不同,如果不能多做比較,獲得的新聞訊息恐怕難窺事件之全貌。比較不同報紙,有助於對新聞事件的整合,這是深度閱讀法所必須的步驟。

第十一章

電視的眞相

當電視開始出現在這個傳播世界，成為大眾傳播媒體家族的一員時，英國作家歐威爾（George Orwell）在一九四九年出版了一本名為《一九八四年》的小說；文中預測，由於電視（一譯為電屏）的出現，一九八四年以後，獨裁者可以利用電視完全控制人們的行為。

歐威爾的預測可謂大膽。因為小說出版時，電視的傳播方興未艾，世界上幾乎只有英國與美國剛開始發展電視這個新玩意兒。

事實上，歐威爾的看法得到很多的認同，因為具有文字、聲音、影象功能的新媒體，自然引起讚嘆及戒心。讚嘆的是電視一機三種功能，集傳統傳播媒體於一身，實在太厲害了，傳統媒體的經營者則是保持戒心，報紙及廣播電台的經營者深懼電視瓜分了他們的市場。而這種論調在一九二○年代，廣播剛剛出現時，也曾經引發討論。

歐威爾的預測或許是太武斷了。

回顧歷史，我們並不能全然否定歐威爾的預測。蘇維埃社會主義國家的媒體政策，媒體本即為黨、為國所用，而所謂黨、國不啻是獨裁者的化身而已。稍早出現的媒體報紙、雜誌、廣播當然都是蘇維埃社會主義國家的宣傳工具，電視的發明對這些獨裁者而言，更加深他們對人民的宣傳與洗腦。

有趣的是「成也蕭何，敗也蕭何」。電視雖然曾經做為共產獨裁者的宣傳利器，但在面對人民爭自由、爭人權時，電視與其它媒體也扮演推波助瀾的作用，如摧枯拉朽般的，東歐共產國家在一九八○年代一一去共產化，蘇維埃社會主義國家的老大哥──蘇聯也在一九九一年解體。這些獨裁者雖然曾經控制電視，並以電視控制人們的行為，但最終仍在電視的輿論與導引，下台或敗亡，誠可為所有人者戒，這正是傳播媒體的最佳諫言，「水可載舟，亦可覆

舟」。

電視的功能最終並未被政治獨裁者所壟斷，但歐威爾的預言精神卻是存在的。那就是電視的「控制」功能讓人們不敢小覷。而政治或軍事的獨裁者雖然已非世界的主流，但利用電視進行控制的野心分子、資本家卻不得不防，他們得以利用資本進行電視控制之實。

電視迷人之處

電視兼具視覺、聽覺雙重作用，是文字、聲音、形象的綜合，所以它同時具有了文字與廣播的特點，甚且可以說是完美。諸如廣播具有時間優勢，報紙卻有隔日新聞的宿命；廣播的參與度高，報紙卻深受回饋機制的缺憾而遠遠不如；廣播的即時報導及最快速傳輸，電視更是不遑多讓。反之，印刷媒體所具有的深度報導及長久性的保留，威望、形象的塑造則是廣播所不及，但是電視媒體同樣具有這些功能，其賦予威望、形象的權力，甚且是報紙等印刷媒體所不及。「要紅，就要上電視」，就是這個道理。

電視在媒體中占有強大優勢，不但在時間的傳輸速度上和廣播一般，可以快速滿足閱聽大眾，完整的將現場形象透過攝影機的鏡頭、電視機的畫面做空間的呈現，更是報紙、雜誌、廣播無法企及，頗有「誰人與我比」的氣概。也因此，電視得天獨厚，成為二十世紀五十年代以後最受歡迎的媒體，並被喻為二十世紀最偉大的發明之一。試想，沒有電視我們該怎麼辦？

綜合上述建構，電視具體的特色如下：

■形、聲組合，觀眾情感易於投入

電視是由聲音、文字與畫面構成，無論風景介紹、戲劇演出、新聞報導都容易予人「身歷其境」的感覺，觀眾情感投入深，形成一種情感的替代，這也是電視連續劇（無論日劇、韓劇、港劇及台灣本土戲劇）能夠引人入勝，絲絲入扣，隨著戲中人高歌或低泣的原因。

■電視的參與度高

電視的演出，讓我們有身歷其境的感覺，綜藝性及益智性的節目主持人亦不忘與電視機前的觀眾朋友同樂。談話性節目及教學性節目使觀眾有如課堂上與學者、專家互動或是老師面對面授課的感覺。此種感覺，絕非報紙、廣播所可比擬。

隨著科技的進步與發達，數位電視將成明日之星，數位電視的設計，使觀眾的參與感更高，諸如，你可指定想收視的節目及時段；透過電腦你能即時購買電視購物頻道的貨品；可以即時要求播放喜歡的歌曲及MV。

■電視建構真實的能力強

電視最大的特色是能夠突破空間的障礙，將遠在千里之外的人、事、物透過電視畫面呈現在觀眾的面前。活動畫面雖是電視的主要特色，卻也成為電視傳播的主要局限。例如，鏡頭的運用及取景可能失之於偏；抽象性、理論性強或者人的內心世界也很難直接

表達；補拍、重拍的畫面則是另一種真實。

　　為補電視畫面不足，雖可透過解說、旁白、文字說明，但容易形成「建構事實」，而其對閱聽大眾的影響，遠超過報紙、廣播，因為觀眾有「眼見為真」的觀念。

■降低思考力

　　電視畫面一閃即過，無法如印刷媒體可以很快的重複瀏覽、閱讀。因此，觀賞電視節目常要聚精會神，注意劇情發展，並做出立即的反應，如笑、哭、憤怒等，並無思考的過程，久而久之，觀眾的思考分析能力必然降低。

如何選擇電視節目

　　平心而論，同時具有聲音、影像、文字的電視節目，對於閱聽大眾有著無比的吸引力。很少人能夠自電視螢光幕前遠離，成人如此，孩童、青少年更難有免疫力。

　　在資本主義商業運作下，電視台提供的節目，卻非純然的具有良善的教育、文化功能，更多的是娛樂功能，對於電視、電影等媒體的通俗文化，美國學者理查德‧凱勒‧西蒙甚且以「垃圾文化」加以形容。有人認為，如此指控似乎太過嚴苛。事實上，一點也不嚴苛，對於大多數的電視節目，以垃圾文化形容，一點也不為過。

　　具有高熱量、高脂肪而不具其它營養價值的食物，被稱為「垃圾食物」，吃來不只引發虛胖，甚且成為人體高血脂等疾病的根

源。被形容爲「垃圾文化」的電視節目，同樣嚼起毫無養分，棄之卻有所不捨。

成人對此並無免疫能力，何況孩童及青少年。無論如何，我們還是需要從螢光幕前將自己及家人搶救出來。因此如何選擇電視節目可是一門學問。

目前，有民間團體對兒童電視節目進行評鑑，並定期提出報告，提供家長參考，俾便家中孩童選擇適宜的節目觀賞。不過，該些團體的評鑑範圍有限，亦只針對兒童節目，無法滿足一般閱聽大眾的需要。

爲保護兒童、青少年身心健康，避免節目內容妨害公共秩序或善良風俗，廣播電視相關法令都有節目內容的規範。甚且有節目分級處理辦法，對電視節目（包括無線、有線及衛星電視節目）進行要求。

不過，限制級（未滿十八歲者不宜觀賞）、輔導級（未滿十二歲之兒童不宜觀賞，十二歲以上未滿十八歲之少年需父母或師長輔導觀賞）、保護級（未滿六歲之兒童不宜觀賞，六歲以上未滿十二歲之兒童需父母、師長或成年親友陪伴輔導觀賞）、普遍級（一般觀眾皆可觀賞）的四級觀賞規範，形同具文，不但電視台分級不嚴謹，一般收視大眾也視若無睹，都通通視爲普遍級。

更何況，電視節目並非只要符合分級處理辦法規定即是好的節目，電視節目「弱智」、「反智」現象比比皆是，這都是選擇電視節目所應規避的內容。

電視雖然是我們時代中重要的發明，是銳利的社會教育工具，但是並非所有的電視資訊都值得接收及學習。何況其中有不少資訊是有害個人身心健康的知識。

因此，對電視資訊進行選擇及判斷，非常有必要。心理學者藍

三印對於如何選擇電視節目，提供三項指標，做為參考。

■是否合乎教育性

　　心理學學者藍三印即認為，國內外所發行的書刊和所製作的節目，詳加檢討有許多是非教育和反教育的。尤其對那些身心未臻成熟，判斷力不足的孩子而言，有些確實有害無益。其中尤其是色情和暴力、怪力亂神、占星卜卦算命的書刊和節目。只會污染幼小心靈、殘害小孩的善性。其中會引發暴力的行為更是反教育的典型。也是小孩們的錯誤示範。相反的，教導小孩子如何愛護自然和動物，如何敦親睦鄰，如何安排自己生活，激發創意和思考的節目，都是十分有益的內容，這對培養小孩健全人格、社會的適應、生活知識的吸收和運用都有正面的意義。

■是否具知識性

　　大多數的電視節目是嘻笑胡鬧，並無益閱聽者的身心。能夠提供生活、藝文或人文社會、自然科學方面常識者，才是好的節目。

　　這樣的節目可以增廣見聞，拓展自己的視野，培養正確的人生觀和國際觀。比較典型的節目是Discovery、Knowledge、國家地理頻道等。

■是否具啟發性

　　一個優良的節目除了具有教育性、知識性之外，通常還會具有啟發性。這點是非常重要的。

當我們觀賞一個節目之後，對生活周邊所面臨的人、事、物等問題的解決，可以有各種建設性的思考與觀察，培養獨立思考的能力，這就是啟發性。欣賞電視節目不只是嘻笑胡鬧一番或激發閱聽者的消費購買之物慾而已，如果不能提供思考的空間，那麼這個節目一點都不值得觀賞。

電視的一些問題

電視節目穿透時空的特性，引起更多教育家及閱聽大眾的重視與注意。所謂「愛之深，責之切」。各界對電視的責難之聲也不絕於耳。不曉得是電視節目的局限性使然，亦或電視媒體工作人員不能有求善、求美的精神，這些問題幾乎都是老生常談，卻又不得不談。

■我們看的是什麼電視新聞

國內有線電視競爭激烈，使得各種節目進入短兵相接的肉搏戰，其中成立新聞台幾乎是所有有線電視台老闆的共同目標，國內新聞電視台比例之高，早已為全球之冠。白熱化競爭的結果，則埋下惡性循環的苦果，讓廣大的閱聽人承受。

新聞資訊固然是人們知悉周遭環境的耳目，適時、重要、正確的新聞訊息是寶，過多、冗長、過度娛樂化的新聞不啻是資訊垃圾。不幸的，台灣電視觀眾目前正處於電視新聞資訊氾濫成災的環境。平心而論，社會憂鬱症者眾，多少與我們的新聞台過多有關。

　　二十四小時不曾停歇的新聞台，不停的將新舊新聞畫面及內容傳播給觀眾，形成疲勞轟炸。而為填充每節、每個整點及日以繼夜的新聞時段，新聞台的主編、主播、記者對於新聞選材，不再精緻，正確、客觀更是經常被忽略，甚至是明知不真實，仍甘心被利用，並打上本台獨家的字號，令人啼笑皆非。大部分所謂的獨家新聞只是別台沒有（也可能是別台不要）而已，根本不符合獨家新聞的要義。

　　為了讓新聞更「有看頭」，不少電視新聞隨著情節的變化而配上或緊張、或懸疑、或哀傷的音樂，廣電基金會公布「電視新聞性節目定期觀察報告」時即明確指出，電視新聞不應戲劇化處理，例如，播報社會犯罪新聞，或者意外災難、人倫悲劇等新聞時，莫名出現背景音樂，非常不恰當。

　　此外，為了配合畫面需要，新聞記者有時會請路人甲、路人乙下場客串演出，甚且犧牲記者自己色相，親自演出，最常見的戲碼，是單身婦女皮包被搶的還原現場鏡頭，有人扮歹徒，有人演獨行婦女，而這種鏡頭也常讓人信以為真，製造社會的不安。也由於新聞二十四小時不斷重複，有些畫面也就不斷的重複重現，火警現場，逃生民眾跳樓怵目驚心畫面即不斷被強調，有人笑說，一小時就跳了一百多次。這就是我們的新聞台。

　　為求增加收視率，我們的新聞台明知被利用仍然甘受愚弄，諸如苦兒流浪記，小雲的媽媽許純美忙碌了好幾天，電視台有如盯上甜點的蒼蠅，緊盯不放，唯恐少沾一口，那管事情真相的真偽。非常光碟的報導也是一般。

　　新聞台處理新聞的態度是寧可錯誤，不可漏過。事實上，電視新聞影響深遠應慎重處理，未經確定的消息不宜報導，更遑論大事報導。

　　平心而論，我們的新聞台實在太多了，一般的觀眾只要看其中幾台即可。否則會浪費太多寶貴時間在我們戲劇化的新聞節目上。

■愛上女主播

　　偶然間在網站上看到一則這樣的訊息，該訊息表達電視上的女主播為何是一個模樣？所謂的一個模樣，指的是相似的外型、相似的口吻嘴型及指天畫地的動作。事實上，該位仁兄觀察並未入裡，因為電視女主播並非只有一種娛樂，而是有好多樣，至少即可分為三派。

　　曾有人將國內電視新聞女主播進行分類，並以武俠小說的派系，大分其三，一為古墓派，意指長髮披肩、閉月羞花的青春玉女型主播；其二為峨嵋派，意指造型專業，大概指的是短髮套裝、精明幹練的女主播；其三，日月神教者，意指髮型新潮（波浪式的法拉頭）、行為誇張（擠眉弄眼）、比手畫腳。上述所指的一個樣，指的應是神教中人，因為該派人士特別搶眼，容易讓人以為主播只有這個樣。由上述三種分類，閱聽人不難以將各台女主播加以對照。

　　不過，無論是古墓派也好，峨嵋派也罷，在台灣要當上女主播，外型無疑比專業、權威來的重要。君不見，我們電視女主播無不年輕貌美，資歷卻不怎麼樣。常見有人形容，那一位女主播，跑沒幾天新聞，即因外型亮麗坐上主播台，讓人羨慕不已。

　　可見電視女主播受到觀眾愛戴及關照之一般，連帶使人對此行業，另眼相看，難怪電視女主播成為年輕學子就業的第一選擇，也有《愛上女主播》的戲劇出現。

　　事實上，這又是台灣「西化」過程中，畫虎不成反類犬的一個例子。眾所皆知，台灣的大眾傳播媒體一直以美國為師，亦步亦

趨，報業如此，電視亦復如此。唯台灣的學習過程常只習得皮毛，諸如台灣電視新聞由早期的新聞播報員到改採明星的主播制，勿寧是項進步。但太過強調明星主播的結果，卻忽略了專業的養成，電視女主播一向缺乏權威感，與新聞播報員無異，充其量是「漂亮的讀稿機」而已。孰令致之，利慾薰心的投資者，亦或對正確、權威新聞要求不高，只要賞心悅目畫面的閱聽人呢？不管是誰，此觀念不改，台灣的電視新聞，只能淪為節目化，主播當然是明星，女主播的新聞也只能上影劇新聞版。

　　「橘踰淮為枳」，美國的好制度到了台灣就完全變質。迄今美國的新聞主播制，培養了無以數計的明星。唯美國的新聞主播明星少見俊男美女，多的是令人敬重，一言九鼎的新聞人，年紀大多偏大，不乏五、六十歲的資深主播，不過他們的專業連總統都要敬重三分，不敢恃寵而驕，或加以愚弄。這才是我們要的電視主播典範。

■看一看美國的明星主播

　　二〇〇三年美伊戰雲密布之際，美國哥倫比亞廣播公司（CBS）年逾七十的晚間新聞主播丹‧拉瑟獨家專訪了伊拉克總統海珊的新聞令人印象深刻。當然，在美國哥倫比亞廣播公司收視率大幅提高的同時，也有很多人對這種「為敵人張目」的作法深表不滿。不過我們今天要談的不是記者愛不愛國的問題，而是美國的新聞主播是怎麼一回事，與我們的美少女主播又是怎麼一回事。

　　上則新聞引人注意的除了是一則國際大獨家之外，另外引人注意的應是主播的年紀問題，不過見怪不怪，類似丹‧拉瑟這把年紀的主播在美國並不在少數，而且是愈老愈值錢。

　　丹‧拉瑟生於一九三一年十月三十一日，曾在美聯社、合眾國際社、地方的廣播電台和電視台、《休士敦紀事報》等機構任職。一九六一年加入CBS新聞部，一九八〇年接替華特‧克朗凱（當時最紅的老主播）主播晚間新聞。二十多年來，他主播的CBS晚間新聞一直是CBS的招牌。而美國廣播公司（ABC）的新聞主播彼得‧詹寧斯（二〇〇三年才歸化美國籍）、美國國家廣播公司（NBC）當家新聞主播湯姆‧布羅考，年紀也不小。三位老先生是美國三大無線電視網當家主播，看樣子他們除了比採訪功力、比收視率外，還在比誰可以做得最久。

　　美國有線電視網（CNN）也不遑多讓，二〇〇二年一月二十二日自ABC挖來了華裔女主播宗毓華。祖籍中國江蘇省蘇州市的宗毓華，一九四七年生於美國華盛頓，一九六九年畢業於馬里蘭大學新聞系，隨後進入電視台開始了她的電視生涯，並成為第一位進入美國三大電視網的亞裔人。算算她也快接近六十歲的老太婆了。

　　在此我們並非「倚老賣老」或欺負老人家，拿他們的年齡開玩笑，而是希望瞭解有「新聞王國」之稱的美國電視新聞主播制度是怎麼一回事，除了不賣老，不賣俊美之外，賣的正是專業。美國的電視新聞主播都有卓越的第一線採訪經驗及技巧。丹‧拉瑟可以二度專訪伊拉克總統海珊，在新聞實務上，並不是那麼容易。緣起於一九九〇年八月的衝鋒陷陣，當時伊拉克攻占科威特。正在法國度假的丹‧拉瑟從英國廣播公司獲得此訊息，立刻停止休假轉往中東。經過鍥而不捨努力，終於獲准獨家專訪海珊，在一個深夜十一時許，發燒到四十度的丹‧拉瑟，被伊拉克士兵一邊一個架著，來不及刮鬍，也沒能換乾淨衣物，在暗夜中被載往不知名的處所，後來才知道是巴格達王宮。有了這些經驗，也才有二〇〇三年的第二次專訪。

　　一九八一年，蘇軍剛占領阿富汗未久，丹‧拉瑟更和同仁變裝進入阿富汗，歷經險阻，獨家拍攝到外界不知的種種慘狀，新聞在美國播出後，蘇軍惱羞成怒，甚至懸賞緝拿他。

　　布羅考、詹寧斯也都同樣戰績輝煌。也因為他們傑出的採訪成績，讓他們坐上主播台，而且是一坐三、四十年，歷久不衰。反觀台灣的電視新聞主播，那能見白髮皺紋。

　　世代交替風也在新世紀初吹向美國三大電視網，先是六十四歲的布羅考在二〇〇四年十二月一日離職；丹‧拉瑟也宣布在二〇〇五年三月離開主播台（高齡七十四歲），一九三八年出生的詹寧斯也屆臨退休的催促。

■廣電三法修正案三讀通過之後

　　由於無線電波屬於公共財，屬於全民所有，因此各國對廣播、電視的要求及管理相對報紙等印刷媒體多。除其節目受到較嚴格的監督之外，其所有權之歸屬亦受到重視，在威權時期，無線三台所有權分別為政府及國民黨所持有，「黨政軍退出三台」乃成為民進黨及部分民間社團努力推動的目標。

　　民間社團更在一九九五年發起黨政軍退出三台運動聯盟，並於當年五月二十日進行「五二〇媒體改造大遊行」，提出黨政軍全面退出、電波頻道全面開放、廣電法規全面翻修和媒體結構全面改造四大訴求。

　　一九九五年底，當時的新聞局長蘇起於立法院明確表示，新聞局支持黨政軍退出三台，並預定自一九九八年元旦起公開上市，以股票上市達成此一目標；不過，這個承諾距離民間要求的目標仍遠。

　　二〇〇〇年總統大選時，民進黨籍候選人陳水扁在其「傳播政策白皮書」中，承諾當選後將推動黨政軍退出媒體，政黨輪替後，扁政府仍然沿襲國民黨政府作法，安排泛綠人士掌握廣電媒體，在野的泛藍立委與學者專家擔心新政府「換了位置就換了腦袋」，共同組成「黨政軍退出無線廣播電視台修法推動小組」，強烈要求陳水扁總統兌現競選承諾。

　　歷經多次協商，朝野黨團在二〇〇三年六月初完成廣播電視法、有線電視法、衛星電視法等「廣電三法」的條文協商，並在十二月九日完成修法，其中最受矚目的修正內容當然就是「黨政軍退出媒體」。

　　為了落實黨政軍退出廣電媒體，廣電法第五條明定政府、政黨、其捐助成立的財團法人及受託人，不得直接、間接投資民營廣播、電視事業。不符合前項規定者，應自此法修正施行日起二年內改正。主管機關也須在此法施行之日起六個月內，提出政府對廣電媒體持股的處理方式。有線電視法及衛星廣播電視法也做同步修正。

　　「廣電三法」修正條文三讀通過，我國廣電媒體生態進入新的里程碑，唯徒法不足以自行，法令雖明文規定政黨與政府及政府、黨務與公務人員都不得投資媒體，但藍綠陣營互相指責的政黨出資介入政論節目、置入性行銷卻未得到規範。因此，更企望政黨、政府與政治人物能夠自律，不要想用不當的政治、經濟力量干預媒體、染指媒體。也呼籲媒體抗拒政治壓力，拒絕金錢收買，維護言論自由。

　　在新聞媒體爭取百分之百的獨立與自由之餘，閱聽人也應予以支持及監督，抗拒政治、經濟力量的介入，對於甘於將自己權力販售的媒體，也應予以譴責及抵制。

■評「電視評論員」

　　媒體被稱為主要的「社會亂源」之一，導因於談話性及Call In
節目過於氾濫，年代電視台認為，媒體應該要更加強自身所肩負的
社會責任，而當前媒體報導的新聞都差不多，卻缺乏深入的解讀。
因此參考報社社論概念，將引進美日媒體「電視評論員」制度，以
建立年代的觀點與特色。事實上，類似制度在民視早已存在。此制
度並不全然可以導正媒體亂象，甚且可能成為另一種亂源。

　　新聞專業主義要求新聞報導應以客觀、中立、公正為原則，所
以無論報紙、電視、廣播新聞之報導大抵是比較客觀的。新聞從業
人員的個人意見，在報紙通常以專欄、特稿的方式呈現，以示區
隔，避免報導、評論不分。廣播、電視在這方面比較不易表現。諸
如評論員的談話或播報使電視畫面顯得單調，所以電視台很少採用
這種節目。也因此電視台缺乏代表各該單位立場的言論。

　　民視為無線電視台中較晚成立之單位，成立之初，即邀請李鴻
禧、燦哥等進行評論，尤其前者，基本上即是「電視評論員」的典
型，不過，由於該節目立場顯明，觀眾好惡不一，是觀眾收看該台
的原因，也是另一群觀眾不看民視的原因。

　　基於專業立場，新聞報導兼具立場是不被許可的，而且媒體本
被賦予第四權的角色，是社會最後的良心，是社會紛爭的仲裁者，
本即不宜介入社會、政治。但評論無可避免的即有立場問題，雖然
媒體單位可以強調自己基於客觀、中立的評論，可是觀眾有多少人
能夠接受。李鴻禧教授也認為自己是基於學術良知，也非常客觀，
但事實呢？

　　立場是強加於觀眾的意識形態，受到支持者歡迎，反對者唾

棄。立場是要付出代價的。準備展現立場的媒體，是否也同時準備了可能的損失。

「電視評論員」其實可以不是一種制度，他做為一種稱呼可能更為恰當。諸如我們電視談話節目中，以此為業的各種專家及所謂的資深媒體人，通通冠以「電視評論員」可能最為適當，因為他們是每日在電視中品頭論足的一群人，而只要秀出「電視評論員」的招牌，閱聽人立即可以知道他們是幹什麼的。

■談話性節目濫矣

由於製作成本低，「時事論談節目」遂成為台灣電視節目的特色。尤其是有線電視新聞台，無不以此廉價節目來填滿時段，並吸引觀眾，由於談話內容大抵呈現脫序、八卦、挖苦、諷刺、對立及謾罵，頗能吸引在現實生活苦悶的民眾，但也因此被有識者指責是社會的亂源之一。

一項調查（廣電人市場研究）指出，在「綜藝」、「戲劇」、「新聞」三大電視節目類型外，「時事論談節目」收視有增長趨勢，已躍為電視第四主流。此現象可突顯兩層意義：其一，大眾生活過於苦悶，由此投射出移情作用；其二，大眾對政治新聞的渴求。這項調查數字令人擔心，因為社會亂源居然能吸引如此多的觀眾，其對大眾及社會的影響，不言可喻。

平心而論，「時事論談節目」應視為新聞的延伸，可以做得更為精緻，更具公信力與權威性，成為知識的泉源，而非社會亂源。但國內電視業者，為了節省成本，為了便宜行事，為了譁眾取寵，拉高收視率，卻將新聞知識節目做成娛樂節目。當然，如果電視台擺明他們的「時事論談節目」是娛樂性節目，就如獲得金鐘獎的

《全民亂講》一般，大家也能會心一笑，而非以新聞節目之名行娛樂節目之實，甚且還是限制級的，教壞小孩子。

　　「時事論談節目」絕對值得收視，但觀眾需要慎選。好的談話節目是較嚴肅，負責任的。因此，主持人必須擅於追問題，但不是誘導，或製造戲劇性的衝突；參加來賓必須學有專長，而非每業皆專的「賺吃」（專家），或是只會叫囂的野獸（教授）及不知資深為何物的資深媒體人。

　　台灣的「時事論談節目」，常因遷就製作的方便性，不能針對討論議題，請來的學者專家，因陋就簡，只在周遭隨意取才，久而久之，形成談話班底，所謂的學者專家及資深媒體人包山包海，無所不談，但總是言不及義，或以聳人聽聞無法證實的內幕消息，騙出席費，也欺騙全國的觀眾。有些製作單位以來賓的談話是否具有聳動性及戲劇效果，做為是否邀請上節目的依據。試想，如此的談話節目如何有權威性及公信力，更遑論知識性，比《全民亂講》的節目自然不如。

　　好的「時事論談節目」可提供不同黨派意見抒發的管道，也是政治理念的溝通橋樑及增進公民知識的累積，願電視製作人多花點心思，而觀眾也應以遙控器來進行對「時事論談節目」的公民投票。

■嬰幼兒收視電視的後遺症

　　美國《小兒醫學期刊》（*Pediatrics*）二〇〇四年四月號的一篇研究報告指出，嬰幼兒看電視可能會導致學齡前出現注意力不足問題。這項研究針對一歲與三歲兩個族群，就每日看電視量進行調查。研究結果發現，看電視時間與注意力受影響成正比，每多看一

小時的節目，七歲學齡前，就多出百分之十的機率注意力出現問題。

以一歲族群爲例，研究顯示，接受調查的一歲孩童中，有百分之三十六不看電視，百分之三十七每天看一到兩小時的孩童，多了百分之十到二十的機率注意力會出現問題；百分之十四每天看三到四小時電視的一歲孩童，就比不看電視的孩童多了百分之三十到四十的注意力問題發生率。

所謂的注意力問題包括：難以集中注意力、焦躁不安、衝動及容易困惑等。這份報告的主要撰述人，西雅圖兒童醫院與區域醫學中心的研究人員克里斯塔其表示：「事實上很多理由都顯示孩子最好不要看電視，有些研究就證明，看電視與體重過重及太具侵略性有關。」

電視爲二十世紀偉大的發明，其出現使傳統媒體受到很大的壓迫，雖然沒有完全取代傳統媒體，無可否認，電視擁有較多人使用，收看電視亦成爲人們日常生活中的重要活動之一。爲此，其對收視閱聽人之影響力是很難估計的。

上世紀六○年代，美國社會動盪不安，社會運動頻起，犯罪及暴力事件層出不窮，犯罪年齡降低，其中又發生民權領袖金恩及甘迺迪被刺事件，傳播學者乃將暴力亂源歸咎於暴力電視，使得對暴力電視研究蔚爲風潮。

研究也證明，電視暴力節目對兒童的影響。諸如「刺激 —— 反應」、「觀察學習說」等，無不在說明電視對兒童的負面影響。美國學者葛伯納（G. Gerbner）更在一九六九年提出涵化理論，假定暴露於電視前愈多的人，對世界的認知會比暴露較少的人更接近電視所描繪的世界。

有關暴力電視的研究一直不間斷，各學門的社會、醫學科學家

甚且從不同領域繼續電視的研究。美國《小兒醫學期刊》的這篇研究報告即是從電視收視行為與兒童注意力集中的方向進行研究。

　　各項的兒童與電視收視行為研究證明電視對兒童的人格、行為、生理、心理均有程度不同的影響。身為家長者應正視此問題，不要使家裡的小寶貝，輸在起跑點。尤其是上班族的現代父母常將嬰幼兒委由保母照顧，要小心保母餵食「電視餐」，否則後續的效應，如注意力不集中及視力變壞，將使你家的小寶貝遺憾終身。

■「上流美」現象解析

　　二○○四年農曆春節最當紅的人物，既不是陳水扁，更不是連戰，陳水扁總統的談話專訪收視情況甚且不佳。春節最當紅的人物是去年延燒過來的「上流社會人士」許純美小姐，她的專訪節目一再重播，她的出現成了節目票房的保證，難怪電視新聞主播、製作人被罵「豬頭」尚且樂此不疲。「上流美」到底代表何種意涵呢？自從有線電視出現後！自從有線新聞台進入戰國時期以來！台灣的電視節目及新聞水準即亮起了紅燈。低成本的戲劇節目製作，唯有以羶、色、腥，暴力邊緣的劇情彌補簡陋的場景及演技生疏的演員：“SNG”新聞採訪車的連線提供更低成本的現場（Live）節目，連腳本都免了。

　　易言之，要能成為新聞焦點，新聞主角除有表演天分外，還要有腳本概念，而且是愈八卦愈好。「上流美」的新聞發展，基本上即屬於這種類型。當然，也有人認為之所以引發許純美現象，在於許純美的坦白、不矯揉造作。事實上，諸如她可以面對電視鏡頭放言高論她不要親生女兒小雲（之前曾表示要接回小雲）；自稱是「上流社會人士」；展示她高價的衣飾；誇耀她的多金及交友情

況，凡此種種都不是坦白可以解釋。當然，局外人沒有證據說她是自導自演的高手，但她的這些表白卻都是新聞節目所需要的素材。

新聞學開宗明義指出，「狗咬人不是新聞，人咬狗才是新聞」。簡言之，正常的人事物不會是新聞的題材，只有非常的人事物才會是新聞採訪製作單位的最愛。許純美言人所不敢言及不願言的「坦白」，自然是非常之人，當然是新聞節目的首選。

難怪，東森S台《青蓉K新聞》製作的「許純美槓上柯賜海」的新聞節目（基本上與《誰來晚餐》節目相似，只是更具說服力），引起爭睹，沒有看到的觀眾則要求重播該「特別節目」。結果，從除夕夜起，東森新聞、東森S台一共播了五次，成了最叫座的「新春特別節目」。其實不只是新聞台播，那些天，中天電視台《康熙來了》綜藝節目也一直重播年前許純美「談如何做個上流社會的人」的節目帶。這是前所未有的現象。

而許純美與柯賜海同台後，「氣到初一吞安眠藥」，大年初二，自然又是各新聞台的最 "Hot" 新聞。

總之，「上流美」現象電視台無人能擋。有趣的是該些情節卻上不了報紙的版面，這正是報紙與電視不同的地方。報紙的知識性較高，電視普遍的娛樂化，即便電視新聞亦不能逃脫。對於電視我們又有什麼好要求呢？

關機運動方興未艾

面對二十世紀的偉大發明——電視，現代人早已成為電視巨獸的俘虜，無不將生活重心投注於此，電視時間取代我們的親子時

間、夫婦談心時間、睦鄰時間，甚且也成為我們的佐餐點心，偏偏商業化下的電視節目又缺乏應有的養分、沒有應有的知識深度，更無法取代親子與夫婦的親情聯繫，是該擺脫電視羈迷的時候了。

為了呼籲民眾不要花太多時間（尤其是假日）賴在家裡看電視，義大利的社會運動組織Esterni過去以來一直在米蘭推動「關機運動」，因為他們認為電視是造成「懶散」和「疏離」的主因，也是浪費時間的事。他們呼籲全民週末假日拒看電視，並和多家餐廳、戲院和博物館合作，只要民眾帶著遙控器，就可享有入場折扣，有的甚至可以得到免費優待。

試想，有多少人三餐在用餐時間是在電視機前度過？缺少以前家人用餐時談笑風生、感情交流及意見交換的家庭樂趣，代之的是目瞪電視，食不知味的電視餐。一家人又有多久，不曾好好一起吃過一頓大餐，有多久沒有用心品嚐媽媽的好手藝？

又有多少人許久沒有走出戶外，享受陽光，敦親睦鄰？難怪我們的國民體重增加，體力卻大不如前！難怪我們社區居民關係一直無法提昇，相敬如冰，共同關心的話題，只剩下電視劇中的劇情發展。對「台灣霹靂火」結局的關心與討論，勝過社區巡守的用心。

在五、六十年代，台灣地區電視尚未遍及的年代，可說是里仁為美，風俗純樸，是一個有人情味的社會，民眾從事的休閒活動雖然不出奇，可是有多種選擇，迎神賽會、民俗技藝、登山玩水、田野奔馳，或訪親友，無一不在增進親情與友誼，曾幾何時，電視節目取代了這一切，甚且也取代親人間的親情。

Esterni推動「關機運動」，他們希望讓民眾知道看電視不是消遣的唯一選擇，還有其他更好的事可做，所以博物館、餐廳、藝廊等民間團體也簽署響應活動。台灣實在也有必要推動相同「關機運動」，在沒有大規模的社會運動前，可以從自身做起，即刻起，週

末假日即是你們的「家庭日」，自然也是「電視關機日」，無論電視節目有多誘人。大家一起來吧！

■台灣版的「關機運動」

由於電視節目品質持續惡化，愈來愈多民眾無法忍受電視的負面作用，台灣版的「關機運動」已然出現，而且可能蔚爲風行，成爲全民運動。

由苗栗縣社區大學發起，台灣媒體觀察教育基金會響應，以「思考家庭價值、走出去運動，及想想我們需要什麼樣的媒體」爲訴求的台灣第一次「關機運動」，獲得包括社區大學全國促進會、苗栗、頭份、竹南、卓蘭、通霄、苑裡等鄉鎮響應，該項活動自二○○四年四月二十六日起在苗栗縣舉行五天。成果如何仍難評估，唯由民眾自發、自覺的行動，其力量與警示是電視業者不可忽視的。

事實上，關機運動在國外已行之多年，爲了呼籲義大利民眾不要一到週末假日就賴在家裡看「垃圾電視」，義大利的社會運動組織Esterni連續七、八年來發起「關機運動」，呼籲全民拒看電視，還和多家餐廳、戲院和博物館合作，只要民眾帶著遙控器，就可享有入場折扣，有的甚至可以免費。

苗栗關機運動之發起，亦有參與者建議社大可以比照國外做法，推動關機餐廳，讓消費者拿著遙控器來用餐享受折扣。

由於，苗栗關機運動是國內第一次比較具體而有組織的「關機運動」，經過媒體研究組織之研究及推動，預期可能成爲全民運動。檢視運動之發展，實具有兩層意義。第一，國內商業電視的機制，已經到了不忍卒睹的地步。電視製作人自以爲收視率是節目良

竊的表徵，因此集羶、色、腥節目之大成，自以爲觀衆喜愛，其實是竭澤而漁，得罪了他們的衣食父母（媒體商品通常二次販售，分別販賣給閱聽人及廣告商），最後並激起觀衆義憤，發起關機運動。

　　第二，電視雖然是二十世紀最好的發明之一，但絕非唯一的消遣選擇。世事多美好，除了電視節目之外，我們在上一世紀似乎失掉更多。在螢光幕前，許多人失掉童年、失掉友誼、失掉大自然的美景、失掉運動與健康。而「關機運動」若能爲大家尋回失落的這些，電視的價值則正在消溶中。

　　「關機運動」方興未艾，此運動如何進行？如何發展？仍然值得觀察，唯電視並非十惡不赦，完全禁絕電視自非必要，亦無可能，適度選擇有益電視節目，培養成爲耳聰目明的閱聽人更爲實際一些，有必要的話切掉有線電纜，保留無線電視庶幾可乎。至少可以讓耳根子清靜一些。

MEDIA LITERACY

第十二章

第四媒體——網路

如果說網際網路是二十一世紀最熱門的行業之一，應當不會有人反對。如果說，網際網路是新興的媒體事業，肯定會有人顯出猶豫的樣子。網路雖然也提供訊息，也具娛樂、商業功能，但它是大眾傳播媒體嗎？傳播媒體該如何定義？怎麼定義？又該如何管理呢？這不啻也是二十一世紀新興的一門管理學，包括公司治理、法律層面的管理及網友與網路間關係的處理。

網路媒體定義

傳播學者楊志弘表示，網路科技的發展，模糊了原本大眾傳播媒體的界線，網際網路同時代表著資訊通道、行銷通道與交易通道，而網路互動功能更使這三者通道合而為一。網路媒體的興起，不只大幅提昇了資訊流通的速度及範圍，並具有即時性、互動性強、提供超鏈結、多媒體等特性。因此，寬頻時代的網路媒體不只已成為媒體產業中的新興成員，更進一步衝擊原來的大眾媒體產業（楊志弘，2000：1）。

對於網路持相同看法的傳播學者不在少數，但這仍不足以做為放諸四海而皆準的網路媒體定義。目前，學者、專家賦予網路媒體的地位，仍根據美國對於大眾媒體所下的定義，只要使用人口超過五分之一的美國民眾，即五千萬，該媒體就被視為大眾媒體。在一九九八年時，美國的網際網路使用人口已達六千二百萬，它自然是大眾媒體。而距離它一九九四年開放商業使用，只有短短的四年時間。相對於廣播花了三十八年，電視媒體花了十三年，有線電視花了十年才達到這個定義標準，網路的發展是快了很多（劉一賜，

1999：57-58）。

　　那麼，網際網路在台灣是否屬於大眾傳播媒體呢？根據美國市場研究公司IDC（International Data Corporation）統計，截至一九九九年底，台灣上網人口已達四百七十九萬。使用人口已超過五分之一的國民數，網路媒體自然已經成為新興的媒體產業。

　　事實上，網路非但已屬媒體的一環，而且還被宣告為報紙、廣播、電視之後的第四媒體。其重要性可見一斑。

　　二〇世紀九〇年代以來，網際網路在全球各地迅速發展，網路媒體應運而生，一九九八年五月，聯合國新聞委員會年會上正式提出「第四媒體」的概念。

網路媒體特性

　　網際網路技術進步日新月異，使得網路媒體得以在短時間擄獲網友的心，這正彰顯網路媒體有別於傳統媒體的不同特性。

　　傳播學者Ball-Rokeach and Reardon認為，寬頻網路媒體不但大幅提昇了資訊流通的速度與範圍，並具有即時性、互動性、超鏈結、多媒體、超文本、對話性、同步性等特性。尤其寬頻網路媒體可突破時空的限制，可存放大量的文字、聲音、影像、圖片等不同的素材，與傳統媒體比較下，可以表現出多媒體的特色。而寬頻網路媒體上所產生的電子對話傳播，更是一種新形態對話方式，透過交接電子對話，可以加以聯絡關係，及針對某議題發表意見，與他人辯論，有助於社會關係的創造和維持，以及對個人、組織及社會生活方式的瞭解（Ball-Rokeach & Reardon, 1988）。

中國大陸學者袁軍則提出網際網路的六種特性，包括超時空傳播、信息極其豐富、個人化的信息傳播、交互式的傳息傳播、自由傳播及多媒體功能（袁軍，2000：186-188）。

網際網路的出現，被學者視爲「新麥克魯漢主義」再起。新興的傳播媒體具數位化、超文本、多媒體、互動性的特性。我國學者吳筱玫爲了不落入上述科技決定論的口實，她從另一個層面探討網路媒體的傳播特色，包括：去中心化、公私難分、快速流動、共同參與及虛擬眞實（吳筱玫，2003：12-17）。

事實上，有更多的學者及研究者曾對網路媒體的傳播特性提供意見，如楊志弘的立即性、互動性、多媒體、資料搜尋、超連結、打破時空、個人化。及網路媒體具有「再傳播」（redistribute）與「再創作」（re-author）多層次傳播的特性（楊志弘，2000：1）。

根據上述各學者、專家對網路媒體特色的研究及身處網路媒體社會的觀察，網路媒體特性實應歸如下：立即性、互動性、個性化、虛擬實體、資料豐富、自由傳播。

■立即性

每個人都有一早等著閱讀報紙或等候看「八點檔」戲劇節目的經驗，網路媒體則無此限制。只要打開電腦與網路連上線，世界各地訊息馬上映入眼簾。相對的，網路傳播也可以在輸入訊息之後，立即把信息傳輸出去。

網路的特性使新聞的「即時性」定義不斷提升，從幾小時前的「新聞」，提升至現場同步播放。這項特色將報紙的時效遠遠拋在後面，與廣播、電視的立即性可以互爲媲美。

■互動性

　　傳統媒體均有單向、本位中心的傳播特性。雖然，傳統媒體也期望透過與閱聽大眾的互動達到反饋效果（feedback），但其互動效率奇差，讀者、觀眾、聽眾只能藉由寄信、傳眞、電話與傳統媒體互動。網路媒體徹底突破這種瓶頸，傳播者與接收者可以立即在線上交換意見。讀者甚至可以對記者的報導立即回應，傳播者可以更快的掌握受播者的反應。

　　也由於網路媒體是點對點的傳播，其互動模式可以是個人對個人；個人對多人；多人對多人及多人對個人，這種互動性的實現，代替人與人之間面對面的接觸。

■個性化

　　個性化即吳筱玫所說的「去中心化」。傳統媒體總有一個中心，由此中心衍生出所謂「霸權」等問題。網路媒體特性使「中心」發生了改變。傳播者也是受播者；受播者也可以是傳播者，只要你願意，每一個網路媒體使用者，可以自己主控掌握傳播權，也可以選擇自己適宜的時間收發訊息，依照自己的興趣、嗜好收發訊息。以自我爲中心的網路特性，使自由、平等、開放的新聞傳播信念成爲可能，而這在傳統媒體的世界中是很難達到的。個人辦報在網路媒體早已成爲可能。

■虛擬實體

虛擬（cyber space）是網路媒體與傳統媒體最大的差異。這意味著網路媒體的傳播有很多是模擬的、想像的，和真實之間是有距離的，但網路使用者常會將虛擬實體與真實之混淆，糾結不清，使陷入虛擬中而不自知。

虛擬實體大致上可分為模擬及創作兩種，前者如電子銀行、電子商店、網路廟、網路博物館，將真實世界的器物、制度模擬成電子化，具有替代性的作用，透過網路媒體，我們可以神遊大英博物館，也可以在網路廟抽一支上上籤。創作性的虛擬實體則根本不存在世界上，但透過網路的互動，我們可能沉迷於不存在的虛擬人物及事物，雖然有助角色的模擬轉換，但以假作真時，真亦假，在虛擬世界與真實世界中遊走的網友會是生活的一大挑戰。

事實上，現實的生活中，已有許多的網友受困於虛擬的世界而無法自拔。

■資料豐富

網際網路是一個由無數個「網」聯結起來的世界性訊息資料庫。有人稱為「網中之網」，也有喻為「訊息海洋」。

網路媒體透過超鏈結、超文本的技術，連接政府機構、非營利事業組織、學術研究單位、公眾圖書館、各傳統媒體資料庫，使人們有如悠遊於訊息海洋一般，有取之不盡、用之不竭的資訊及資料。不當使用，卻也可能造成資訊的超載與焦慮。

■自由傳播

傳統的媒體是一個集資本與人力密集的產業，是一個科層化嚴謹的單位，傳播過程受到嚴格的限制，雖是社會的「第四權」，負有監督政府的責任。不過，閱聽人總有誰來監督媒體的疑慮。

如果你不是媒體工作者，如果你得罪了媒體權貴，那麼你希望傳播出去的訊息，恐怕要如石沉大海。

網路時代幾乎使每個人可以成為記者，自由自在的傳播，隨時隨地的傳播。甚且，對於網路傳播的監控、審查和封鎖有其困難，傳統媒體的訊息過濾、把關的作用，在網路媒體幾乎不可能，所以一旦連上網路，有利有害的訊息便會源源不斷而來。

網路媒體問題

網路為人們帶來無上的便利，及取用不盡的訊息資源，讓每一個人可以成為自由自在的傳播者。但也正因為如此，給人們及社會帶來了新的問題。

■網路媒體對傳統媒體的威脅

網路媒體，以電子報為例，具有超時空功能、兼具多媒體功能、資訊操控性佳、互動性強、容量大、新聞即時更新，資料檢索功能，剪貼簿功能，傳統媒體備受威脅。

　　試想閱聽人可以二十四小時閱聽新聞訊息，有誰還要買報紙、看電視新聞；電子報如能即時更新新聞，訊息、資料容量又大，實體報紙剩下的只是占用空間的苦惱而已；資料檢索的功能使報紙做為「歷史資料」的條件亦已失去。

　　網路媒體普及後，傳統媒體受到嚴厲的挑戰。事實上，每一次新媒體出現時，都必然發生類似恐慌，廣播出現時，造成報紙的疑懼；電視出現時，確實也對報紙與廣播造成衝擊，不過，各媒體最後都找到另一條出路。網路媒體的出現亦復如此，傳統媒體都要更認真的發覺自己的道路。

　　「打不過就加入他。」也是一個好的法子。目前傳統媒體與網路媒體合作的發展模式，其實是一條很好的路子。

■網路媒體霸權

　　網路媒體固然鼓吹的是民主、自由、平等的價值。網路媒體的互動也有利於「網路民主」的推動，促使資訊的平民化。卻也可能因資訊設備及知識能力的有無，而產生資訊鴻溝（information gap），產生另一種不民主。

　　二十世紀的世界充耳可聞種族不平等，現在聽到的是數位世界不平等，不平等指的是有錢的人、有網路知識能力的人，以電腦網路掌握世界的脈動，掌握物流、金流及知識的創造與儲存，再以知識創造更大的財富，擁有更多的權力，控制媒體網路者，甚且可能成為媒體的霸權。

■網路正在侵犯我們的隱私權

當你拜訪某個網站時，你的電子郵件網址會被記錄在網站的伺服器電腦中。當你在某些網站瀏覽時，你的選擇和喜好也可能被記錄。

最明顯的是，你需要成為某網站的會員時，必須填寫詳細的個人資料。就醫的IC健保卡就可以儲存你個人的就醫資料，並在就醫時被閱讀。

許多電子商務站以免費的電子信箱換取你的個人資料，這樣它們就可以做到更好的市場行銷。雖然，網站也大多張貼有隱私權的規定，但這些規定往往無法保護我們的個人資訊安全。而這一筆筆的個人資訊又被當做一筆筆的財產出售。

個人資訊的隱私權被侵犯，輕者造成財產上的損失，甚且危及人身安全，但在電腦網路時代，隱私權的侵犯若影隨形，這是非常值得重視的問題。

■上網成癮

網路風行世界之後，出現了一個時髦的病態──「上網成癮失調症候群」（Internet Addiction Disorder, IAD）。這是指這方面失調的人通常無法控制自己，極度渴望上網四處瀏覽，如果強迫他們不能上網，就會出現一些痛苦的症狀，有如患上賭博或菸毒習慣一樣。

患上上網成癮者，每天花四至十個小時上網瀏覽，玩遊戲、看色情網、上聊天室，上網幾乎取代生活的一切。「上網成癮」者比

起電視迷，不知要瘋狂幾十倍。而網路的迅捷性、互動性都是吸引網迷成癮的關鍵。

這可說是網路媒體的負面功能，其正面功能則是「網路什麼都有」。有某種網路競賽活動，展示競賽者在一定的時間內可以離群索居，一個星期內的食衣住行育樂可以完全靠網路搞定，網路是生活中的大幫手，或是足以讓網民成癮，實有賴正確的認知。

■垃圾電子郵件

網路立即性的通訊功能，使網民欣喜若狂，透過網際網路幾乎可以立即用電子郵件與世界各地的朋友通訊。電子郵件的便利性，同時也成了商業促銷的利器。

為此，我們的電子信箱動輒成了垃圾郵件（spam）的受害者，每日有成千上百的各種垃圾電子郵件侵入我們的信箱，只要你的信箱夠大，你將有清除不完的垃圾電子郵件，直到將你的信箱塞爆為主。

只要商家蒐集的網民個人資訊過多的話，他可以利用網路通訊的特性，散播大量電子郵件，簡直不費吹灰之力，如果最終能得到少數人的回饋，不亦可以達到行銷的目的。

由於垃圾電子郵件無孔不入，不勝其擾，世界各國亦正立法對抗。

二○○三年九月，美國加州簽署一項全美最嚴格的「反垃圾郵件」法案，禁止網際網路廣告商向消費者散布不請自來的電子郵件，每個案例最高可罰鍰一百萬美元。此外，美國總統布希亦在同年底正式簽署管制網路垃圾郵件的"LAN-SPAM"法案。英國、新加坡也都有相類似的法令立法。

「垃圾電子郵件」幾乎已是全球公敵，各國政府無不積極立法，對此郵件進行規範。因為垃圾郵件不只是「煩」人而已，對於經濟、社會治安的傷害更大。

台北市消費者電子商務協會指出，垃圾郵件造成最大的問題是在於侵犯個人隱私權，且網路使用者每天收到高達四成的垃圾郵件，威脅消費者的生活及企業效率，也造成國際間資源的嚴重浪費，且成為病毒任意流竄的媒介。

根據美國Gartner的研究報告指出，二〇〇三年一年，電子垃圾郵件曾造成美國二百零五億美元的損失。

而這種損失，拜網路科技之賜，在短時間之內即可達成。

維吉尼亞州李斯特堡的傑尼斯是全世界最多產的垃圾郵件寄發人，每天以十六條高速網路線寄出至少一千萬封郵件，獲利也可觀，每月收入高達七十五萬元美元（約新台幣二千四百四十萬元），為此，他也被李斯特的陪審團建議判處九年徒刑（《聯合報》，2004.11.20，A14版）。

為了防制垃圾信，行政院已把濫發商業電子郵件管理條例送交立法院，若順利應可在二〇〇五年完成立法實施。草案中規範，企業濫發垃圾郵件罰金可達二千萬元，個人收到垃圾郵件，可到法院請求最低五百至二千元賠償（《聯合報》，2004.11.17，E3版）。此項法規公布實施，對於遏止垃圾郵件的寄發應能產生一定的效果。

■侵犯著作權的問題

在網路媒體世界中，資料的傳播與複製（reproduction）幾乎是同時進行，而在傳統著作權法上，複製無疑侵犯了著作權。但若嚴格落實這個著作權的精神，網路的發展與資訊的流通勢必受到沉重

打擊。因為網路傳播過程，任何儲存裝置如軟碟、硬碟、唯讀記憶體，均在執行複製的工作。

當然，對網路著作權侵犯的規範主要著眼嚴重、惡性的犯罪行為。事實上，在民國九十二年（二〇〇三年）六月六日立法院三讀通過，七月九日總統公布的著作權法修正案中，對於重製的定義加以修正，並增訂重製權排除規定，該法第二十二條排除的態樣為網路中繼性傳輸（如瀏覽）或使用合法著作，雖技術操作過程中的必要過度性，附帶性而不具獨立經濟意義之暫時性重製。

網際網路發明之後，據說兩種職業「受益」最多。其一，學生。其二，新聞工作者。網際網路風行之後，學期研究報告的抄襲風氣頂盛，幾乎已成為高等教育的一個嚴重問題。網路上的各種資料庫，琳琅滿目，透過搜尋工具，取之不盡，用之不厭，研究報告幾乎在瞬間可以透過剪貼、複製完成，這自然涉及抄襲的侵權行為。

網路上更多的是「研究報告協助」服務，他們可以代客「量身訂作」各種研究報告，甚至碩、博士論文，也待價而沽。

網路發達也為新聞工作者提供便捷的服務，諸如新聞公關稿，透過網際網路傳遞，新聞工作者下載之後，稍微修改，即可完成一則新聞報導，這雖然不涉及侵犯著作權，卻造成新聞公關稿的氾濫，同時也是閱聽大眾知的權利受損。

有不少的媒體工作者甚且在聊天室中找新聞話題，並將各方發話及發表意見整理成新聞，或乾脆占為己有，諸如此類難堪的事，時有所聞。不堪侵權者，同時又在網路上爆料或警告各位媒體，真是斯文掃地。

■匿名與冒名的問題

網際網路蓬勃發展，影響無遠弗屆，透過每一個入口網站或媒體網路聊天室或論壇功能，每個網民勤於發話。該些網民雖然都有具名，但因難以追查，往往也成為不知名的個人。也由於網路有匿名傳播的特性，匿名發話，幾乎不必負有任何言責，使網路成為謠言製造中心。自然不利於網路媒體發展。

網路談話有如街談巷議，其打發時間、開玩笑的成分居多，網民心中也不會信以為真。因此，謠言傳播仍然止於智者，尚不至於釀成大禍。

冒用權威團體或媒體在網路發表，其危害性及嚴重性可就大。

二○○四年，外交部長陳唐山批評新加坡的LP風波，驚動國際。國內各界多所討論，國會議事堂上自然不能免俗，而立法委員洪秀柱與新聞局長林佳龍的一段質詢對話被網民渲染，並以「中時電子報」的名義及格式發出新聞稿，魚目混珠的結果，甚且造成兩位當事人的重視，中時電子報的總編輯也出面澄清，表示並非該報所為。值得重視的事，該則假新聞居然能在「中時電子報」的網頁出現，其偽真性才令人注意。

■網路犯罪問題

由於匿名性、快捷性等特性，網際網路商業應用以來，衍生的網路犯罪問題也快速增加，洪志忠在進行「我國網路犯罪案例及發展趨勢探討」時，以八十七年（一九九八年）至九十二年（二○○三年）十月，台灣北、中、南、東採五個地方法院網路犯罪之刑事

裁判書案例進行研究。發現在總案件數二十八萬三千四百四十四件中，網路犯罪案例達四千八百六十四件。使網路犯罪成為新興的犯罪問題。

網路犯罪並未有統一的定義，學者林宜隆認為，電腦系統與通訊網路相結合之犯罪，但更偏重「網際網路」的處用，係指具有網際網路特性的犯罪，亦即行為人所違犯之故意或過失的犯罪行為中，具有網際網路特性者均屬之。就實際應用而言，亦即犯罪者在犯罪過程中需藉助網際網路方能進行其犯罪動機之犯罪。（林宜隆，2001）

事實上，林宜隆又將網路犯罪分為三類：第一，以網路空間為犯罪場所，如網路色情、援交、賭博、販賣槍械、教授仿製炸彈、販賣盜拷；第二，以網路為犯罪工具，如網路恐嚇、誹謗、詐財；第三，以網路為犯罪客體，如網路入侵、散播電腦病毒等。

在洪志忠的研究中發現，網路犯罪問題確實在大幅成長；違反兒童及少年性交易防制條例之網路犯罪成長最快；網咖已成為網路犯罪之溫床，網路並已成為詐財的新工具。

政府及社會各界亦已注意及此網路犯罪問題，並提出種種呼籲。二○○三年十一月，總統選戰正熱，陳水扁身著捍衛戰士勁裝參與拒絕網路不當資訊的公益廣告拍攝，要求家長關心孩子逗留在哪些網站，大家一起把「色、賭、毒、暴」等網路污染及犯罪的種子一網打盡。

在民眾自我警覺之外，政府在網路管制及警察人員之網路犯罪偵察上，均有待加強。畢竟，網路的匿名性、便捷性已成為犯罪的最佳工具，政府如果不能有效遏止，網路媒體其對閱聽大眾之傷害，比起其他傳統媒體，絕對是有過之而無不及。

為便利家長或老師為孩子篩選可點選的網路內容，新聞局依據

電腦網路內容分級處理辦法，比照電影、電視，將網路分普遍級、
保護級、輔導級、限制級等四種等級。

　　新制二○○五年十月二十五日上路，我國此舉係亞洲第二個實
施網路分級的國家（第一為日本）（《中國時報》，2004.11.23，A11
版），對於網路犯罪行為應有一定程度的減輕。

MEDIA LITERACY

第十三章

沒有廣告沒有媒體

傳播媒體事業間一向有「廣告是媒體衣食父母」的說法。反之，沒有廣告就沒有媒體的推論是可以成立的。廣告的重要可見一斑。

事實上，這句話也只說對一半。因為媒體產品大多屬於「二層次行銷」或「多層次行銷」。所謂的「二層次行銷」是指媒體（如報紙、有線電視）係將其產品銷售給閱聽人，再將閱聽人銷售給廣告客戶。

這段論述，在媒體與廣告主之間，又多了一層「閱聽人」，使得廣告與媒體間的關係更為複雜。培養耳聰明目的閱聽人，除了對於什麼是廣告，廣告種類有所瞭解外，也要對廣告的特性及內涵深究，因為媒體將閱聽大眾賣給了廣告主，無形中閱聽大眾亦受到廣告主的左右，如果不明就裡，閱聽大眾在消費市場（觀念及勞務、商品）上會是待宰的羔羊。

廣告的定義

在探討廣告與媒體關係之前，我們必須瞭解「廣告」是什麼？其實從五歲孩提之童到七十老翁心中對「廣告」之意義，都有一把尺。而與「廣告」聯結最緊密的約是「推銷」。亦即廣告等於推銷。

這種說法抓住了「廣告」部分真實的意義。在廣電媒體未出現之前，有人曾為廣告下個貼切的定義，說廣告是「紙上的推銷術」（salesmenship in print）。

其後，廣電媒體問世，廣告的範圍更大，對廣告的研究亦精，

對「廣告」下的定義更多了，不過，都不離「推銷」的本質。但推銷只是廣告活動中的一個面向而已，在廣告過程中發生的事，更是構成廣告的重要因素。

該如何來定義廣告呢？學者楊中芳生動的說：「廣告的定義有許多，但內容大多相似，舉任何一個，即可說明之。」

那麼以哪一個定義為例呢？在國內最常用的定義是美國市場營銷協會為廣告所做的定義。所謂廣告，係經由認定之廣告主，對其產品、或觀念，透過各類大眾媒體，針對一特定閱聽大眾所進行的非個人傳播活動，而此活動通常是在付費條件下形成，其傳播性質多以說服或影響消費為主。

這個定義受到諸多學者專家採用的原因，不外，定義的周延性強。短短的一段話中，包含五種要素，即是認定的廣告主、透過大眾媒體、特定的目標、付費的傳播、活動具有說服性。

■認定的廣告主

當我們在報紙或電視上看到或聽到一則廣告訊息時，通常會瞭解背後的廣告主是誰。是誰出資刊播這則廣告。這除了具有法律與責任的意義之外，更重要的是一種附帶的企業形象建構過程。

刊播廣告除了推銷主打產品之外，附加價值在於為該產品廠商的其它產品帶來指名的效果，所以廣告主的認定是商業價值的延伸。

此外，在廣告刊播的法律與規範中也有確定廣告主的規定。反之，不能確定廣告主的廣告不是廣告，是匿名的「公開黑函」，其意義不在行銷產品，旨在打擊或詆毀對手，這在政治選舉廣告中並不少見。只是這是違法的，也不被接受。即便它不以攻擊對手為目

的，在行銷某種觀念，同樣不被允許。

所以有認定的廣告主是非常重要的，也只有可以認定的廣告主的廣告才是廣告。

■透過大眾媒體

廣告是將一項商品、勞務、觀念的信息，傳遞給一群消費者，而這個過程係透過報紙、電視等大眾媒體進行廣泛的傳播，是屬「非個人傳播」。

除了大眾媒體之外，不少小眾媒介亦被用來進行廣告行銷，諸如郵購雜誌、單張傳單、車廂廣告等。

收視率愈高，讀者愈多的大眾媒體，其廣告效果愈大，這也是廣告主要透過大眾媒體的主因。

■特定的目標

由於廣告是一種說服性的傳播，說明或勸說的過程無法一蹴而成。所以廣告要設定特定的目標，進行有計畫、連續性的傳播活動。

好的廣告必然不會亂槍打鳥，而係瞄準目標群，長時間觀察、守候，一槍中的。易言之，它的目標是閱聽大眾中具有相同特徵，共同需求的一群人。

■付費的傳播

廣告之所以為廣告，即在於它是需要付費的。不要付費的只有

兩種情形，「政令宣導」或「公眾宣傳」。對於政府的部分作爲，媒體願意協助並配合進行「政令宣導」，是可以不必收費的。大部分的政令宣導其實還是需要付費。

「公眾宣傳」，係指媒體願意自動爲一項商品、勞務、活動、理念進行詳細內容的刊播。媒體之所以如此，與該項商品的信息價值有關。媒體明知爲該商品做嫁，但因具有吸引及滿足閱聽大眾的功能，仍然主動宣傳。唯「公眾宣傳」與廣告不同，前者傳播方式非廣告主所可控制。

廣告因係付費的傳播，則可以選擇刊播的方式、時間，進行有計畫的傳播。「公眾宣傳」則否。

■活動具有說服性

廣告可以說是一項說服傳播，廣告主希望閱聽大眾看到廣告之後，會感受商品的好處，並進而展開購買行動。因此，廣告的傳播目的不只是傳播而已，而且具有說服性，如果不能打動閱聽大眾的心，那麼，這個廣告是失敗的廣告。

廣告當然也有只是告知性的或加強印象式的作法，不過，相繼而來的廣告仍然在說服閱聽大眾進行消費。

廣告的種類

所有的廣告目的均在於說服閱聽大眾進行消費。但其形式則依廣告主的性質、媒體的不同、傳播的地域、目標市場、廣告計畫達

成效率、廣告階段而有不同分類。

■依廣告主性質分類

依廣告主性質可分為商業廣告、政府廣告、公益廣告、政治廣告及分類廣告等。

■依傳播媒體分類

報紙廣告、雜誌廣告、電視廣告、廣播廣告、網路廣告、郵購廣告、戶外廣告、車廂廣告、人體活動廣告（由人在身上背著廣告牌子或在路口搖旗吶喊）。

報紙或雜誌廣告若以廣告面積來區分，又可以分為全頁（版）廣告、半頁（版）廣告、四分之一頁（版）廣告及分類廣告。

廣播電視媒體則有十秒鐘、十五秒鐘、三十秒鐘及一分鐘廣告的區分。

■依地域性分類

依地域性則有國際廣告及本土廣告之分。本土廣告又可因涵蓋地區大小，分為全國性廣告、區域性廣告及地方性廣告。

■依目標市場分類

可分為消費者廣告及產業廣告。前者以說服、鼓勵消費者購買、消費為主，行銷商品以個人生活消費為主；產業廣告的對象則

為中、下游工業或同業，其商品以再加工品為主。

■依廣告計畫達成效率分類

可分為行動廣告、態度廣告、形象廣告。行動廣告旨在刺激消費者有立即購買的動力。態度及形象廣告則為放長線釣大魚。形象廣告又稱為品牌廣告。

■依廣告階段分類

依商品發展程度可分為導入期、選擇期及記憶期。導入期重點在說明商品特色，說服消費者想擁有的購買慾。選擇期則係消費者由「是否要買這種產品」轉到考慮「要買哪種品牌」時推出。記憶期則係針對老產品進行提醒式的宣傳，增加消費者及閱聽大眾的記憶。

廣告扮演的角色及影響

「廣告是一種付費的傳播」。這句話一針見血的點出廣告所扮演的角色。它不只是行銷而且是一種訊息傳播的過程，其付費的傳播及說服消費行為，扮演重要的經濟角色，而這一切行銷的傳播過程及鼓勵消費的作為，毫無疑問對社會的生活與價值體系帶來了深刻的影響。

■行銷

早期印刷媒體的廣告被視為「紙上的推銷術」。廣告無論係以何種型態、方式出現，消費者、閱聽大眾都心知肚明這是一種「推銷術」。廣告扮演行銷、推銷的角色無庸置疑。

工業化社會之後，大量生產的結果，導致商業交易行為的頻繁，再也不是那種自給自足的手工業或農業社會的消費形態。

行銷對於現代工商社會是非常重要的一個環節。大量生產、大量行銷、大量消費是這個時代的特徵。大量生產及行銷在現代人的價值體系中或許是一種美德及成就。不過，大量消費及過度消費卻也是時代衛道人士的爭議，而這卻是廣告行銷之後的結果，廣告被詬病之處也在此。

廣告在行銷中最主要的功能在於透過各種創意的手法，將產品特徵轉換成附加價值及抽象的形象，有時甚且言過其實，成為低劣產品的幫兇。

■傳播

毫無疑問，廣告是一種傳播的行為，其過程與任何訊息的傳播並無兩樣，包括訊息來源（廣告主）、訊息本身（廣告內容）、傳播管道（媒體）、訊息接收（消費者）、終極目的（達到勸服、影響的效果）。

在傳播過程中，它不但在提供一種商品的訊息而已，它也在提供或帶動一種生活的方式或生活風潮。

廣告不只在販售產品，它甚且已成為傳播媒體內容不可或缺的

一部分，不少閱聽大眾在廣告中尋找生活的訊息，甚至認為廣告是一種成功美化版面的設計。

　　平心而論，廣告是媒體內容的另一支柱，除了真正訊息的傳播之外，廣告仍具有美化版面的效果。比較性的廣告（正確的訊息比較）甚且是一種有用的生活資訊。諸如旅遊、觀光、美食的廣告與專題報導（專刊）的區隔就不是很大。美容、醫藥的廣告毫無疑問具有資訊傳播的作用，反之醫藥新聞報導，常有廣告嫌疑。

■經濟

　　廣告傳播的花費總額，經常被視為該國或地區的經濟發展指標之一，廣告的經濟角色不言而喻。

　　廣告的角色是多面性的，廣告的傳播，造就了廣告公司、媒體事業，活絡廣告主的產品行銷、塑造廣告主商品的附加價值，說服閱聽大眾、消費者掏腰包購買產品，促進整個社會，國家經濟體系的繁榮與穩定，其所扮演角色之重要性，非同小可。當一個國家或地區的廣告花費總額降低時，代表的是這個國家的經濟正在衰退中。

　　廣告學者山岱治（Charles H. Sandage）形容廣告所扮演的角色，是協助社會達到富裕的經濟，此即廣告界有名的「富裕原則」（abundance principle）。當然，這是一個哲學性的問題，廣告只會帶來社會的富裕嗎？它不會因鼓勵過度消費，過度生產，帶來新貧族或地球資源的耗竭、廢棄物的堆積，而造成社會富裕的假象嗎？

■社會

廣告傳播在我們日常生活中扮演重要的角色,諸如產品資訊的告知、產品新知的教育、廣告製作設計的娛樂效果,無不與閱聽大眾、消費有密切的關係。

但在過度資本化、商業化的運作下,廣告的社會角色受到混淆,由單純的商品廣告傳播,變成創造產品需求;為了創造需求,其廣告傳播內容難免誇大、虛擬、不實,甚至欺騙。

廣告傳播作品從良善角度出發,會是一篇雋永、溫馨、令人會心一笑的社會教材,反之則是天花亂墜的「王祿仙」。

無可諱言,廣告所具備的社會功能是充足而明顯的,為善、為惡,端視傳播者、廣告主的理念,可以確信的是,一則不誠實的廣告傳播絕不會是好的傳播,反之,誠實是好的廣告傳播之基礎。

廣告的一些問題

在印刷媒體時代,廣告稱為「紙上行銷術」,廣告本質上是屬於商業行為。古諺「無奸不成商」。我們固然不可以一竿子打翻一船人,但生意人為求暢銷,為求高的獲利,多少都要講求行銷的手法,廣告的問題即出在這裡。亦即廣告可能誇大其實,可能魚目混珠,甚至有故意的欺騙行為,身為現代的閱聽大眾不能不知廣告的陷阱。廣告有哪些值得注意的問題呢?以下針對置入性行銷與廣告、不實廣告、代言廣告等問題分別介紹。

■置入性行銷與廣告

平心而論，廣告雖然是現代工商社會中必要的商業促銷行為之一，但大眾對「廣告」並無好感。以電視廣告為例，廣告時間常是「轉台時間」、「上廁所時間」，因此，廣告商人常要標新立異、出奇制勝的設計各種形態的廣告片，藉以吸引閱聽大眾的注意力。

無論如何，廣告的吸引力遠不如節目及新聞內容，因此廣告節目化、廣告新聞化的手法才應運而生，並美其名為「置入性行銷」。基本上，這是有違新聞倫理及節目倫理的作法，並不足取。只可惜，這股歪風也吹到政府部門，其對民眾的影響是至深且遠。

所謂的「置入性行銷」，是指將欲行銷的商品、觀念，融入節目或新聞內容中，使其成節目內容的一部分，不著痕跡的向閱聽大眾進行行銷。

這種廣告手法，由於不帶有廣告的字眼及色彩，不明就裡的閱讀大眾會信以為真，不會有選擇性的判斷或先入為主的觀念。對於廣告主而言，行銷效果奇大無比，對於媒體主而言，有一筆可觀的廣告收入，卻不占用廣告的時段或版面，但對於閱聽大眾而言，則是十足的欺騙，畢竟，新聞是新聞，節目是節目，廣告歸廣告，豈可混為一談。

這種商業手法的炒作，在節目中司空見慣，中外皆然，閱聽大眾可得特別留意。好萊塢電影的「置入性行銷」最厲害，而且隨著影片全球發行，可以廣告全世界。諸如電影《間諜遊戲》由布萊德彼特代言的ALTZS、《關鍵報告》湯姆克魯斯駕駛的LEXUS "MY 2054"、《X戰警2》休傑克曼的MAZDA RX-8、《古墓奇兵》安吉莉娜裘琳駕駛的克萊斯勒TEEP及《機械公敵》威爾史密斯的

AUDI-RSA SPORCS COUPP。其中，不乏只是未來概念車而已，不排除為未來市場先做品牌廣告的嫌疑。而成龍電影中，最常用的是三菱汽車。

西洋電影中，可口可樂的置入性行銷更是第三世界國家觀眾對於飲料的第一印象。

國內外偶像劇亦經常可看到置入性行銷熟悉的手法，日劇《戀愛世代》炒紅了蒂芙妮的水晶蘋果，本土劇《狂愛龍捲風》女主角使用的口紅，令人印象深刻，並疑似知名化妝品牌最新唇膏的廣告口號，而以「狂愛」為名的心形項鍊，並被知名金飾店開發成商品。買了這些品牌，你是因對偶像崇拜或是不知不覺的模仿與學習。不過，無論如何，這就是置入性行銷。

二○○三年，行政院新聞局長葉國興也將政府政令宣導納入置入性行銷的範疇，並被媒體踢爆。媒體指出「新聞局要求媒體將政治廣告直接放入節目中」。新聞局的解釋說，過去法務部將政府反黑金、掃黑的政策，以「置入性行銷」的方式融入國內知名連續劇中，獲得廣泛的迴響，可見政府公共政策議題以「置入性行銷」方式與電視節目結合，可以達到事半功倍的效果。

同年，四月號的《財訊》雜誌也公布政府刊登報紙廣告統計比例，《聯合報》為百分之四十二點四，《中國時報》百分之二十八，兩家報紙合計超過百分之七十，其中不乏透過專題式、座談會或基金會承辦政府活動的「置入性報導」。

當然，這種欺騙的行為是受到撻伐的，廣電三法修正時要求禁絕「置入性報導」，監察院亦對此提起調查與糾正。

■不實廣告

廣告的刊播雖然受到相關法令的規範，但在有利可圖情況下，部分媒體寧可收廣告費再用來繳罰款，造成不實廣告充斥印刷、電子、網路等各種媒體，閱聽大眾可得要睜大眼睛，而這種誇大效果，消極隱藏重要資訊的不實廣告俯拾皆是，內容包含食衣住行育樂。

目前廣告市場上的最主要產品，如信用卡、電信業者通話費廣告、減肥廣告，無不極盡誇大之能事，頗有無論如何要將你口袋的錢「騙」到手的態勢。

爭議的廣告如「借錢是高尚的行爲」、「打兩分鐘送五分鐘」、「借錢免利息」、「距離市中心五分鐘」等，減肥、增高等藥品的見證式廣告更是將消費者騙得團團轉。

不實廣告在美國同樣花招百出。美國聯邦貿易委員會在二〇〇三年十二月九日即發表了一項十八頁的參考指南，供媒體辨認不實減肥的說法，並拒絕接受刊播。該委員會在過去十三年曾對減肥產品提出一百多次訴訟。

該參考指南明白指出，如果廣告提出以下太好的保證就不可能是眞的，無需節食或運動就可連續一個月每星期減輕體重兩磅以上；無論消費者吃什麼吃多少都可大幅減重；即使消費者停用其產品也可永遠減輕體重；能夠速續四週以上每週減重至少三磅；阻止身體吸收脂肪或熱量使消費者能大幅減重；所有使用者都可以大幅減重；穿用一種裝置或將一種產品擦在皮膚上即可大幅減重。

我們並無美國月亮較圓的心態，不過，以美國醫學發達的環境，都證實上述減肥廣告不實，我們實在不該相信我們的減肥塑身

廣告。

對於聯邦貿易委員會的苦口婆心，媒體反應不一，有人卸責的表示，確保廣告說實話的責任在廣告客戶，不在媒體。當然，這句話也有部分眞實，因爲媒體廣告部門可能沒有能力分辨出廣告的不實。果眞如此，那麼閱聽大眾及消費者，又該如何呢？最簡單的觀念，即對任何廣告打個問號，小心求證。

■代言廣告

所謂「代言廣告」係邀請知名人士爲廣告商品代言，主要在運用代言人士的高知名度及社會形象，爲廣告商品迅速在市場上占有一席之地。

基於民眾對知名人士的崇拜及尊敬，電視、廣播廣告中經常可見「代言廣告」，其中應以影視界演藝人員爲主，體育界明星及政治界明星次之。

抓住影視歌迷對偶像崇拜的心理，「代言廣告」也常能收到很好的行銷效果，廣告界亦樂此不彼。不過，其中卻呈現道德及信任危機。亦即，民眾是因對廣告明星的信任而購買，如果廣告商品貨眞價實，倒是相得益彰，反之，只是以知名人士來包裝不實的廣告商品，糾紛就很難避免。

不幸的是，「代言廣告」偏偏接二連三的出事，讓民眾對代言藝人不再信任，對於「代言廣告商」不諒解，使代言廣告有如過街老鼠。

自從藝人黃子佼代言「電氣美白」，被踢爆沒有許可證字號後，黃子佼形象嚴重受損，接著小亮哥也因代言增高鈣片不實，遭到連坐處罰，以涉及詐欺罪被判緩起訴處分，代言的酬勞還要捐出

表13-1 代言廣告案例

代言人	產品	是否被罰
彭政閔	"ㄕ" 水生成器	
高凌風	火鳥咖啡	
唐立淇、徐乃麟	麗托藍藻	V
陳盈潔	土耳其草莓酵素	V
黃子佼	「電器美白書」化妝品	
小亮哥（王培芳）	「灌藍高手」增高鈣片	V
楊思敏	御珍珠天然珍珠粉	
劉爾金、廖金儀	花草瘦翻天3：8系列	V
柯俊雄	威酷客膠囊	
林易增	保肝膠囊	
包翠英、董玉婷	媚登峰	
李翊君	La Sort生機纖姿錠	
周雅淑、唐碧娥、葉宜津、周清玉、朱鳳芝、王昱婷等立法委員	台鹽綠迷雅系列	
陳信安	統一純喫茶	
周丹薇	Debbie Care酵母活膚精華系列產品	
曹啟泰	大眾銀行現金卡	
吳念真	桂格高鈣奶粉	

資料來源：公平會。

來給公益團體，真是其慘無比，更慘的是民眾對他們的公信力產生質疑。

唯「代言廣告」收入頗豐，藝人難以割捨，而且也以「代言廣告」為當紅，或曝光率高的表徵，知名人士大抵難擋誘惑。

黃子佼、小亮哥之後，又有星座藝人唐立淇代言的麗托藍藻和

陳盈潔代言的土耳其草莓酵素兩項減肥產品被踢爆，前者被發現中藥淆混其中，後者查出土耳其沙漠根本不產草莓。

其實，出問題的「代言廣告」族繁不及備載（如表13-1），顯示這種廣告的行銷手法有效，透過媒體，再由名人重複商品的效果，誘使意志力薄弱的消費者上鉤，真的是「凡人無法擋」。

在「代言廣告」風波中，表面上最大的獲利者該屬於廣告商品的廠商，他們利用不知內情的知名人士「照本宣科」強調廣告商品的好處，博取大眾的信任，進而購買，因此表面上廠商是最大的獲利者，不過，背後仍背負人格、信用破產、法律刑責的巨大壓力，未必是贏家。

知名人士「販售」他們的知名度及形象，如果代言不實，也得不償失，不但對不起信任他們的支持者，也可能涉及刑責，代言豈可不慎。

最無辜的該屬消費大眾，如果只因對代言人的信任及崇拜而購買，那只能說「你太老實了」。新聞是建構出來的，廣告更是建構出來了，我們怎麼又可以聽信「廣告」的一面之辭呢？

我們不但要是一位目聰耳明的現代閱聽人，更要是聰明的消費者，購買商品不但要貨比三家，不清楚之處還要請教專家，不能盲目信任哪一位知名人士。

MEDIA LITERACY

第十四章

公共關係：為媒體製造信息

中國大陸學者曾經形容其報紙、雜誌為「千報一面」、「千刊一面」，指的是報紙、雜誌內容大同小異或者是幾乎全部雷同。當然，電視、廣播亦復如此。特殊現象產生的原因，與中國大陸特殊的新聞傳播制度有關，亦即在蘇維埃社會主義國家體制下的傳播媒體係為黨、為國、為人民服務，是黨的喉舌。其作用自然在宣傳黨的政策，推動黨的思想教育，除此之外無它；西方自由資本主義新聞傳播制度，以娛樂為主，但開放多元的媒體資訊，被視為是腐化的現象。

台灣的新聞傳播制度，一度標新立異，想在蘇維埃社會主義與自由主義兩種制度中，另外開闢新的途徑，曾有所謂「三民主義傳播制度」之取向，其作為介於開放與控制之間。媒體資訊雖然不外乎宣傳，仍保有相當範圍的娛樂成分，平心而論，「三民主義傳播制度」稍加修正可以是一個比較良好的傳播制度。

在政治民主化、經濟自由化、社會多元化的社會環境下，新聞自由被濫用，台灣地區新聞傳播媒體呈現百家爭鳴的光景，甚且有如無政府般的脫序與墮落。

久而久之，台灣的媒體也呈現「千報一面」、「百台一面」的扭曲面貌，何以致之？是媒體的墮落？或是其它機制的促成？其關係社會閱聽大眾權益甚鉅。事實上，這還牽涉到另一個專業的領域——公共關係（Public Relation）。

從宣傳談起

宣傳與廣告可說是「孿生兄弟」，差別只在後者以付費方式取

得廣告版面及時段進行宣傳；反之，宣傳是一種免費的廣告。

可是天下沒有白吃的午餐，哪來的免費廣告呢？而這正是宣傳的難處，也是宣傳的專業之處，也是宣傳可以成為公共關係的專業行業之處。

自古以來，大至政府、朝廷的政績，小至販夫走卒的手工業產品及至大量生產化的商品，無不需要廣告或宣傳一番。不少的學者認為凱撒大帝發行的《每日紀事報》即是一種自我宣傳的作法，中國的史書基本上也是記載著皇帝的豐功偉績。

這樣的作為，雖然有好大喜功、自我誇耀的宣示味道，其實正是一種傳播的過程，這種過程可以增進認識、凝聚共識、解決衝突。一個好的政府及一項好的產品常是由於好的宣傳而來。凱撒如此，美國雷根政府亦復如此，民主時代宣傳的需求顯然要高過專制、威權時代。

就因為宣傳如此重要，我們媒體的版面、時段無時無刻的充斥著宣傳內容，那麼什麼是宣傳？意欲何為？如何與新聞區分，必須先加以理清。

宣傳正式的用語應是公共宣導（Public Communication Campaigns）。學者白斯理（Paisley）曾為公共宣導下一個定義，認為公共宣導是「企圖使用傳播訊息，影響別人的觀念或行為」。

這句話牽涉到四種層面，分別是有明顯的企圖、使用傳播工具、有主要的資訊內容、旨在影響他人的觀念或行為。這樣的內涵與廣告的定義有似曾相識的感覺，差別只在於這不是付費的廣告而已。

也由於宣傳是企圖透過傳播工具，將主要的資訊內容傳播出去，影響別人的觀念或行為。使得宣傳者企圖在影響別人觀念前，需先影響傳播者，占有傳播工具，或攻占傳播版面及傳播時段。自

然這會是一段慘烈的「戰爭」，如果媒體傳播者自甘墮落，那又是另一番表現，而這正是我們要探討的地方。

傳播媒體旨在發揮告知、監督、教育與娛樂的功能，需要大量的資訊內容來完成它的工作，所以媒體事業單位要聘請資訊採集人員進行資訊的採訪、整理形成媒體內容，提供給所有的閱聽大眾。

由此可以發現，宣傳者與傳播媒體工作人員具有供需的關係，亦即宣傳者需要有媒體為其宣傳，傳播者要有價值高、可讀性強的資訊進行報導。兩者之間，其實可以合作無間，互供有無。

那麼問題出在何處呢？當然也是發生在兩造之間。宣傳者固然需要傳播工具、傳播媒體以便宣傳，不過，它宣傳的內容可能是言過其實的政績或不實的商品內容，希望透過媒體傳播達到影響選民或消費者的目的。那麼，這絕對不是好的資訊內容，基於媒體「社會公器」的立場，這些資訊並不可取。

傳播媒體及其傳播工作者固然每日都需要有新的資訊內容來填充他們的版面及時段，唯版面及時段卻是有限的，易言之，不是好的題材及資訊內容，不是閱聽消費者所欲知的內容，傳播媒體及其工作者是不會接受的。更何況媒體同時提供收費的廣告版面及時段，不符合免費廣告的宣傳，本身即應以廣告的面目出現。

公共宣傳的種類及發展

公共宣傳起源於公部門，舉凡政府的宣傳、宗教的宣傳、革命的宣傳皆是公共宣導的範疇，而這類的宣傳自古有之。而這些宣傳大抵要由具有溝通、協調能力，口才佳的人員來充當。耶穌基督的

保羅如此，美國大革命的班哲明・富蘭克林（Benjamin Franklin）、詹姆士・麥迪遜（James Madison）亦復如此；聖經如此，麥迪遜・漢彌爾頓（Alexander Hamilton）在一七八七至八八年間寫給報社的寫件亦復如此。都是一種公共宣傳的典型。

　　這種告知、說服及整合的過程及方式並擴及於產業界及企業界。十九世紀的最後二十年以及二十世紀初葉，公共宣傳成為一種政府及民間企業間的專業。

　　政府及企業界深知公共宣傳具有的告知、溝通、說服、整合能力遠優於廣告，乃競相成立宣傳部門。為宣傳鐵路建設的好處與各地民眾進行良好的溝通及互動，一八九七年美國鐵路公會（Association of American Railroads）即有了公共關係部門。

　　美國西屋公司（交流電傳輸系統提倡者）與湯姆・愛迪生的通用電子公司（直流電傳輸系統提倡者）的那場「電流之戰」乃是公共宣傳部門首次的典型代表，兩家公司彼此間竭盡全力的吸引媒體注目，尋求政治上的影響力及行銷的優勢，以期擊敗對手（Straubhaar & Larose, 1999）。

　　第一次世界大戰期間，美國政府成立了「公共資訊委員會」（Committed on Public Information），協助銷售戰爭債券及普遍提高人們對戰爭的參與及支持。第二次世界大戰時又成立「戰時資訊局」（Office of War Information）爭取各界對於美國加入戰爭的支持。

　　此後，公共宣傳或公共關係部門成為各國政府或企業單位的必要部門。專事宣傳及溝通工作，媒體部門及版面則是他們攻占的橋頭堡。

　　台灣約在一九五○年代初期引入公共宣傳（公共關係）的觀念。民國四十二年（一九五三年），行政院檢討通過政府實施公共關係案，通令各單位指定專人負責新聞工作，發揮宣傳效果。同年

交通部正式建立公關制度，所管轄郵政、電信、航運、鐵路、公路、港務、氣象等部門都成立公關單位。隔年，經濟部所屬國營事業單位繼之。民國四十七年（一九五八年）行政院正式公布「各級政府行政機關及公營事業推進公共關係方案」，規定中央、省、縣市各行政機關及公營事業均應指定專人設立部門處理公關業務。

有趣的是，民國四十五年（一九五六年）成立的中國公共關係協會，五百多名會員，幾乎全部都是公務人員，這與國外由民間發展，政府跟隨的情形大異奇趣。

彼時，民間企業對所謂公共關係的宣傳業務並不重視，大型的企業或還設立公關經理，但係以「關係」取向，非「專業」取向，小型公司則無餘力顧及。當時專業的公共關係顧問公司亦屬鳳毛麟角。最早的公關公司並非獨立作業，係依附在廣告公司中。最早從事公關業務的公司約屬成立於民國五十七年（一九六八年）的國際公司，七十四年改名國業公司。聯太國際公司成立於民國六十三年（一九七四年），其公關部門頗具專業，在六十年間，其公關業務處即分公關業務部、專案業務部、製作部三個部門，目前是國內較具規模的大型公關公司之一。

民國七十六年（一九八七年）是台灣公關行業發展的關鍵年。當年政府宣布解嚴、開放黨禁、報禁，經濟成長亦有目共睹，在政治力、經濟力的推力之下，國內百業顯得欣欣向榮，蓬勃發展。專業的公關顧問公司亦如雨後春筍般的成立，規模則大小不一。

政府公共宣傳部門與民間公共關係單位及公共關係顧問公司業務內容不盡相同。諸如公關公司服務內容包括代擬及執行公關活動企劃、代為準備及製作傳播工具、代發商品新聞稿、內部傳播（如內部刊物編印）、社區關係、危機處理、傳播專案管理、媒體研究、形象塑造。政府公共宣傳部門除非編制員額足夠，否則以召開

記者說明會、撰發新聞稿及與媒體記者維繫等業務為主。

其實，所有公關業務（公共宣傳）主要目的旨在增進各界對該機構的瞭解，減少誤解，進而宣傳該機構的績效及表現。諸如政府公關透過宣傳，爭取民眾及議會的支持，有利於預算的通過及首長聲望的提升；民間企業則可藉由公關宣傳達到企業形象塑造的目的，遭遇變故時的危機處理亦可使公司化險為夷，讓公司平安度過，不致引發更大的風暴。

由此不難得知，政府的公共宣傳與私人企業的公關活動，積極在增進瞭解，爭取支持，消極在化解誤會，減少傷害。這些業務的成效則靠平日的累積及廣泛的曝光，追逐媒體、巴結媒體工作人員成為公共宣傳的首要任務。反之，把關不嚴的媒體及媒體工作人員即將使媒體在宣傳攻勢中淪陷。

宣傳稿的運用及氾濫

無論就政府公共宣傳部門或專業公關公司業務量評估，公共宣傳人員最主要的工作在於新聞寫作，亦即撰寫宣傳新聞稿。非精確估計，新聞稿撰寫約占工作人員百分之九十的工作量。

■巧妙運用新聞稿

撰寫新聞稿何以如此重要？不外下列數項因素：

・最基本的宣傳作為

在諸端公共宣傳作為中，記者會、事件導向的公關活動費用昂貴，而記者會、活動結束，仍然需要撰發新聞稿。新聞稿無疑是公共宣傳最基本的作為，如果只是委託公關公司撰寫新聞稿，收費比較便宜。可以論件計酬，甚且是「見報付費」。

・新聞稿適用性廣

新聞稿撰寫雖然有為印刷媒體量身訂作，但新聞稿對於廣播、電視還是適用，網路媒體自然不例外。而且新聞稿常可以是新聞線索的來源之一。

・新聞稿發送方便

公關公司在宣傳服務上，日新月異，提供服務的項目亦日漸增多，甚至提供「視頻新聞稿」，但一般新聞稿還是發送最方便的方式之一，它可以透過傳真、快捷郵遞、電子郵件等方式傳遞信息，而不必有太複雜的接收器。尤其電子郵件發明後，更加造福了公共宣傳人員，卻害苦了傳播工作人員（因為電子信箱經常被公關宣傳稿擠爆）。

・新聞稿說理清楚

新聞稿的寫作具有印刷媒體的特質，經過文章的舖陳，它可以對事件發生的原因、背景詳細說明，也可以透過新聞稿展望未來遠景。

好的公關新聞稿，使閱讀者一目瞭然，有助於事件的理解，澄清不必要的誤會；記者說明會受時間擠壓影響，常形成有理說不清

或愈描愈黑的情形，得不償失。

公關新聞稿並非沒有缺點，諸如過於氾濫容易被忽略，屬於靜態性質，描述不夠生動等。

■宣傳稿何以氾濫

新聞傳播媒體辦公室的傳眞機每日可收到一疊厚厚的公關新聞稿，這從傳眞機用紙耗量就可得知公關新聞稿有多氾濫。

宣傳的公關新聞稿有多氾濫呢？國外有研究指出，每日的新聞媒體都有百分之十到百分之七十的報導是由從事公共關係的從業人員撰寫的，或者部分由從事公共關係的從業人員所建議。另一項研究顯示，美國電視台的新聞督導人和職責編輯有百分之八十定期使用視頻新聞稿。不過，大多數編輯說，他們對視頻新聞稿作了某種修改，有時對內容進行再次追蹤，有時增加他們自己記者的聲音（Hiebert et al., 1991: 480-481）。

廣大的媒體閱聽人總以爲，報紙、電視媒體的資訊內容皆是各該媒體的工作人員（記者、編譯等）獨立採輯而來的。事實並非如此。誠如前述有百分之十至百分之七十的報導來自公關工作者提供的公關新聞稿（包括政府部門及私人企業部門、非營利事業單位）。

從媒體倫理而言，一家媒體的內容有百分之三十以上公關新聞稿即是不負責任、沒有榮譽感，對不起閱聽大眾的作法，如果達到百分之七十幾乎已經是「公報」，毫無媒體傳播應具有的價值，基本上是不能收費的。它應只是一種免費贈閱的機關刊物。

遺憾的是，當前國內媒體內容充斥著宣傳的公關資訊，可謂俯拾皆是，唾手可得。只是國內缺少這方面精確的調查，其比例多

高，未有統計。前述百分之十至百分之七十的說法，自然錯不了。只是採用公關新聞稿比例高低仍待清楚釐清，不過可以確定的說，宣傳的公關新聞稿超過百分之三十媒體即缺乏新聞責任與倫理。

宣傳的公關新聞稿何以氾濫至此呢？探究成因不外下列數項因素：

・新聞資訊的需求量大

報紙解禁及開放廣播、電視設立申請，媒體事業百家爭鳴，競爭異常激烈，報紙張數增加迅速，有線電視節目二十四小時播放，有線電視新聞台二十四小時播報，其對新聞資訊的需求量大，簡直可以「渴求」形容。在飢不擇食的原理下，芝麻小事，有線電視新聞都可以現場轉播，報紙情況亦復如此。

媒體事業的競爭及拓展，給予公關新聞稿極大的空間，政府、企事業公關部門積極撰寫新聞稿攻占報紙版面、電視新聞的時段，媒體也往往來者不拒，形成正循環，亦即新聞稿發得愈多，用的愈多；刊播得多，撰寫更多，媒體資訊內容品質日趨低下。

・新聞品質的標準降低

當報紙版面少、電視新聞時段短的時候，對於新聞品質的要求較高，如果不具強烈新聞性，根本上不了電視新聞，以社會新聞的交通事故而言，新聞品質標準高時，非得有死亡車禍，否則上不了播報台，火警事件亦然，如今，好吃的夜市小吃攤、冰店都能播上幾分鐘，讓人不知是收費的新聞還是宣傳的公關稿。

為此，宣傳的公關新聞稿在新聞稿中加點具有新聞性的料，很容易就上電視新聞了。

·新聞媒體發生了問題

新聞媒體發生問題，乍聽之下，很容易讓人聯想係新聞倫理的問題，如新聞工作者接受酬庸、送禮，所以代發宣傳公關新聞稿。這種指控雖然難以完全避免，更重要的是傳播媒體內部的問題，如縮減工作人員節省支出，必然造成工作人員工作量的增加，宣傳公關新聞稿可以彌補他工作質量的不足，所以新聞工作者樂於採用公關稿；新聞工作者素質降低亦是公關稿氾濫的原因之一。

·傳播科技進步

傳播科技的進步，使媒體事業步入網路媒體時代，新科技的研發亦使公關新聞更容易得到採用的機會。公關新聞稿早期係透過傳真、快捷郵遞傳送，其時效性並無問題，只是收到公關稿的新聞工作者還要重新鍵稿，其被選上的機會相對減少。

網路時代，新聞公關稿直接以網路傳輸，新聞工作者直接下載，戴個帽子「XX記者／台北報導」，不亦完成一則新聞稿的寫作。新科技的發明，使記者省掉了很多麻煩，也為公關工作者帶來更大的機會，可憐的是閱聽大眾，在不知不覺中接收大量的宣傳稿。

宣傳的公關新聞稿既然如此多，傳播媒體又呈現諸多問題，哪些新聞領域最容易出現公關稿？如何分辨公關新聞稿則是耳聽目明閱聽人所應具備的媒體識讀能力。

從新聞實務而言，最容易出現公關新聞稿的領域，應屬影劇娛樂新聞、旅遊生活新聞、財經消費新聞，可以大膽推測這三類新聞有超過百分之五十以上的新聞是屬於免費宣傳的公關新聞稿，而且這三類大抵屬於私部門的宣傳，諸如某家唱片公司為他旗下藝人的

唱片宣傳，在宣傳期中會費盡心思造作一些不真實的新聞稿，大部分媒體都是照單全收，來者不拒，如果讀者多花時間，比較三至五家報紙同一則新聞的內容，自然可以發現雷同性達百分之九十。消費、旅遊新聞亦然。

對於這種新聞，閱聽大眾自然不可盡信，因為該些新聞稿只是一家一人的宣傳而已，沒有經過查證、比較，冒然相信報紙上寫的、電視上播的，很容易上當受騙。這自然不是媒體該有的功能。

如何分辨公關稿

傳播媒體不能善盡應有責任，濫芋充數，以公關稿充抵新聞報導，閱聽大眾固然可以拒訂、拒購、拒聽、拒看加以抵制，最根本的還是要培養如何分辨宣傳公關新聞稿的能力。

如何分辨哪些新聞是公關、宣傳的稿子呢？提供下列數種方法做為判斷準則，可以輕易分辨出來。

■注意單一產品報導的新聞

無論是產品、商品、勞務或個人新聞的報導，大抵有公關新聞稿的嫌疑。正式或專業的新聞報導，對於產品、商品的介紹，為避免廣告化嫌疑，大致會姑隱其名。

有關藝人宣傳新聞，正確的作法是有採訪事實，公關新聞稿只能做為參考，或是不予處理。

否則任憑唱片公司的公關人員天花亂墜，包裝他的商品，難怪

影藝新聞總在歌手的情愛、嗜好、穿著、遊戲中打轉，唱片的銷售紀錄更是令人無法恭維，閱聽人眞成了毫無招架能力的大傻瓜。

好的產品、商品報導，至少也要有優劣比較，將多種產品功能、元素、價位進行比較，給閱聽大眾一個便利的服務，這才是好的生活、消費新聞。

■缺少人味的新聞是宣傳稿

報紙上的新聞報導，若只有某某單位表示、某某單位指出，可以百分之百斷定這是所謂「通稿」的公關新聞。而且每一家報紙刊登的內容絕大部分相同。

由各自單位採訪記者撰寫的新聞，必然有被採訪單位相關部門負責人的談話。所以說，缺少「人」味的新聞即是宣傳公關新聞。

■過分誇大的報導非新聞

新聞報導若過分誇大商品的好處、產品的優點、藥品的效果、美容的功效。有理由懷疑，若不是「置入性行銷」（收費的宣傳）即是該媒體對於新聞品質的把關太差，那已不是所謂的新聞報導，根本是經過新聞包裝的廣告。

專業的新聞報導用詞遣句非常嚴謹，絕對不敢隨意加上形容詞，何況最高級的形容詞。

第四部分

批判和接近使用媒體

MEDIA LITERACY

第十五章

媒體監督與教育

很長一段時間，大眾傳播是一種上對下，單向的傳播型態。傳播媒體體系與政治力、經濟力之間存在著錯綜複雜的關係，媒體甚且被形容為文化霸權（Hegemony）。葛蘭西（Antonio Gramsci）認為，階級制度之所以受到維護，不僅是由於不平等的政治與經濟權力，同時也透過資產階級霸權來加以運作。這種霸權由統治階級的精神與文化的優越性所組成，透過媒體，教會等散播資產階級價值與信念。

葛蘭西想描繪的正是過去那一段時間的傳播型態。過去那一段「知其然，不知其所以然」的傳播歲月。葛蘭西是二十世紀重要的思想家之一，其所指的「文化霸權」，並不只是十九世紀及威權社會的專利，其所處社會的媒體與政治、經濟糾葛，與現在並沒有多大的改變。

但也正因為葛蘭西等思想家的呼號、奔走。傳播型態的自由、多元更加的被重視，傳播媒體不但被要求尊重多元文化、社會的各種聲音，而且應該更加重視雙向、平等、互惠的溝通機制。

各種傳播媒體不再是形式上的「以客為尊」，並積極的研究如何快速的與閱聽大眾雙向，甚至多向溝通，報紙上的輿論版及更正專欄即是具體的作法，電視時事論政節目的電話Call In則是將閱聽大眾一起納入節目製作。引導閱聽大眾正確認識媒體、使用媒體、抵制媒體的媒體監督及媒體教育運動在二十世紀最後十年更是風起雲湧。

二十世紀九〇年代，因網路媒體進入媒體產業市場，加上風起雲湧的有線電視媒體的市場爭奪，使得媒體產業市場競爭異常激烈，為搶食市場的占有率（包括收視率、閱報率及廣告分額），各種媒體無不極盡俗媚之能事，只要能討好大部分閱聽人的節目及內容即是「好的節目」，結果媒體間充斥的盡是各種羶、色、腥味的

節目與新聞。不但無益知識的傳播，甚且污染了社會善良風俗及原
有教育的美德，更嚴重者侵犯到國民的各項權益（如隱私權、著作
權）等。

媒體監督運動風起雲湧

　　由於媒體產業挾其移山倒海之力量，舖天蓋地而來，心急小孩
受到媒體傷害的父母，深懼社會道德淪喪的衛道人士，驚覺媒體變
成猛獸的知識分子，乃積極透過組織及運動的力量，希望透過對媒
體的監督，在積極上能讓媒體產生撥亂反正的力量，消極方面企求
自我教育達到自我保護的力量。一時間各種媒體教育及監督組織紛
紛成立，對於媒體亂象的遏阻，發揮了一定的功能及作用。

■媒體監督始於自律

　　基於對新聞自由、傳播自由的維護，媒體產業組織在社會系統
中一直扮演非常超然及獨立的角色。政治力為免遭到干預新聞自由
之指控，大部分時間尊重媒體的自由發展。以人民自由、權力保障
者自居的傳播媒體，更是排拒外力的干預。對於傳播媒體背離新聞
傳播道德規範者亦只同意自我監督，這也是我國第一個媒體監督組
織──中華民國新聞評議委員會成立的由來。

　　新聞傳播媒體享有新聞自由，亦有維護公共安全、社會福利與
新聞道德的責任，如果濫用新聞自由，則易危害國家安全、妨害社
會公共利益，或損害他人名譽及正當利益，並招致社會公眾的批

評，並影響新聞事業本身的聲譽及健全發展。基於此種自覺，台北市報業公會於民國五十二年（一九六三年）九月二日成立台北市報業新聞評議委員會，以求自律。民國六十年（一九七一年）四月二十九日，通訊社、廣播和電視台也加入這個自律組織，遂改組為台北市新聞評議委員會。民國六十三年（一九七四年）九月一日，六個新聞團體將台北市新聞評議會擴大為中華民國新聞評議會，成為全國性的自律組織，其後組成的團體增加到八個。

評議會受理台、澎、金、馬所有報紙、通訊社、廣播電台、電視台有關新聞、評論、節目、廣告所涉及之當事人的陳訴，或社會各方人士之檢舉，並經調查、聽證後裁定，也有經評議會委員或秘書處自行檢送之案例。

中華民國新聞評議委員會組織章程第十三條對於各新聞團體及其會員履行義務均有明確規定，包括對調查的配合及裁定的遵守、履行。甚且對評議會會議通過有關案件裁定的新聞稿，各新聞媒體均有刊載的必要。

「他律容易，自律難」，要媒體事業單位自廢武功，需要更高的職業道德及倫理。新聞評議會的裁定案不但不受媒體遵守，裁定的新聞稿也沒有媒體願意刊登，加上評議組織沒有任何法律拘束力，評議會功能每況愈下，至民國九十二年（二○○三年）四十週年慶時，新聞評議會幾乎等於名存實亡，慶祝會上不少委員呼籲，應該改弦易轍，畢竟自律一途是多麼崎嶇難行。

在自律功能上，新聞評議會雖然無法發揮多大的監督功能，但在潘煥昆擔任主任委員，賴國洲擔任秘書長時，對新聞媒體教育，曾經有很突出的成績表現，諸如舉辦媒體從業人員相關座談會、製作「新聞橋」電視節目、「新聞生活頻道」、「請聽我說新聞評議會時間」的廣播節目及出版《新聞評議月刊》、報紙專欄等。對於

推動媒體識讀的工作可說不遺餘力。

可惜的是，限於經費來源及壓力，賴國洲交卸秘書長之後，評議會欲振乏力。

探討新聞評議會組織之功能，雖係自律組織，但不外自我監督及推動媒體識讀教育。因此，堪稱為我國第一個媒體監督組織。

由於新聞評議會自律能力不彰，對於消費者權利保護不遺餘力的「中華民國消費者保護文教基金會」在諸多專業委員會中成立了「媒體消費者委員會」，並小心翼翼的運作媒體消費者保護案件。

誠如消費者保護文教基金會創會董事楊孝濚表示，媒體告知、教育的效果宏大，消費者保護運動推動有賴媒體協助，如何處理基金會與媒體關係至關重要，卻也不能不受理媒體消費權益受損案件，「媒體消費者委員會」的學者專家基本上即負責媒體消費者權益受損的諮商及學術研討工作，其與媒體間的關係，是一種互相尊重及就事論事的態度，針對媒體之廣告及媒體產品進行評鑑，基本上，不涉及對新聞傳播自由之衝擊及干預。

■媒體監督迫於他律

學術界、社運界對於媒體發展及影響的關懷一直未嘗間斷，財團法人電視文化研究基金會於民國八十一年（一九九二年）八月成立，針對各種電視文化現象進行觀察分析、提出實質建言，並將研究結果出版成書及成立觀眾申訴等等，為閱聽人心目中理想的電視環境努力。民國八十九年（二〇〇〇年）五月因深知媒體的影響力及媒體識讀教育之重要性，改組為「財團法人媒體識讀教育基金會」，並下設「媒體識讀推廣中心」，全面推動媒體識讀教育相關工作，並累積國內兒童媒體識讀教育相關資源，以提昇國內兒童媒體

素養。

在過去十餘年間，媒體識讀推廣中心藉由各種活動推廣、學術研討、教材研發等計畫，致力為國內媒體識讀教育紮根，期望培養國人成為能閱讀、分析、評估、批判媒體內容的閱聽人。為了讓閱聽大眾對媒體所傳遞的內容有實際及正確的認知，媒體識讀推廣中心除了希望能將媒體識讀教育納入九年一貫課程，以培養兒童正確的收視習慣，建立多元的觀點，達到分辨媒介內容與真實世界的能力，亦希望達到全民媒體識讀能力的提升，使大眾均能主動認識媒體、善用媒體，進而對媒體傳播的內容有監督批判之能力。

幾乎在同時間成立的媒體教育、監督團體尚有「台灣媒體觀察教育基金會」、「富邦文教基金會」及民國八十九年（二〇〇〇年）九月二十三日由二十一個關心台灣媒體環境社會團體宣布成立的「媒體共ㄍㄨㄢ聯盟」。也因此，二〇〇〇年被認為是台灣媒體教育及監督運動的關鍵年。在「媒體識讀教育基金會」、「台灣媒體觀察教育基金會」、「富邦文教基金會」等非政府組織的推動下，媒體教育蓬勃發展，並敦促政府教育部門重視，而有民國九十一年（二〇〇二年）十月教育部「媒體素養教育政策白皮書」的發表。

而對「台灣媒體觀察教育基金會」、「富邦文教基金會」、「閱聽人監督媒體聯盟」之簡介如下：

・台灣媒體觀察教育基金會

「台灣媒體觀察教育基金會」由學界、新聞界與關懷媒體環境與發展人士共同組成，並以「維護新聞自由、落實媒體正義、促進媒體自律、保障人民知之權利」為成立宗旨。其主要工作內容：

1.觀察媒體發展及其運作，定期發表評估報告。

2.從事媒體學術及實務研究，定期舉辦研討會發表成果。

3.定期舉行兒童暨青少年優質節目評鑑並發表結果，廣納專家學
　者、家長、老師、青少年與兒童多元觀點取代收視率的迷思。

4.保障媒體消費者之權益，建立媒體監看全國通報系統，定時
　發表監看結果與提出改善方案。

5.推動媒體工作人員在職訓練及媒體公民教育，培訓校園、社
　區媒體觀察員，落實全民監督媒體的機制。

6.製作媒體觀察之廣播、電視節目。

7.發行刊物，電子報。

8.獎助優良媒體及優秀從業人員。

9.其它與媒體觀察相關之業務。

・富邦文教基金會

　　以青少年為服務對象的富邦文教基金會，成立於民國七十九年
（一九九○年）四月，特別著重正確觀念的宣導教育。

　　富邦文教基金會的工作方向依任務目標分為：防治犯罪、親職
教育、健康休閒、媒體公民教育、原住民關懷五大項，每項活動的
輔導策略皆在強調青少年自身積極參與、多元學習，以達到認識自
我、充實生命的目的。

　　由於電視暴力及色情對兒童及青少年在認知、情感、價值、道
德及社會發展等，各方面的成長，有著直接或間接的影響力，為了
讓接觸媒體成為既愉悅又健康的過程，「媒體公民素養」的養成，
是相當重要的。有鑑於此，富邦文教基金會自民國八十八年（一九
九九年）起，即全力投入媒體公民教育推廣行列，透過舉辦各式各
樣的議題座談、社區研習會、國際研討會及出版文宣品，加強社會
大眾的媒體素養，培養解讀媒體訊息能力。

對於品質良莠不齊的電視節目，富邦文教基金會與台灣媒體觀察教育基金會合作推出三個月一次的「媒體素養推廣節目單」，即時推薦適合青少年及兒童收視的優質電視節目。

・閱聽人監督媒體聯盟

有感於媒體對於整個國家社會的深遠影響，由一群婦女、兒童、醫療及環保社團串聯，在民國九十二年（二○○三年）十月十一日籌組「閱聽人監督媒體聯盟」。

誠如「閱聽人監督媒體聯盟」成立宣言所指，希望藉由這個平台，提供閱聽大眾相互學習與交流溝通的場域，學習如何在複雜的閱聽環境中檢視資訊；同時透過「閱聽人監督媒體聯盟」的活動，促使閱聽大眾體認到監督媒體為公民的社會責任，共同以具體行動，促使台灣媒體改善不當的節目與報導。提昇媒體素養，朝向更優質客觀的方向發展。

期許媒體除了善盡娛樂、教育與資訊提供者的角色，也能真正發揮社會公器職能。

適值二○○四年總統大選前夕，媒體監督組織相繼成立，予人政治色彩濃厚的感覺，諸如，更早的新聞公害防治基金會、台灣廣告主協會等。媒體閱聽人聯盟及新聞公害防治基金會在選舉前後，對特定電視節目的監督及對報紙政治新聞內容的評比，配合廣告主協會抵制刊播廣告確實造成一股風潮，但也引起為執政者護盤、削弱媒體監督力量等打擊新聞自由的指責。使得媒體監督運動蒙上陰影。

事實上，在媒體監督運動蓬勃發展之時，該些團體除做出激烈的抵制、杯葛行為之外，更多的時間係在推動媒體教育的工作，透過學術單位及民間社團的努力逐步對民眾施以教育或進行師資培

育，如上節所提「媒體識讀推廣中心」、「富邦文教基金會」等都是主要的推動者，並使媒體教育逐漸受到重視，並獲得教育部吸納，正式發表「媒體素養教育政策白皮書」，那麼「媒體教育」之內涵及其在各國發展如何呢？以下茲討論媒體教育的意義與發展。

媒體教育的意義與發展

■媒體教育的意義

在廣義的定義中，媒體教育與新聞傳播教育是同義複詞。談媒體教育指的即是新聞傳播教育；論新聞傳播教育，不亦在檢視媒體教育嗎？

如果這個論述能得到眾多人的肯定，那麼我們可以直陳媒體教育的兩個現象。第一，媒體教育並非是新興的學科；第二，媒體教育長時間來存在於高等教育體系，一直未有下放。

將媒體教育放置在高等教育體系，有其時代背景，而這一段時間的長短視每個國家的傳播制度、媒體發展情況、國民教育程度而異。

媒體教育（新聞傳播教育）在高等教育體系中設立，其意義在於培養眾多而優質的新聞傳播媒體工作人員及新聞傳播學術的研究人員，基本上屬於專業教育。在屬於威權主義或是共產主義傳播制度之下，媒體事業並不發達，且受到控制；國民教育建設亦不夠普及，媒體教育自然不需普及或下放。在這種社會中，新聞傳播的流

動，通常是宣傳、單向的，媒體教育固然在培養具有良好素養的新聞工作者，卻不需要有耳聰目明的閱聽大眾，因此，媒體教育只會是高等教育的新聞傳播教育。

在經濟多元、政治民主、經濟高度成長、社會多元化發展下，閱聽大眾是會成長的群體。傳播媒體也必然是自由經濟制度下的產物；不再受到過多政治及意識形態的牽絆，國民教育普及並提昇到每一個國民有足夠的學識能力去質疑社會不公不義的現象，不再只是「報紙說」、「電視播的」。這是媒體教育下放至中等教育、基礎國民教育的動力與原因。而此階段媒體教育對象是全體公民，所以是「公民教育」的性質，在大學校園中，也應是一種「通識教育」。

二十一世紀的台灣地區，媒體事業蓬勃發展，報紙、雜誌、廣播、電視、網路充斥我們的社會中，而且經濟成長、教育普及又是歷史上的高峰期，媒體教育乃受到重視，政府及學術界認為，閱聽大眾不但要「知其然」，也要「知其所以然」，媒體教育下放及推廣，成為最新、最重要的一種媒體教育運動。旨在培養耳聰明目的媒體閱聽消費者，使能對媒體產生制衡的作用，讓媒體得以更加健全的發展，而非無人可制衡的「怪獸」。

■各國媒體教育發展狀況

媒體教育在我國之發展方興未艾，但在世界主要先進民主國家，卻已累積了許多的經驗，它山之石可以攻玉，對各國媒體教育的認識，有助於擬定、推動國內媒體教育正確、穩定的發展方向。

英國應是最早發展媒體教育的國家，該國自一九三○年代起便將媒體教育視為正式教育體系的重要課題，由教師將媒體教育與現

有學科加以結合。

　　英國媒體教育以誰生產媒體文本（text）？媒體文本形式爲何？媒體文本如何被產製？閱聽人如何理解文本？目標閱聽人爲何？文本如何再現眞實？六個面向的媒體教育內涵，施行由幼稚園大班到高中的正式學制課程，並有完整的評量系統（文本指一種訊息，是由各種再現的符碼所組成，書籍、錄音帶、信函、相片是文本，電視秀也是文本）。

　　迄一九九一年爲止，英國已有三分之一的學校施行進階的媒體教育課程，超過三分之一的中學畢業生參加媒體研究科的中等教育證書考試，更有八千名大學生參加媒體研究的高階檢定（Kubey, 1998: 58-69）。

　　美國自一九七〇年代起大力推動各級學校媒體教育（吳翠珍、關尚仁，1999：15-16）：

　　兒童階段（幼稚園到小學五年級）的媒體教育教材爲西南教育發展實驗中心研發，使兒童能具有基本媒介素養，瞭解各種媒體的組成與特性，並進而區分眞實與虛構、辨識不同觀點的呈現。

　　國中階段的媒體教育教材，主要是由紐約市公共電視台WENT-13設計提供給國中學生與教師「批判性的電視觀看」的參考教材。其中教導學生認識電視節目的組成要素、製播流程等及瞭解電視與我們的關係、我們該如何具有優良的收視行爲，甚至於該如何成爲一位具有批判能力的電視觀衆等。

　　高中的媒體教育教材則是美國教育部撥出四十一萬美元的經費委託遠西教育研究發展實驗中心進行研發設計，內容包括知曉電視對閱聽人的可能影響，對節目內容能有批判能力，並適度地管理自我電視收看行爲，更善盡家庭電視的優點而與家人有良好的溝通互動模式。

澳洲媒體教育起源於一九七〇年代，係在感受美國好萊塢流行文化的衝擊而發展。加拿大最初由幾個省分個別推展媒體教育，至一九九八年聯邦各省已將媒體教育納入正式教育體制中。亞洲地區較早重視媒體教育的為日本。日本在一九七〇年代即有民間團體進行媒體教育的工作，直到一九九八年才有比較系統性的討論，二〇〇〇年日本東京大學亦積極結合產官學界推動媒體教育。二〇〇一年日本文部科學省開始將媒體教育納入中小學與高中的「綜合教育」科目中。

香港地區的媒體事業一向蓬勃發展，卻也因過度的商業競爭而造成傳媒惡質化，媒體教育觀念自國外引進，也適時推動香港的媒體教育。

自九〇年代以來，短短幾年時間，全香港有七十多個機關團體投入傳媒教育的行列中，在這其中包括四十三所中學、二十個青少年服務機構及社區中心、三個政府部門、三個宗教團體與傳媒機構、傳媒教育協會和議員辦事處，進而形成一個傳媒教育網絡（李月蓮，2001）。

綜觀上述各國媒體教育發展，大抵均由民間團體發動於下，如香港的優質教育基金會、日本的民間非營利組織「FT（市民媒體論壇）」，政府教育當局響應於上。（澳洲例外，其媒體教育全然由政府主導）。至少是產、官、學共同努力的結果。而且是在深沉感受文化衝擊及媒體惡質化下發起的一種公民運動。

■我國媒體教育發展狀況

香港媒體教育之發展，受到傳媒環境惡質化、傳播科技進步及國外媒體識讀教育的引進等三個主要原因影響（李月蓮，2001），

台灣媒體教育的發展亦有相同的原因。

　　台灣媒體環境的惡質化，導致各界撻伐，並視媒體爲「洪水猛獸」。傳播學者、專家在爲國內媒體亂象把脈之餘，也引進國外媒體教育的觀念及作法。

　　對於媒體教育推動最積極的屬媒體識讀教育基金會及富邦文教基金會。兩個單位並分別和學術單位合作，出版刊物、進行學術研討會、培育媒體教育師資，使我國的媒體教育獲得萌芽。

　　我國媒體教育主要在培養國民洞察媒體資訊時，能具備下列五方面基本能力：

‧瞭解媒體訊息內容

　　1.瞭解不同媒體的表徵系統（媒體語言與成規）。
　　2.瞭解媒體類型與敘事如何產製意義。
　　3.瞭解並能應用媒體製作技巧與技術。
　　4.瞭解科技與媒體文本的聯動關係。

‧思辨媒體再現

　　1.辨識媒介內容中的年齡、性別、種族、職業、階級、性傾向
　　　等各種面向的刻板印象和權力階級間的關係。
　　2.比較媒介內涵與實際生活中的情境、人物、事件等媒介與社
　　　會眞實的關係。
　　3.解讀媒介再現所潛藏的價值意涵與意識形態。

‧反思閱聽人的意義

　　1.反思個人的媒體行爲。
　　2.瞭解個人與文本的意義協商本質。

3.瞭解文本的商業意涵中「閱聽人」的概念。

4.認識廣告工業的主要概念：收聽／收視率、廣告的社會與文化意涵。

・分析媒體組織

1.瞭解媒體組織的守門過程如何影響文本產製。

2.檢視媒體組織的所有權如何影響文本選擇與組合。

3.瞭解公共媒體與商業媒體的區別。

4.檢視資訊私有化的影響。

・影響和接近使用媒體

1.瞭解媒體公民權的意義。

2.實踐接近使用媒體。

3.區辨被動媒體消費者與主動媒體閱聽人。

4.主張個人肖像權、隱私權。

5.主張公共資訊開放。

　　媒體教育政策雖然釐定，距離媒體教育的落實與實踐仍有一段長遠的路要走。此其間，需要政府單位提倡於上，非政府組織響應於下，共同創造優質的媒體教育。

理性監督普及媒體教育

　　媒體亂象非一日之寒，學術界、社運界等非政府組織對媒體的

關注亦非一時一日。長時間來，學術界、社運界對於媒體第四權的
尊重，及社會運動對媒體的教育功能有所需求，因此即便媒體有脫
序出軌現象，仍能持理性及純學術的研究態度面對或加以規勸。

　　這種諍友角色的扮演，以消費者文教基金會最爲顯著。因爲，
消基會的學者專家理解，消費者運動在台灣能夠推動及落實，媒體
的傳播教育功能居功厥偉。但對於媒體時而發生的脫序現象，消費
者文教基金會也不能違背保護消費者的宗旨，對媒體「霸權」置若
罔聞，或噤若寒蟬。因此，媒體消費者的被侵權案件，消費者文教
基金會並不排斥受理，只是在處理過程顯得比較低調，原因無它，
相互尊重，容忍爲社會進步而已。

　　消基會之後，國內有關媒體監督、抵制的社會運動風起雲湧，
類似組織相繼成立，但大抵有學術背景的學者、專家參與，也因此
充滿比較濃厚的「學術味道」，但也正因爲「秀才造反三年不成」，
言者諄諄，聽者藐藐，此等監督效果並不彰顯，即便最有規模的
「媒體觀察文教基金會」，擁有穩定的經費來源及正式的組織，對於
媒體亂象之監督不遺餘力，口誅筆伐，活動亦豐，但效果亦屬有
效。

　　直到「閱聽人監督媒體聯盟」出現，監督者與被監督者的互動
才受到激化，甚且也因此引起另一立場閱聽人的批判，媒體監督運
動亦爲此傷痕累累。

　　「閱聽人監督媒體聯盟」爲何招惹非議呢？不外乎下述三種原
因：

● 政治因素

　　「閱聽人監督媒體聯盟」成立於二○○四年大選前夕，雖然是
由各類型社運團體組成，但被視爲政治性格濃厚，有爲某特定政黨

打壓另一政治勢力的聯想。

● 經濟因素

「閱聽人監督媒體聯盟」異於其它媒體監督組織之處，在於該聯盟以聯合或要脅廣告主一起抵制媒體。該手法在抵制的行動中發揮了一定程度的影響力，使媒體不敢我行我素，置之不理。

但也引來反對的聲音，諸如有識者質疑，使用廣告主的力量制衡商業媒體，等於默許廣告商持續抵制媒體的生態，結果媒體仍然深陷在商業控制的泥淖之中。

商業媒體固然是媒體監督所該重視的主體，與商業廣告主聯合，難道不是與虎謀皮嗎？該些廣告主豈無特定政治、經濟立場，他們能達成公共利益的要求嗎？

● 代表性因素

「閱聽人監督媒體聯盟」成立後，社會上一連串質疑的聲音出現。諸如，如果你們監督媒體，誰來監督你們？我也是閱聽人，你們問過我的意見？「閱盟」一方面打著監督媒體的大旗，一方面還要靠媒體曝光增加影響力，跟某些媒體是共犯結構，聯合打擊異已罷了。

有民眾甚且反彈表示，為什麼他們收視媒體傳播的權力，要由高知識、高社經地位的人來指定。該看什麼？不看什麼？這種權力竟由一小撮人持有，而且係以社會壓力迫使廣告主抽廣告來制約電視節目。

更嚴厲的指控則認為，媒體監督聯盟的運作，靠的是政府下放權力予非政府組織，「勾結」民粹所進行的一種「集體監視」，某人只要看到令自己不悅的節目就可以一種「匿謀通報」的方式進行

通報，但這種通報的結果造成另一群品味不同的收視大眾權利傷害。

　　支持「閱聽人監督媒體聯盟」的一方則認為，媒體利用其作為與不作為，介入政爭，影響市場機能，侵害民眾權益，本即有必要對於其擴張的權力加以限制。而做為非營利事業組織的民間團體，尋求政府部門與商業部門的合作，並促使其共同參與對於媒體的監督制衡，原即是民主社會中監督制衡的機制。

　　話雖如此，但在二○○四年選舉過後，「閱聽人監督媒體聯盟」的運作則趨於低調，並有內部的聲音，認為媒體的監督仍應回歸純正的社會運動，不與政治及商業掛鉤，媒體監督運動何去何從，仍待後續觀察。

　　良善的社會機制，依恃的是制衡與監督的力量。諸如國家機器中行政、立法、司法是相互制衡的設計，並有第四權的媒體在外充當國家與社會的「諍友」進行監督。唯媒體同樣需要制衡與監督？媒體的經營者絕無反對監督的理由，任何反對媒體監督的辯解或理論設計都是不通的。只是任何的監督運動應具有某種程度的代表性，而且不能假借全民的力量，因為任何時候的制衡與監督都只是社會部分力量的呈現，不必以虛假的全民意識行之，失去原本光明正大的監督正當性。

　　媒體的監督只可視為社會多元化中反對勢力聲音的一種，至於是否引起共鳴，端視監督聲音說理是否明確、中立、客觀，站在全民利益、社會利益出發。端視社會是否醞釀足夠的公民意識，知道何者正確，何者是侵權傷害。只有當媒體教育普及時，對媒體監督與抵制才能成為共識，而無另外一種「監督霸權」或「共犯結構」之譏。

　　易言之，挽救媒體亂象之危機，需要社會運動與媒體教育雙管

齊下，單純從真、善、美的教育立場出發，夾帶任何政治、經濟色彩的媒體監督運動註定是要失敗的。

MEDIA LITERACY

第十六章

如何接近使用媒體

在蘇維埃社會主義國家，媒體是黨及國家的喉舌，是一種宣傳工具，只有黨及國家的宣傳機器可以啟動這個工具；在資本主義社會，傳播媒體的新聞、傳播自由雖受憲法保障，使民眾具有基本的新聞、傳播自由及人權，實際上，因為經濟及政治權力上的不平等，新聞傳播自由及人權同樣受到種種控制，或只能說在資本主義社會上只有不受傳播的自由，接近使用媒體仍是一個有待共同努力的目標及理想。

無可諱言的，人類社會基本上是往前走的，是在嘗試錯誤後，經過修正走一條比較正確的路，新聞傳播制度亦然。

中古世紀的社會是沒有言論自由可言，經過先哲先賢及人權鬥士的抗爭，言論自由大抵納入各國憲法保障的範圍，使得出版、新聞、傳播自由亦獲得保障。不過，什麼情況才稱得上是有出版、新聞、傳播自由呢？能夠自由出版、傳播是否即稱得上新聞自由。

傳統的言論自由理論著重避免政府對於言論、出版、新聞、傳播自由的箝制。但並非政府不加以箝制，即表示言論自由市場存在。

提倡人民接近使用媒體權利的美國學者Terome A. Barron認為言論自由理論中影響最深遠及廣為大眾所接受的乃是「言論思想之自由出場」理論，該說主張憲法保障言論自由之目的，乃在幫助個人追求真理，或幫助個人做出正確之政治決定，為了要達到這些目的，政府應允許及鼓勵各種言論存在，以提供個人豐富的資訊，而利於正確之選擇，尤其在民主社會中，有關公共問題之討論，更應該允許人們不受限制，強而有力及完全開放的討論（林子儀，1993：193-209）。

媒體近用權的理論基礎

　　上述Barron的論調，其實並無新意。在一九四〇年美國的「新聞自由委員會」（The Commission of Freedom on the Press）即指出，自由民主社會的大眾傳播媒體應提供下列資訊：（一）依事情的原本情境，給予忠實、完整、理智的報導；（二）成爲議論時政的論壇；（三）成爲各種團體瞭解其它團體意見和態度的管道；（四）呈現和釐清社會的目標和價值；（五）時事、觀念、思想透過報紙刊載而傳達社會的每一成員。

　　新聞自由委員會有關自由民主社會媒體的論調，基本上是「社會責任論」的觀點。該委員會要媒體能成爲「公共論壇」，其基礎爲媒體是社會公器，應扮演公共論壇角色，這是一種從媒體自覺、自省的努力，而非從閱聽大眾的角度出發，使得媒體接近使用權（right of access to the media）還是處於被動的層面。

　　類似媒體施捨的「社會責任論」，端視媒體專業持有人之善意，否則「公共論壇」不易形成。「傳播就是人權」的媒體雙向參與理論乃逐漸受到重視，而此一權力同時受到聯合國通過的「世界人權宣言」所鼓舞，聯合國世界人權宣言宣示：「每個人都有意見和表達自由的權利；此一權利涵括了擁有意見不受干預的自由，以及透過大眾媒介尋求、接收、傳送資訊和觀念的自由。」

　　聯合國的這項倡導，使傳播成爲一種普遍性的人權，而每個人的意見或表達都可依其需求，自由透過傳播媒體接收和傳送，奠定「媒體接近使用權」的基礎。

　　傳播型態由單向而至雙向溝通，由一言堂至公共論壇、至媒體的近用，傳播思想能夠隨著民主政治演進，是社會的進步。不過在媒體實務的操作上而言，媒體的近用權仍有諸多限制及爭議。

　　諸如，「媒體近用權」雖起源於美國，但在美國卻沒能獲得美國聯邦最高法院的承認。並依報紙與廣播電視兩類媒介不同特質而做出不同判決，對於Miami Herald和Pat Tormilo有關答辯權（right of reply）的爭議，美國聯邦最高法院一九七四年判決時認為強迫編輯或者出版商刊登某特定言論之規定（答辯權），其法律效果等同於告訴他們不可以刊登某種言論，顯然係對於編輯自由的侵犯，違反憲法保障言論自由的規定。而對於廣播電視業者故意或連續拒絕競選聯邦公職之候選人要求合理近用廣播電視之行為，可以撤銷廣播電視業者營運執照之FCC的規定，聯邦最高法院卻不認為違反憲法第一修正案保障言論自由的規定（一九八一年CBS vs. FCC案例）其間的差異，在於美國聯邦最高法院認為，廣電媒體屬於稀有資源，其使用頻道係全體國民所共有，因此，廣播媒體在獲得分配頻率特許營運時，相對也要對全體國民做出符合公共利益的要求，包括「接近使用」的權利；反之，印刷媒體並不像廣電媒體具有「公共財」的性質，而且每人都可以申請開辦，要求「近用權」有違憲法保障言論自由之意。

　　由於美國聯邦最高法院的不同判決，影響到美國及其它國家媒體近用權的發展。諸如，我國對媒體近用權的立法僅限於廣電媒體，尤其是只在「有線廣播電視法」及「公共電視法」中明確規範，至於「廣播電視法」則無此規定。

　　誠如上述，廣電頻率本為公共資源，又具稀少性，為避免混亂失序，由公部門進行規劃，將頻率核准給少數人經營，希望能善盡媒體公共利益之責。基於人民為所有公共資源主人的關係，要求廣

電媒體開放部分時段及頻道做爲人民表達意見之管道，絕對合宜，並不違反憲法保障新聞、傳播之自由。易言之，有線廣播電視、無線廣播電視都應受到相同規範才是，而這也應列爲申請設立廣播、電視能否核准的重要條件之一。

　　至於印刷媒體，雖不是所謂「公共財」的性質，但基於其爲「社會公器」之機制，如能賦予人民合理使用該媒體之權利，則可有效達到促進眞理追求以及監督社會、政府各項機制的運作，達到媒體「第四權」的要求。當然，印刷媒體是否採行近用權，宜交由媒體的自覺、自省及市場機制去形塑。目前主要報紙的輿論版，即被認爲係廣泛的「媒體近用權」的行使。

我國媒體近用權的發展

　　現代社會中，傳播媒介實係大衆取得新聞資訊及娛樂的主要來源，但隨著媒體的資本化、商業化、集中化，傳播自由相對的限縮，在大部分時間裡，傳播媒體係在強而有力的政治力及經濟力控制下，遂行其政治、經濟利益。可貴的雙向流動之傳播自由再度回到古老社會的單向傳播。經濟與政治的弱勢者基本上無法透過傳播媒體表達其意見或欲訴諸公意的議題，非但造成不公平的傳播現象，也失去傳播自由、新聞自由的意義。

　　美國堪稱是世界上媒體產業最發達的國家之一，媒體資本化、商業化、集中化程度最早也最高。對於媒體不公平及傳播自由問題產生的糾紛自然也最多，民衆及學界早有切身之痛。媒體接近使用權益的要求也最早。

■我國媒體近用權的濫觴

觀察國內外傳播媒體實務及理論上的發展，媒體接近使用的概念自九○年代已開始在國內引發討論。

民國八十二年（一九九三年）立法院進行「廣播電視法修正草案」討論時，部分立法委員提出「憲法第十一條所賦予之表現自由是否適合廣電自由，並是否保障人民之平等接近使用廣電媒體之機會，適用時滋生疑義」，乃於立法院第一屆第一會期第三十九次會議以臨時提案提出討論，並決議向司法院大法官會議聲請釋憲。

其聲請解釋有關接近使用廣電媒體之理由為：首先，憲法第十一條明文保障人民之表現自由，使個人得透過言論、講學、著作、出版之方式抒發意見、表現自我；而隨著科技發展，廣播、無線電視、有線電視、直播衛星相繼出現，電子媒體乃繼之成為人民實現表現自由之新興管道與工具。蓋於今日社會中，唯有透過四通八達、深入各階層之媒體，方得滿足人民蒐集多元資訊之需要，亦唯有保障人民熟知狀況之完整，方得使其自由累積自我知識，進而得以實現自我，使人民之表現自由得受完整而充分的保障。

鑑於媒體已成為人民吸收資訊而助於表現自我之主要工具，故為確保個人自主的表現，以發展自我、實現自我，並得追求真理、健全民主程序，進一步完整地實現憲法所保障之表現自由，則具現代意義之表現自由內涵實應包含廣電自由，方足以因應社會之演進而符合民主之潮流。

其次，為確保國家之民主憲政體制，除引申表現自由之外延意義使人民之廣電自由不受干涉外，亦應賦予人民平等接近使用媒體之機會。第一，由健全言論自由市場之角度來看，賦予一般人民平

等接近使用媒體之機會，必能增加言論自由市場中意見之多樣性，而避免電子媒體因本質、結構及經濟因素而爲少數壟斷對民主政治所造成之戕害。

第二，由平等的自由權觀點出發，凡經濟力、政治力或社會力處於劣勢之團體或個人，其意見、觀點可能不會被媒體所重視或顧及，故爲防杜少數人操縱輿論之不公平現象，實應合理地賦予全民平等接近使用媒體之機會。

第三，因廣播、電視乃利用爲全民所有而由政府管理分配之電波頻率，是以，應視爲具有公共論壇之性質而開放與全民公平使用；此方可使每個個人都獲得同等尊重，使其意見表達均得享有同等機會以傳達於大眾，故適度賦予一般人民平等接近使用媒體之機會乃合理且必要。

公正而客觀之大眾媒體乃民主社會實施憲政所不可或缺，且爲尊重每個個人表現意見之自由、健全多元化之言論市場、使公有資源爲全民所共享，同時考量對傳播媒體新聞自由之尊重，則適度而合理地賦予全民平等接近使用媒體之機會方符合憲法之精神。

再者，憲法保障言論自由的方式之一，即是透過維持言論市場的多元性與非限性，以使不同立場之意見得以合理充分的表達，而其具體落實之方法，乃使廣電事業得於市場上自由競爭、健全發展。然而我國目前的廣電事業，在政府的不當管制下，頻道資源爲少數人長期壟斷，電子媒體亦幾無競爭對象，言論市場可謂毫無多元性可言，意見表達自由亦迭遭扼殺。日前國內三家電視台被公平交易委員會宣告爲獨占事業即爲顯例，而此種現象除已違反公平交易法之外，亦有悖憲法保障言論自由之精神。故政府應儘速消除此種媒體壟斷與獨占的現象，使廣播電視事業得以自由競爭及健全發展，以維持言論市場之多元性與非限性，俾達憲法保障廣電自由與

人民之平等接近使用媒體機會之精神。

司法院大法官會議對新立法院所提釋憲案，在民國八十三年（一九九四年）九月二十三日，作成釋字第三六四號解釋，揭示「以廣播及電視方式表達意見，屬於憲法第十一條所保障言論自由之範圍，為保障此項自由，國家應對電波頻率之使用為公平合理之分配，對於人民『平等接近使用傳播媒體』之權利，亦應在兼顧傳播媒體編輯自由原則下，予以尊重，並均應以法律定之。」

短短的三六四號釋憲文書，彰顯三項意義：（一）以廣播及電視方式表達意見，屬於憲法第十一條所保障言論自由之範圍；（二）為保障此項自由，國家應對電波頻率之使用為公平合理之分配，並應以法律定之；（三）對於人民近用傳播媒體之權利，亦應在兼顧傳播媒體編輯自由原則下予以尊重，並應以法律定之。也由此確立我國「媒體接近使用權」的法律地位。

媒體近用權取得法律地位之後，首次落實於法律條文的為民國八十六年（一九九七年）完成立法的「公共電視法」，該法第十一條揭示，公共電視屬於國民全體，其經營應獨立自主，不受干涉，第二款「提供公眾適當使用電台之機會，尤應保障弱勢團體權益。」完全呼應媒體近用權的精神。

民國八十八年（一九九九年）立法院通過的「有線電視法」，甚且明確提出專用頻道的要求，該法案名稱並經變更為「有線廣播電視法」。

「有線廣播電視法」第二十五第二款規定：「免費提供專用頻道供政府機關、學校、團體及當地民眾播送公益性、藝文性、社教性等節目者」，成為申請籌設、營運之許可條件之一。

有線廣播電視法草案中增加「媒體近用權」的規定，並非異軍突起，冒然提出，而係經過一段時間的醞釀，三六四號釋憲文則係

立法的最後推手。

　　從發展背景、經營型態而言，有線電視都是一種地方色彩濃厚的媒體，其如能從社區的角度出發進行社會議題的報導及關懷，確實可以發揮社區公益的角色。也因此，我國有線電視立法之初（一九九三年），基於有線電視的地區性、獨占性、公共性，在行政、立法協商下，即有「必須免費提供十分之一以上頻道作為公益性、藝文性、社教性等節目使用者」（有線電視法第二十三條第二款）的規定。

　　其實，審議有線電視法草案的公聽會上，有更多的傳播學者強調媒體「近用權」的重要性，並主張直接就「近用頻道」進行明確定義。最終，行政部門提出「有線電視法」草案，及立法院完成三讀的「有線電視法」均未對「近用頻道」進行清楚的界定，只做成上述第二十三條第二款提供十分之一以上頻道作為公益性……等節目使用之規定。

　　民國八十八年（一九九九年）有線電視法進行修正時，才有明確的改變。即要求「免費提供專用頻道供政府機關、學校、團體及當地民眾播送公益性、藝文性、社區性等節目者。」是申請籌設、營運之許可使用之一。從此，我國媒體近用權有了更明確的法源依據，使民眾傳播自由獲得更大的保障。

■我國媒體近用權的實踐

‧台北市有線電視公共頻道開播

　　為了確保民眾「媒體近用權」的實踐，在「有線廣播電視法」修正完成，總統公布實施之後，台北市政府即要求市內有線電視系

統業者統一提出固定頻道作非營利公益用途使用。經過多次協商、討論，乃取得共識。自民國九十年（二〇〇一年）四月十五日起，台北市五區九家有線電視系統經營者公共頻道正式開播，使得「媒體近用權」進一步在我國獲得落實。

又為了進一步提升有線電視公共頻道節目品質及申請使用程序，台北市政府據行政院新聞局「有線電視公益性、藝文性、社教性節目使用頻道規劃要點」制定「台北市有線電視公共頻道使用規則」，便利各公益團體、政府機關、學校及民眾申請使用公共頻道；台北市政府同時又與台北市有線電視系統業者邀請學者、專家組成「台北市公共頻道推動委員會」。

根據台北市公共頻道推動委員會二〇〇二年四月十六日所發布的新聞稿顯示，公共頻道開播一週年，計有七十個團體，提出一萬三千一百零七分鐘節目的申請及播放，此外，亦有三千五百七十一秒的公益廣告申請於公共頻道播映，對於初辦的媒體近用頻道，成果令人滿意。

· 近用權在公共電視的實踐

無可諱言，電視媒體的接近使用有其技術障礙，而且民眾對「近用權」的意義及伸張並不熟悉，所以「公共電視法」立法之初，「近用權」規定一直未有落實，沒有任何個人或團體依據公共電視法第十一條第二款的規定提出申請。

為了落實媒體近用權的精神，公共電視台從民國八十八年（一九九九年）起，主動撥出週日時段，開闢三個小時的「公眾近用時段」，真正具體實踐「媒體近用權」的主張。

公共電視台將「公眾近用時段」初步規劃為兩種內容：（一）為公眾使用權。針對公共事務各文化藝術內容，開放民眾製播節目

投件，採先到先使用的平等原則，利用公視頻道免費播送時段播出：（二）為非主流意見發言權。針對弱勢團體製播節目，使弱勢團體或非主流聲音有暢通的發言管道。

　　公共電視媒體近用節目製作人朱慕蓉表示，國人對近用權仍不熟悉，公視規劃的兩種型態近用節目，原各有三十分鐘，在星期日上午十一時播出，但由個人表達意見的節目，因反應不夠熱情，很難維持，團體申請近用節目則獲得一定程度的好評（如圖16-1），所以自二〇〇三年開始，兩個時段合一，規劃為一小時節目，圖16-1為《青春talk show》之節目播放。

圖16-1　公視近用媒體節目劇照

資料來源：公共電視節目部提供。

如何接近使用媒體

　　媒體教育除了培養耳聰目明的現代閱聽人之外，最主要的目的在使閱聽大眾具有接近使用媒體的能力，行使媒體近用權。

　　閱聽大眾行使媒體近用權之前必須先知道，媒體近用權包含哪些媒體？哪些範圍？之後才能就欲行使範圍進行內容製作及學習製作媒體內容所需的學能技巧。

■媒體近用權的應用

　　媒體近用權的概念提出之後，被認定屬於媒體近用權的項目包括答辯權、公職候選人媒體近用權及公共電視公眾使用時段近用權及有線電視專用頻道近用權四種。從廣義而言，上述四種權利皆為人民可主張使用的「媒體近用權」。從狹義而言，後二者才係吾人主張及爭取的「媒體近用權」。

・答辯權

　　美國倡議「媒體近用權」的先驅Terome A. Barran最具代表性的戰役，代表佛羅里達州達德郡（Dade county）教師協會執行長Pat Tornillo要求Miami Herald Publishing在其報紙上提供相同版面以供其闡述教師協會的貢獻，為其競選政策辯護，以彌補Miami Herald對Pat Tornillo的批評。即典型答辯權的行使，可惜Barron教授主張的觀點最後並沒有被美國聯邦最高法院所接受，那是發生在

一九七二年九月間的事。

　　有趣的事，答辯權的主張，在我國的相關法律卻是司空見慣，並早於「媒體近用權」的主張，即有完整的法律規範，諸如我國廣播電視法第二十三條、第二十四條；有線廣播電視法第六十一條、第六十二條；衛星廣播電視法第三十條、第三十一條，均有對傳播媒體涉及第三人權利事項時，賦予第三人答辯機會，及相關行政壓力。

　　最早完成立法的廣播電視法第二十三條規定「對於電台之報導，利害關係人認爲錯誤，於播送之日起，十五日內要求更正時，電台應於接到要求後七日內，在原節目或原節目同時間之節目中，加以更正；或將其認爲報導並無錯誤之理由，以書面答覆請求人。前項錯誤報導致利害關係人之權益受有實際損害時，電台及其負責人與有關人員應依法負有民事或刑事責任。」；第二十四條「廣播、電視評論涉及他人或機關、團體，致損害其權益時，被評論者，如要求給予相等之答辯機會，不得拒絕。」

　　相同精神的答辯權規定，甚至在歷史悠久，並已廢止的「出版法」中，對印刷媒體也有相同規定。

　　如果「答辯權」稱得上「媒體近用權」之一，那麼我國「媒體近用權」的歷史也先於美國數十年之久。

　　筆者認爲，「答辯權」屬於一種司法救濟，係被動的，在權益遭受侵犯時，才被動提出主張，媒體因要求，被迫依法進行回應，不具有主動、積極的精神，並非人民傳播權利中享有的「媒體近用權」，但做爲廣義的「媒體近用權」不亦可乎。

・公職候選人媒體近用權

　　我國「人民團體法」第五十條則有「政黨依法令有平等使用公

共場地及公營大眾傳播媒體之權利」的媒體近用權規定。

有趣的是，美國電視台CBS亦曾爲了公職候選人媒體近用權規定與FCC對簿公堂，結果美國聯邦最高法院認同FCC的規定，認爲公職候選人對廣電媒體要求媒體近用權並不違憲。

不過，筆者認爲，我國人民團體法第五十條的規定，亦難構成嚴謹的「媒體近用權」定義。因爲，法條規定，權利行使主體只爲合法成立的政黨，而權利客體則爲公營大眾傳播媒體，不合乎一般性的原則。易言之，該項權利只有合法成立的政黨可據以要求公營大眾傳播媒體平等對待而已。距離眞正的「媒體近用權」太遙遠了。更何況第五十條的規定過於簡約，又無強制作爲，堪稱聊備一格。目前實務操作的只用在播放選舉期間的政黨廣告而已。

・公共電視公眾使用時段近用權

依「財團法人公共電視文化事業基金會公眾近用節目時段申請使用須知」規定分析，公視對於「媒體近用權」的精神及要求最爲尊重，並加以落實。

該須知主旨爲「公共電視屬於全體國民，爲提供民眾公平適當使用本頻道之機會，本會特開闢『公眾近用』節目，讓一般民眾或團體得於特定時段中，行使表達意見之權利。凡合乎公共利益與公共事務及公共政策有關之意見，均可免費利用本頻道之『公眾近用』節目時段加以表達。」

該須知規定，凡本國國民或依法申請許可之教育、文化、公益、慈善團體均可以書面掛號、電傳其申請使用，而且是採先報名先使用爲原則。

該「公眾近用」節目分爲個人意見表達及團體就意見探討兩種型態，個人意見表達以三分鐘爲限，團體申請系列式議題，每次二

十四分鐘，每系列以二次爲限。而無論個人或團體，每一申請單位，一年內僅得申請一次，以符公平使用原則。公視並將免費提供攝影棚、基本布景、燈光、相關電視攝影錄音器材、錄影帶並支援工作人員協助錄影，且不對使用者表達方式提出建議，尊重使用者表達自主性；申請個人意見表達者亦得以Hi-8等級以上之錄影器材攝製個人發表意見之書面，於規定期限內寄交公視節目部公眾近用節目，依申請時間順序安排播出。

平心而論，公視「公眾近用」節目的作法，堪稱進步，亦有心落實「媒體近用權」的規定，比起有線電視系統業者要更具誠意，值得讚賞及支持。

・有線電視專用頻道近用權

一九九九年「有線廣播電視法」修正案三讀通過之後，近用頻道之提出被當作系統業者申請營運許可之法定要件之一，也明訂供政府機關、學校、團體及當地民眾播送公益性、藝文性、社教性等節目使用，但這些規定形同具文，查遍全省有線電視系統業者，幾乎沒有一家將合乎此項規定，亦即幾乎沒有一家業者提供專用頻道供閱聽大眾、機關申請使用。唯有台北市積極落實「媒體近用權」的規定。

依照「台北市有線電視公共頻道使用規則」，各級政府機關、合法立案之民間團體，以及個人均得申請使用公共頻道；申請播送之節目內容須符合公益性、社教性、藝文性之內涵，並以公共利益及市民服務爲優先，不得涉有商業、政治或圖利私人之內容。（第三條）

申請者（單位）以書面方式申請，申請書應填具「公共頻道使用申請書」，並於上述書面申請之同時附欲播送之節目帶給系統業

者，申請播出者應於指定播出日期二十日前，向系統業者提出申請，系統業者應於接受申請十日內審查，惟同一時段申請者眾，則採先申請、先審核、先播出原則彈性調整。若業者無法依申請者要求時段播出，應向申請者說明理由。（第五條）

申請使用公共頻道者，其錄影帶類型應依各營運地區系統業者所規定規格辦理，內容長度以一至二十分鐘為上限，同一申請者，一週內以七小時為限，同一日內連續申請者，不得超過三小時。（第六條）

申請播出節目內容若違反相關法令，或不符合公益、社教、藝文之宗旨，得拒絕播出，申請使用者對於拒絕播出之節目方式如有疑義，也可送台北市「公共頻道推動委員會」裁決。（第七條）

台北市公共頻道之開辦，在市政府強力輔導及業者配合下，為有線電視「媒體近用權」做了一個很好的示範，雖然仍有不少瑕疵，畢竟已是全台首例，值得大書特書。

■媒體近用權的推廣

「媒體近用權」對於國人而言，是一項新的觀念及新的思維，其中答辯權雖然早有法令規定，但能夠具體操作及要求使用者，僅限於法律專業人士，媒體甚且不願依法令配合提供應有的版面、時段，主要是擔心媒體信譽受損。因此通常推三阻四，或以新聞報導方式替代，或置之不理，也鮮有人為此對簿公堂，兩造大抵都採鄉愿心態，閱聽大眾不能爭取應取權益，平白讓權利睡著了，殊為可惜。與答辯權相較，人民團體法中有關媒體近用的規定，又更狹隘，只限合法政黨公平使用。

因此，對於「媒體近用權」的爭取及應用，閱聽大眾應將重點

放在明文立法的「公共電視法」及「有線廣播電視法」上，充分運用，做為培養媒體識讀能力的一個重要基礎。

「媒體近用權」完成立法，迄今已有一段時日（公共電視法一九九七年完成立法、有線廣播電視法一九九九年修定），但觀念仍不普及，諸如公視係因無人提出申請使用，主動從一九九九年起撥出時段，鼓勵使用。有線電視系統業者則係有意的忽略，除台北市外，未有其它縣市開闢專用頻道，依法論法，這已違背申請設立、營運的要件，政府有關單位可據以要求業者落實，令人納悶的是，沒有一家有線電視系統業者因此遭到警告。罰則部分，更未對專用頻道設置與否做任何規定，這絕對是立法有意的疏漏。

綜觀上述「媒體近用權」推廣不力因素，經緯萬端，主要有下列數項亟待克服。

・加強媒體近用權的宣導

媒體事業基於本身利益及避免麻煩，仍不願主動推廣「近用權」的廣念。所以「媒體近用權」觀念迄今仍不普及，難怪乎媒體識讀教育要將普及「媒體近用權」做為目標之一。

平心而論，「媒體近用權」的實施，對於媒體而言，並非有害無益。媒體近用權的使用，非但有助民主觀念的落實，真理、公益的追求，從某個角度而言，也是媒體內容多元化的呈現，或有助收視率、閱報率的提升，如果說，報紙的輿論版是廣義的「媒體近用權」，那麼它是成功的例子，因為輿論版已是每位讀者每日必讀的內容之一。

・充實媒體內容製作技能

無可諱言，媒體內容製作涉及專業能力，無論文稿的寫作、錄

影帶的攝製，並非尋常媒體閱聽人所能執行。這也是「媒體近用權」推廣的最大障礙。

媒體教育除了教導閱聽大眾知悉媒體內容製作過程，更教導閱聽大眾如何學會基本媒體技能。這將有助國人「媒體近用權」的分享。

·要求各地有線電視系統業者開闢專用頻道

專用頻道供公眾使用，係「有線廣播電視法」明文規定，業者申請時滿口答應，爭取同意設立。正式營運之後，則將之忘卻九霄雲外，這是不負責任而且違法的行為，閱聽大眾應該提醒業者，或要求地方政府督促履行該項法律責任。

誠然，每一家系統業者提供專用頻道並不切實際，起碼可以台北市為學習對象，由全市系統業者整合成立一公共頻道，不亦可也。

·有線電視系統業者協助節目製作

電視「媒體近用權」的行使，必須要有基本的技術、設備與器材。公共電視台在這方面提供免費協助，使得近用權的推廣更為順利。我們無法要求民營的有線業者也提供相同免費服務，但是業者若能平價提供節目製作服務，亦是一項很好的收入來源，可使電視台的設備、器材充分使用，避免閒置，兩全其美，何樂不為。

MEDIA LITERACY

第十七章

媒體批判

　　簡而言之，媒體批判（Media Criticism），即批判媒體。雖然如此簡單明瞭，我們仍不得不對媒體批判係批判哪些媒體？如何批判？爲何批判？做一簡單介紹。

　　媒體批判這一概念，係由國外引進，其原文爲Media Criticism，如果翻譯成中文，約有媒介批評、媒體批判、媒介批判、媒體批評等幾種用法，會有這麼多用法的原因係Media可以做媒介或媒體解釋；Criticism可以做批評或批判翻譯。不過，個人認爲媒介與媒體；批評與批判之間仍有區別。媒介較傾向一種工具作用，如介質。以媒介來區隔電視、廣播、報紙係表示他們做爲傳播工具之不同，而媒體指的是一種實體，是一個事業體。媒介的運行係在媒體的組織中進行，其涵蓋面較廣。批評與批判基本上是屬於同義複詞，都具否定的性質，唯批判有加重語氣的用法，具有批評判準的意義。美國傳播學者史蒂文‧小約翰（S.T. Littlejohn）認爲，批判即是運用價值進行判斷。所以本文採用「媒體批判」的解釋，國內學者張錦華也採用媒體批判的譯法，國內另一學者黃新生及中國大陸學者王君超則採用媒介批評，其所指皆爲Media Criticism。

爲何要批判媒體

　　水有源頭，事出有因。爲何要對媒體進行批判呢？不會是只要我喜歡有什麼不可以，也不應是基於不同意識形態間的一種鬥爭、挑剔的對立狀態。應是一種對社會制度求善、求全的表現。美國文學批判家韋勃克表示，在中世紀，批判有兩種意義，一爲鑑定，一

爲校勘。王君超認爲這兩種意義可以統一爲「判斷價值」和「糾正偏差」（王君超，2001：16）。

易言之，媒體批判的作用在於以價值對媒體進行判斷，並糾正媒體的偏差。

傳播學者黃新生表示，在本質上，資本主義的媒體機構是工業與產業的組織，以工廠裝配線的方式生產文化商品，以擴大利潤爲主要目標。這種集體製造的方式，可以迎合或操縱大眾媒體的閱聽人，不但抹殺了個性，而且強化了物性。從這個基本點出發，批判家應具批判的精神，這種批判，就是西蒙（Simon）所謂好的批判。促使讀者思考、感受、回應，並拓展個人的心智（黃新生，1987：5）。

黃新生認爲在資本主義市場下的媒體機構、生產方式、利潤導向都是值得批判求善的。事實上，也是在一種自由、市場的機制下，才能對媒體進行批判。而這種批判仍然是一種自發性的，重要的是要具有科學精神，目的在促進媒體傳播事業正常有序的發展，避免媒體界因掌握了權力而沉淪。

媒體批判從批判主體可分爲專家的批判及媒體管理者的批判、受眾的批判、媒體從業者的批判，無論從何種角度及方向的批判，可稱得上是媒體「自清自救」的一種批判。也因此，媒體一開始發生脫序、腐敗現象時，媒體批判就出現。

電視尚未普及的時代，報紙是主要傳播媒體，在一九三○年代的報業王國──美國報業即是被批判最力的媒體，諸如一九二三年至一九三九年發表的「某些報紙和報人」、「變化中的美國報紙」、「報閥」以及「帝王一般的赫斯特」等批判作品，異常活躍。

一九六○年代，電視成爲美國主要的傳播工具，而電視的暴力、情色畫面氾濫充斥，並伴隨著晚間新聞及節目時間出現，使得

電視成爲眾矢之的，媒體批判的焦點轉移到電視媒體身上。

迄今，網路媒體顯然是最熱門的批判焦點，但對電視媒體的批判仍然沒有褪色。倒是報紙媒體在自我要求上比較嚴格，較能達到自律的要求，社會責任感也重。因此，除了少數報紙媒體受到攻擊，一般而言批判比較少。而這些少數的批判，又大多屬於政治性言論的批判，如指責某些媒體爲統派媒體，某些媒體爲獨派媒體。

一般而言，媒體批判行爲與媒體自律及媒體教育有相當的關聯性。亦即媒體自律性高、自律組織功能強，媒體批判的聲浪小、功能低；媒體教育發達，媒體批判較具科學及理性。而媒體自律組織失靈時，媒體教育普及，閱聽大眾或媒體批判運動反撲必然猛烈，相關的媒體批判組織、媒體監督團體如雨後春筍般的發聲。

此刻的台灣媒體市場，想必是處於自律低、反撲強的時刻。當媒體自律組織失靈時，媒體監督團體群雄並起的時候，而這時候媒體教育又最爲重要。

媒體批判的分類及方法

媒體批判，批判媒體。旨在對所有媒體進行一種價值性的判斷。迄今，對於媒體批判尚無一完整明確定義，使得對媒體批判的分類更爲重要。其實，批判的分類同樣莫衷一是，中國大陸學者王君超對媒體批判的分類完整而具體，是值得參考的一種分類法，與筆者的分類理念有許多相同之處，值得介紹。

■媒體批判的分類

王君超將媒體批判分爲層次、對象、內容、主體四方面（王君超，2001：27-51）。

1. 從層次分類：宏觀的媒體批判係針對傳播思想、效果、傳媒機構、傳媒管理以及傳媒與社會的關係進行批判；中觀的媒體批判包括對媒體個性、風格、媒體現象、報導策劃等批評；微觀的媒體批判則指對單項媒體產品（如某則新聞、某個版面）及個別傳播工作者或個別媒體現象進行批評。

2. 從對象分類：媒體批判的對象自然包括所有媒體，因此可分爲報紙媒體批判、電視媒體批判、廣播媒體批判、網路媒體批判等。

3. 從內容分類：則有社會責任批判、媒體道德規範批判、媒體權力批判、媒體法制批判、傳播科技批判、媒體傳播人批判。

4. 從主體分類：則有專家的批判、媒體管理者的自我批判、受眾的批判。

王君超的四種分類，把媒體批判的範圍（層次）、對象、批判內容及批判者都做了清楚的界定，依此分類對媒體批判或批判媒體可以一目瞭然，諸如，我們可以從批判者的身分，知道這是學者、專家的批判或是閱聽大眾不滿的聲音，或是媒體人的自我檢討。

比較難以辨識的是批判內容的分類，諸如媒體權力的批判指的是什麼呢？依照王君超的定義，媒體權力指的是傳播媒體在職能範圍內足以操縱、干預個人或社會生活的力量。其支配社會的權力表

現在：（一）選擇、編輯、解釋和傳播新聞信息的權力：（二）是評價事實、表達輿論和監督社會的權力。

王君超所指的媒體權力，即是西方新聞傳播學所談的媒體具有議題設定（agenda setting）及建構事實的能力。無可諱言，這兩種功能，足以左右和支配社會輿論，把它形容為媒體權力，並據以批判，是一個不錯的方向。議題設定、建構事實或許是媒體的天職，但媒體工作者必須受到一定專業倫理的規範，否則即有侵犯閱聽大眾權力之虞，閱聽大眾不禁會問，是誰給媒體這麼大的權力呢？

事實上，媒體權力批判與社會責任批判、媒體道德規範批判有某種關聯性。以美國新聞自由委員會委員霍克（W. E. Hocking）一九四七年提出的社會責任原則做為判準的標準，諸如報業的社會責任有賴教育性、告知性、真實性、正確性、客觀性與平衡性的事實標準來達成；報導內容應避免導致犯罪、暴力、破壞社會，更不可侮辱少數種族或宗教信仰。這自然是非常明確的批判標準。

■媒體批判的方法

媒體可以批判，也需要批判。唯有不斷的攻錯，這個寶貴的社會機制，媒體組織，才能求得真與善的境界。唯媒體批判也不能沒有方法，信口開河，亂罵一通，甚至是為了批判而批判。應該以科學、客觀的方法從事批判工作，才能使受批判者心服口服，並據以為所有媒體改善求全的標準。

媒體批判的研究者、理論家對於媒體批判提出各種不同的方法，筆者認為內容分析法（Content Analysis）、參與觀察法（Participant Observation）、比較分析法等三種科學研究方法最值得參考，其中學者專家的批判大抵以內容分析法及參與觀察法為主，

閱聽大衆的批判限於專業、經費則以參與觀察法及比較分析法爲多。

　　以下對三種研究方法進行簡單介紹：

・內容分析法

　　內容分析是指具體的大衆傳播媒介的訊息，尤其是針對文字形式的報紙或雜誌內容所作的分析。現在的內容分析已廣泛地應用在其他社會科學中，成爲行爲科學資料分析方法中一個主要的資料分析方法（楊孝濚，1991：197）。

　　內容分析係針對媒體內容以客觀、系統的方法進行量化，並依據這些量化的資料做描述性的分析。進行媒體批判時，所依據的即是內容分析之後量化的資料。經過量化，媒體內容優劣、偏差可以一目瞭然，而且是科學的，不會有無的放矢之譏。

・參與觀察法

　　對於社會科學的研究者而言，參與觀察是非常重要的，因爲參與觀察不但是一種生活，而且是我們生活的過程。也因爲參與觀察研究者自處其中，難以保持絕對的客觀，所以此種研究方法遭到很多的批評。

　　事實上，經過專業嚴格訓練和準備程序的參與觀察者，是可以打破參與觀察是主觀和選擇性觀察的迷思。

　　在進行科學研究之際，有許多主題係無法進行實驗或以量化處理，這時參與觀察就顯得非常重要，置身研究主題及環境中，外界才能明確得知因果的關係。

　　媒體批判的研究中，對媒體組織及其運作進行近身參與觀察，研究者可以迅速發現，媒體偏差行爲的原因何在。

參與觀察法在傳播領域的研究，也被稱為「媒體機構研究」（media institution studies）（黃新生，1987：145）。

．比較分析法

比較分析法是社會科學中最基本的研究方法之一，針對研究對象進行歸納、比較及分析，用以發現異同。諸如，以比較分析法分析四種報業制度，我們將可輕易發現異同。

以微觀的批判方法進行報紙版面的比較分析，我們也可以輕易的發現報紙媒體的不同政治、經濟屬性或傾向。而這種方法可因簡易的設計成為一般閱聽大眾批判的研究方法之一。

媒體批判的理論基礎

媒體批判的對象及內容是非常廣泛的，包括傳播媒體的組織、媒體的現象、媒體的傳播行為、媒體商品、媒體經營者，但批判並非無的放矢或信口開河，而應採科學的方法進行探討，如採用社會科學常用的內容分析法、參與觀察法等，用以蒐集、整理、統計研究對象，這是一般學術研究所說的研究方法（research method），但只有方法不足以自行，需有上層的架構指導，那即是方法論。

真正的媒體批判被認為興起於一九七○年代，其特色是基於學術的理論基礎和核心內容，是以法蘭克福學派為代表的傳播批判理論。西方媒體批判學者多運用此觀點從事宏觀的媒體批判（王君超，2001：93；黃新生，1987：18）。

王君超將傳播批判理論做廣義、狹義之分。狹義的傳播批判理

論一般指法蘭克福學派的批判理論；廣義的傳播批判理論則是指在批判取向的基礎上，各種傳播學研究流派與主張，其共同特徵有二：其一，反對美國傳統學派以量化爲主的微觀傳播研究；其二，援引馬克思主義的一些基本概念；試圖從宏觀的角度解釋社會權力結構的運作以及傳播媒體在其間所扮演的角色（王君超，2001：94）。

　　事實上，傳播批判理論流派繁多而雜，大陸學者姜克安把它分爲六大流派，計是德國法蘭克福學派、英國政治經濟學派、馬克思主義學派、社會文化學派、社會科學派、加拿大多倫多學派。此外，美國的丁・赫伯特・阿特休爾和法國的皮埃爾・布爾迪厄兩位學者的傳播批判理論也被廣泛的運用做爲媒體批判的理論架構及基礎。

　　有別於上述以社會、經濟、政治、文化爲理論基礎的批判理論，另有學者著重在傳播科技的發展研究，並導出傳播科技的批判理論，它係針對傳播活動和傳播媒體的科學技術進行批判，而有科技決定論及傳播科技批判理論之別。一九七〇年代以後，又產生了一種與科技批判理論相聯繫的「媒介帝國主義」理論。

　　以下對各種流派及理論進行介紹：

■德國法蘭克福學派

　　法蘭克福學派是西方馬克思主義中的最主要派別之一，其前身是一九二三年的德國法蘭克福社會研究所，並因此得名。該研究所在一九三〇年代，德國希特勒主政時遷至美國，先後落腳於哥倫比亞大學和加州大學，四〇年代末遷回西德。該研究所主要研究資本主義社會中，大眾傳播媒體對於政治、社會、經濟等方面的作用。

代表人物有霍克海默（Max Horkneimer）、阿多諾（T. W. Adorno）（兩人為五〇年代西德法蘭克福學派的靈魂人物）、馬庫塞（Herbert Marcuse）、哈伯瑪斯（Jurgen Habermas）以及七〇年代的後起之秀韋爾默爾（Albert Wellmer）、歐非（Klaus Offe）。

法蘭克福學派希望以批判理論做為對大眾啟蒙的工具，霍克海默和阿多諾一九四七年在荷蘭出版《啟蒙的辯證法》一書中，首先提出「文化工業」（Culture lndustry）的概念，並成為法蘭克福學派傳播批評理論的基礎。

文化工業的概念，認為文化工業以科學技術的機械化生產為前提，其生產者不再是前資本主義時期的少數菁英，而是受過教育的普通人，因此，文化工業表現出通俗，易於傳播和形式上大量重複、缺乏創意的大眾口味。

該項概念也指出文化工業以消費者的需求為導向，因此它們不會受到人們的抵制，但在滿足消費者需求的背後，卻是商人的利益。文化工業以標準化、假個人化的方式，破壞了藝術與文化的自主性，而且以休閒娛樂麻痺大眾意識，滿足虛假的需要。

而法蘭克福學派的哈伯瑪斯批判理論更是膾炙人口，包含「公共領域的結構轉型」中的公共空白概念，指在法律制度保障下，公民可以自主而理性的進行辯論及「交往行動理論」中的「目的理性」（purposive reason）或「工具理性」（instrumental reason）概念。

■英國政治經濟學派

主要聚焦於媒體經濟結構、媒體產業動力以及媒體意識形態三者之間的關係上。它將研究的注意力導向所有權結構與媒體控制的實際分析及媒體市場力量的運作上。從政治經濟理論的觀點來看，

媒體機構是經濟系統的一部分，並和政治系統密切相關。媒體生產
內容的主要特徵，大部分來自於市場擴充壓力下，不同種類內容的
交換價值，也來自於媒體企業主和決策者的潛在經濟利益。
（Murdock, 1979）

　　該學派以英國萊斯特大學的彼得‧高定（Peter Golding）和格
雷漢姆‧默多克（Graham Murdock）為代表。

　　政治經濟學派的重點，包括經濟的控制與邏輯居於決定性地
位；媒體結構傾向集中化；媒體發展的全球性整合；內容和閱聽人
被商品化；多元性減少；對立和另類的聲音被邊緣化；傳播的公共
利益臣服於私人利益之下（McQuail, 2003: 109）。

■馬克思主義學派

　　以葛蘭西（A. Gramsci）和阿圖塞（L. Althusser）等為代表的
現代地中海馬克思主義學派（亦稱思想統治理論學派），認為大眾
傳播媒體是思想意識形態機構，是控制機構的一部分。

　　權力的問題是馬克思主義者詮釋大眾媒體的核心。大眾媒體終
究是統治階級進行控制的工具。馬克思在《德意志意識形態》
（*German Ideology*）中提到，擁有物質生產工具的階級同時也控制
了心理生產工具，因此普遍來說，那些缺乏精神生產工具的人，在
觀念上就臣服於生產工具的掌握者（McQuail, 2003: 100）。

　　新馬克思主義者葛蘭西的「霸權」概念，就是指涉一種普遍存
在、具有內在連貫性的文化與意識形態，儘管並未經過緊密和有意
識的組織，這種文化與意識形態和公開或者暗地裡倒向統治階級或
菁英。

　　阿圖塞指出傳播媒體這個「意識形態國家機器」（ideological

state apparatuses）比「強制性的國家機器」（repressive state apparatuses）使資本主義國家不必憑藉直接暴力手段就能生存。

■社會文化學派（伯明翰學派）

　　第二次世界大戰後，以美國電影爲模式的流行文化大行其道，藝術、娛樂、商業和現代技術相融合，匯合成一股大眾文化。並挾帶英語的普及優勢及傳播科技的力量、資本主義的包裝席捲全世界。無論是大眾文化的強勢國度或被衝擊的開放中國家都產生了消費主義、社會弱勢族群意識形態衝突（含宗教、種族、女性）等社會、文化問題，這些問題並都成爲文化研究的課題。

　　文化研究（cultural studies）是一種邊緣學門，其研究對象大抵爲社區生活、性別問題、同性戀問題、種族問題等，在媒體批判上，這些問題則成了社會文化學派的焦點。

　　文化研究部分源自法蘭克福學派以及一九五〇年代英國的左派理論家霍加特（R. Hoggart），他在一九六三年創建了伯明翰大學「當代文化研究中心」，所以該學派又稱爲伯明翰學派。斯圖亞特·霍爾（Stuart Hall）是當代伯明翰學派的代表。

　　霍爾堅持經濟基礎決定意識形態的觀點，要求以唯物的、結構的觀點來研究意識形態。他將文化研究推向當代媒體和大眾日常生活領域。他所提出，爲批判界所熟知的概念包括「關聯理論」（articulation theory）及「電視話語中的編碼與解碼」。前者指的是媒體所報導的事件，事實上並非事件本身，而是媒體將一些語言符號連結在一起，以表示某種意義。

■社會科學派

以賴特（C. R. Wright）、墨頓（R. K. Merton）等為代表人物的社會科學學派，因以社會學為理論基礎，對媒體批判持結構機能主義觀點，故又稱為「結構機能主義研究學派」（王君超，2001：95）。

■加拿大多倫多學派

加拿大多倫多學派基本上就是傳播科技決定論者，首位重要代表人物即是成立「多倫多學派」（Toronto School）的加拿大經濟歷史學家殷尼斯（H. M. Innis），他主要觀點認為，傳播就像經濟領域一樣，隨著時間的改變，傾向於受到掌握知識生產與分配工具團體或階級壟斷，而這種情形將導致新的傳播形式出現，使之恢復平衡。這種情況代表新傳播科技削弱了社會的老舊權力基礎。

麥克魯漢（McLuhan）對於傳播科技決定論，提供了新的洞見，一九六四年他發表新書《理解媒介──論人的延伸》時提出「媒介即訊息」的觀點，認為新的傳播媒介一旦出現，無論它將傳遞什麼樣的具體內容，這一媒介本身就會給人類社會帶來某種訊息，引起社會的某種變革。根據這種說法，傳播科技是自發產生的，而且按照本身的邏輯發展，不受周圍環境的影響，傳播學者黃新生稱為「因果模式」（黃新生，1987：37-38）。

在人類的歷史上，技術的發展和對技術的批判始終伴隨在一起，當科技決定論高唱入雲之際，一九七○年代出現反文化及反技術運動；這也是傳播科技批判理論的由來。這一派的說法，認為傳

播科技出現後，是否被採用，有什麼效果和影響，是由社會力量決定的。

在傳播科技理論上，法蘭克福學派仍占有一席之地，該學派認為，在現代社會上，技術與科學已經取代傳統的神話和宗教，從而成為一種全新的意識形態形式。當代工業社會利用技術的進步征服了對立的離心的社會力量。技術成為一種全新的控制形式。霍克海默、馬爾庫塞、哈伯瑪斯對科技決定理論都有精彩的批判。

■媒介帝國主義

媒介帝國主義在批判理論的分配上，常被綁在科技決定理論這一派，事實上，仍有區隔。媒介帝國主義的發展，係因文化帝國主義而來，也有學者直接稱「媒介帝國主義即是文化帝國主義」，理由是對他國輸入的媒介內容，以及對他國的市場滲透，是媒介帝國主義的主要任務及功能，而媒介內容主要是西方的文化、意識形態和價值觀。主要的差別在於媒介帝國主義得藉由經濟和技術上的力量，以遂行其侵略的目的，而這也是媒介帝國主義是科技決定理論學派分支的原因。

該派主要的研究學者有馬丁‧巴克（Martin Barker）、許勒（Herbert Schiller）、湯林森（John Tomlison）、坦士多（Jeremy Tunstall）等人。

第五部分

媒體的問題

MEDIA LITERACY

第十八章

媒體集中化的問題

　　二〇〇〇年一月十日，美國線上（America Online, AOL）及時代華納（Time Warner）共同宣布進行合併。當一家世界最大的網路服務公司與全球最大的媒體集團「聯姻」，自然造就一家全球最大的媒體集團。新公司股票合併市值達三千五百億美元，創下有史以來併購金額最高的紀錄，也才使人警覺，媒體集中化（集團化）程度的嚴重性。

　　這項合併案金額雖大，如果不詳細瞭解這家新集團所涵蓋的子公司，讀者當然不知害怕。當你發覺美國在線（AOL, ICQ, Netscape, Compuserve, WinAmp, FM365）、HBO電影頻道、特納廣播公司（CNN、TBS、TNT、華娛衛視）、時代華納有線網路、華納兄弟電影公司、新線電影公司、華納音樂集團、時代雜誌出版公司（時代、人物、體育畫刊、娛樂周刊、財富、Business2.0、亞洲周刊）及時代華納圖書出版公司，這麼多世界性的傳播媒體都同屬一家集團，都控制在少數幾位資本家手中，他們控制著主要訊息的流通，那麼恐怕會令許多人睡不著覺，全球媒體集中化（集團化）將成為未來重大的傳播課題。

媒體集中化的意涵與方式

　　媒體集中化的意涵與方式簡單敘述如下：

■媒體集中化的意涵

　　媒體集中化與其他事業、行業的集中化原理是相同的。而且是

最簡單的經濟法則。集中化的最主要意義在於贏得競爭（Competition）。

所謂競爭，指的是業者間的彼此競價或競爭市場占有率的敵對行為。在競爭中獲勝者可以得到更高的盈利與報酬。而集中化的目的即在達成競爭的勝利。

一般而言，競爭分為下列四種（張清溪等，1995：187）：

1. 完全競爭（Perfect Competition）：賣方眾多、產品同質性高，無一主導市場的力量，進入市場門檻低，整體經濟力量是自由運作。

2. 壟斷性競爭（Monopolistic Competition）：又稱不完全競爭。市場存在許多賣方，產品在同質中有若干差異性，彼此無法完全取代，進入市場的障礙不高，價格的優惠是競爭的重點。

3. 寡頭壟斷（Oligopoly）：不止一家賣方，產品可能具有同質性，也可能有極大差異，市場受控於少數幾個經營者，經營者之間彼此互相牽制，互相牽制結果使業者任何決策都要考慮其他業者的可能反應，市場的進入門檻高。

4. 完全壟斷（Monopoly）：只有一家經營者，沒有替代品，價格完全決定在供應者手中，進入門檻極高。

為了贏得高的獲利，經營者希望市場的競爭由完全競爭的狀態變成完全壟斷的狀態。但在自由經濟市場上，不可能有完全競爭及完全壟斷的情形出現。而為了達到壟斷性競爭或寡頭壟斷，集中化是最主要的方式之一。

企業集中化何以有利於競爭呢？不外乎集中管理，節省成本；擁有較佳的資本結構，便利市場集資及投資；擁有上、中、下游企

業及周邊企業的原料、管理、行政支援；水平整合使產品更多元、行銷管道更暢通；集中行銷、廣告競爭力強。

諸如，美國線上與時代華納的合併，使美國線上的網路內容產業、電子商務、廣告，得以與時代華納的產品結合使用，增加網路內容產業的多元性、可讀性，同時降低時代華納與美國線上的成本，增加市場競爭力。而這遠非單一的企業體可以突破。

企業或媒體事業的集中化，另一種說法即是「集團化」（conglomerate），這個字的意思是指「多元混合組成之龐大商業公司」，即泛稱的「集團」。

■媒體集中化的方式

一家企業或媒體事業要想贏得市場競爭，基本上有兩個途徑，其一是把自己企業體的業務壯大；另外即是透過收購、兼併、聯合、合資等各種集中化的方式達到資本集中、市場集中、業務集中的目的，並以集團化的面貌出現，形成寡頭市場的競爭。

壯大本身業務固然為競爭的不二法門，但在達到某種經濟規模之後，勢必走向集中化的路線，反之，必須面臨其它集中化集團的挑戰。其間的競爭必然是殘酷而激烈的。

集中化、集團化早已成為自由市場經濟中不可違逆的趨勢及潮流，而且從來都是如此。集中化、集團化雖是企事業的追求，也是盈利的保證，但市場寡斷的結果，消費可能會是受害者，以價格而論，集中化、集團化的企業主將是「定價者」（Price Maker），若從文化商品、傳播商品而言，集中化的傳播集團還可以是信息流通的控制者，而諸如此類的媒體壟斷，恐將危害新聞自由、傳播自由，而有待政府立法管制。

　　市場的垂直整合程度與水平整合程度常被視為市場集中程度的
指標。換言之，垂直整合——水平整合是市場集中化的兩種主要方
式，加上，兩者混合的垂直，水平整合，構成集中化（集團化）的
三種主要方式。

・垂直整合

　　垂直整合（vertical integration）是指企（事）業在不同生產層
次或同一產業中的上、下游市場中增加新的單位。垂直整合又可區
分為向上整合（又可稱之為向後整合）、向下整合（又可稱之為向
前整合）。

　　垂直整合可以降低營運風險，免於動輒受到原、材料價格波動
的影響，也可精確的控制上、中、下游的生產流程，增進競爭力。

　　垂直整合的集中化套用在媒體事業，如出版業除了經營出版
社、書店之外，尚經營製紙業；唱片業除了經營唱片、CD的製作
之外，又經營唱片行、歌唱訓練班、錄音室設備租借營運等。

・水平整合

　　水平整合（horizontal integration）的集中化模式是指企業在同
一生產層次，或同一產品市場中增加新的單位。

　　水平整合使得企業量能夠擴張，並增加市場占用率，擴大經濟
規模。水平整合在媒體事業的運用上，係同時經營多種媒體，例
如，一家印刷媒體除了報紙、雜誌之外，同時經營電視、廣播、網
路事業等。

・混合型整合

　　所謂混合型整合，即包括水平整合、垂直整合兩種模式，甚且

還兼併其它不相干的行業。

上述各種整合之目的別無其它，旨在使得各該產業的資源和利潤得以集中在主控公司──集團，進而迫使其它小型和獨立企業失去競爭力，逐漸退出市場，形成市場寡占或壟斷的現象。

企業集中化的現象，自古有之，是一種簡單、自然的經濟法則。由於集中化程度高低影響市場運作及人民福祉極大，政府基於良善管理的作爲，應制定法令對集中化進行同意、限制或禁止。

第一次世界大戰結束後，美國報業最突出的一個現象，就是報業間的合併，合併的結果，即報業數目減少，所有權集中，是近代報業集團形成的濫觴。（李瞻，1972：690）

分析美國報業集團形成原因，基本上爲經濟因素，包括當時報紙數目超過社會需要；影響力小或銷量小的報紙難以得到廣告收入的挹注，維持報紙正常運作；報紙經營現代化，資本大爲提高，小資本報紙難與大報競爭。進行合併，有利於市場競爭。

美國報人孟西在第一次世界大戰時，即已建立起他的報業哲學，他認爲：「經濟學上的定律，同樣適用於報紙企業，而且對於現代所有企業都相吻合。在工商業、運輸業、銀行業……小型企業無論如何都不能與大企業競爭。」孟西的這個報業哲學，很快的就席捲歐美諸國，報業的集團化很快成爲趨勢（李瞻，1972：693）。

 ## 美國媒體集中化的發展

根據美國參議院「經濟集中與二次大戰」報告書指出，一九三三年，美國有六十三個報團，計有三百六十一家報紙，總銷數占全

國百分之三十七，其中六個最大報團，計有八十一家報紙，經銷數占全國百分之二十一（李瞻，1972：691）。

　　而集中化的情形至一九六四年，又更爲激烈。由當年統計得知，當時美國有五千九百一十一個大小城市，共有一千七百六十三家報紙在約一千四百五十個城市中發行。其中一百八十五個城市的早晚報由一家發行，而僅有五十五個城市有兩家以上報紙，其餘一千三百九十五個城市，都是「一城一報」。而上述五十五個城市中，三分之二爲早報與晚報的競爭，所以美國僅有十幾個城市，實際上有報業競爭（李瞻，1972：731）。

　　目前，美國擁有一千八百家日報，一九六四年情景並未有改變。改變的是其中部分報紙被大的集團報紙收購，經統計前十家報業集團擁有全國五分之一日報，發行量則達全國五分之四（李良榮等著，2003：42）。

　　美國最大的五個報業集團依營業額大小，計是甘乃特公司、赫斯特公司、紐約時報公司、論壇公司、華盛頓郵報公司。

　　其中，甘乃特公司的旗艦報紙係「今日美國報」，旗下另有九十二家報紙、十八個電視台。赫斯特公司主要投資ESPN、生活時代等節目網、十六個電視台及其它雜誌、日報。紐約時報公司有十八家日報、六個電視台、二個廣播電台及高爾夫文摘等雜誌。論壇公司以《洛杉磯時報》、《芝加哥論壇報》最著名，另有十七個電視台、五個電台。華盛頓郵報公司，除母報《華盛頓郵報》之外，尚有六個電視台及《新聞周刊》等多家雜誌及有線系統。

　　美國其它媒體所有權集中，集團化的情況同樣非常嚴重。目前，雜誌市場由二十家集團控制百分之五十的雜誌收入；百分之四十的廣播電台屬於廣電集團；百分之五十以上的電視台被廣電集團控制；所有電影由六家電影公司出口（李良榮等著，2003：42）。

美國最大的五家電視公司如下：福克斯電視公司（FOX）二十三家電視台、國家廣播公司（NBC）十三家電視台、美國廣播公司（ABC）十家電視台、派克森傳播公司（PAXON）六十家電視台、派拉蒙／哥倫比亞廣播公司（Paramount/CBS）三十五家電視台。

美國媒體的集中化（集團化）雖是受到自由市場的經濟制度激盪，但負有社會責任使命的傳播媒體集中化，同樣受到警告，深懼因集中化、集團化使言論自由、新聞自由的流通受到壟斷，因此，美國政府另立機制，節制媒體事業的集中化，如聯邦傳播委員會（Federal Communication Committee）、國會、白宮、聯邦法院等，對於媒體的集中化（集團化）都適時扮演了節制的角色。上述美國政府單位及相關依據的法律規範，對於媒體集中化並非採禁止的政策，而係基於維護新聞自由及反對壟斷的立場，在不同時代中對於媒體集中化有不同的修正。

而「一九九六年電訊法案」的通過，使美國的媒體集中化演變達到顛峰，前述美國線上與時代華納的合併即在電信法的基礎下結合。相類似的超大型媒體合併案，並不在少數，構成美國媒體極大化的現象（如表18-1），合併風也在全世界各地掀起一股風潮。

美國媒體合併案中，另一值得一提的個案是維康（Viacom）集團。維康集團的最後出現，簡直就是活生生的收購、兼併、合併戰的案例。

維康在一九八〇年代，只是一家經營汽車電影院的中、小型公司，整個資產只有四億美元。一九九四年卻得以一百四十億美元收購著名的電影製片公司派拉蒙；一九九九年再度以二百三十一億美元收購美國三大電視網之一的哥倫比亞廣播電視公司（CBS）。成為美國僅次於美國線上——時代華納的新聞集團。

表18-1　美國媒體所有權集中化現況

	美國在線時代華納	維康	新聞集團	華德狄斯尼
營業額	362億美元	200億美元	116億美元	254億美元
電影	華納兄弟、新線電影	派拉蒙電影	福克斯電影	華德狄斯尼、點金石、Dimension、Miramax、Buend Vista、戲劇集團
電視	HBO、TNT、CNC、TBS、華娛衛視	CBS、MTV有線音樂電視、BET有線電視	FOX新聞頻道、英國Baky B、日本NBJ、Star TV、Channel V、印度ZEE、鳳凰衛視、國家地理頻道	ABC、ESPN、E!迪斯反頻道、五家歐洲電視公司（20%-33%）
網路	AOL、時代華納網路	CBS.com、MTV.com、Hollywood.com、Watch.com	Chinabyte.com、Broadsysem.com	Disney.com、Oscar.com、Mr.show-biz、NBA.com、Go.com
雜誌出版	時代雜誌出版、時代華納圖書出版等六十四種雜誌	西蒙舒斯特	Harper、Collins出版二十種雜誌	迪斯尼出版公司、Discover雜誌、Talk雜誌
報紙			英國泰晤時報、英國太陽報、澳洲每日電訊報等一百六十種報紙	
其他	占美國消費類雜誌廣告收入的24%	五家主題樂園	亞特蘭大鷹及勇士隊職棒	迪斯尼主題樂園、五百五十家零售店

資料來源：《經濟觀察報》（2002.1.4）；《當代西方新聞媒體》（李君榮等著）。

事實上，在維康集團收購CBS之前，CBS早已經過一連串的兼併，諸如先是在一九九五年時，美國西屋公司以五十四億美元收購CBS，並成立哥倫比亞廣播集團（CBS corp），隨後，哥倫比亞集團又以三十七億美元收購無線廣播，此外，又收購二十二家向中南美洲播放西班牙語節目的電視台，組成CBS/Tele Noticias，使西屋公司在媒體事業中占有一席之地，而一九九九年維康收購了CBS更具戲劇效果。

目前，維康擁有派拉蒙電影公司、哥倫比亞電視網、MTV有線音樂電視網、BET有線電視網、五家主題樂園、Infinity Outdoor廣告集團，年收入達二百億美元。

我國媒體集中化的發展

若與美國媒體集中化的規模相較，我國媒體集中化的程度只是小巫見大巫。不過，集中化的方向則是一致，而且，發展的很早（如表18-2）。

■報紙集中化

我國媒體集中化開始於中國大陸時期，而且係以國民黨黨報系統為主。國民黨報系統以「中央日報」為主，該報自民國十六年（一九二七年）二月正式創刊，其後，在中國大陸各地分別成立「各地中央日報」，至民國三十八年（一九四九年），大陸淪陷前，全國各地計有十二家中央日報，其餘中央直屬黨報尚有北平華北日

表18-2　台灣媒體所有權集中化現況

	電視	廣播	報紙	雜誌	網路	電影
華夏	中視	中廣	中央日報 中華日報	中央月刊（停刊）、正中書局（轉售）	中視、中廣、中央、中華電子報	中影
東森	東森頻道十一台及十二家系統台	ETFM	民眾日報		Ettoday.com	
中時	中天頻道三台		中國時報、中時晚報、工商時報	時報周刊、時報文化出版	中時電子報	
聯合			聯合報、聯合晚報、經濟日報、民生報、星報、世界日報	聯合月刊、歷史月刊、聯經文化出版	聯合電子報	
自由			自由時報 Taipei Time		自由電子報	
蘋果			蘋果日報	壹週刊	蘋果電子報	
飛碟		飛碟電台、News98（含一中功率電台、八家小功率電台全省聯播）				
和信	緯來頻道六台、十二家系統台					
TVBS	ＴＶＢＳ頻道三台			TVBS週刊		
年代	年代頻道三台					

資料來源：作者自行整理。

報、英文時事日報、天津民國日報、時事日報天津版、漢口武漢日報、梅縣中山日報等。大陸淪陷後，民國三十八年（一九四九年）八月四日，再於香港創辦「香港時報」，設備則多係天津民國日報及上海中央日報之器材。

除了報紙之外，中國國民黨也於民國十三年（一九二四年）四月一日在廣州創設「中央通訊社」、民國十七年（一九二八年）八月一日在南京創辦「中央廣播電台」（中國廣播公司前身）。

一般而言，中國國民黨雖然開辦許多媒體，並不用以盈利，而係一種宣傳、教育工具，所以並沒有所有權集中化或集團化的概念。國民黨營系統的媒體在抗戰時期發揮了很重要的輿論報國功能。

黨報系統的建立，可說是我國最早的報團，抗戰勝利之後，民營報團亦隨之出現，民營報團有「大公」、「益世」、「世界」、「新民」等。

大公報團分別在上海、天津、重慶、香港發行；益世報團則於天津、北京、南京發行《益世報》；著名報人，世新大學創辦人成舍我成立的世界報團，則分別在北京出版《世界日報》、《世界晚報》、《重慶世界日報》及《上海立報》；新民報團則分別於南京、上海、北京、重慶、成都發行。

由上述報業出版情形可知，我國報業的集團化早自一九四一年左右即已出現，其原因不外經濟及規模等因素，亦即在各地創辦報刊，有助企業化經營管理，達到一定程度的經濟規模。

對於這段期間報業集團化的發展，曾虛白曾表示他的看法。他說，抗戰以前，僅中國國民黨中央宣傳委員會對若干大都市之黨營報紙在行政上有監督指揮之權，勉強可稱為象徵性的報系，但並無嚴密之組織，各報之間亦未必密切聯繫，更談不上企業化經營（曾

虛白，1973：458）。

中國大陸淪陷，中央政府遷台後，國民黨經營的媒體亦陸續在台灣恢復，如《中央日報》、中國廣播公司、中央電影公司、新辦的媒體則有中華日報、中國電視公司。雖然，這些公司各有不同的董事會及投資結構，媒體間也未達到集團化的管理，大體來說，國民黨仍是國內最大的新聞媒體集團，後期，國民黨營新聞媒體事業皆係在國民黨成立的華夏投資公司控股之下，所以可泛稱華夏新聞集團。

在國民黨新聞事業體系之外，台灣媒體事業的成立是受到限制的，其規模及空間有限，媒體的競爭，也不是那麼激烈，在特殊的時空環境下，媒體經營者也很少有擴充的計畫及企圖心。儘管如此，在報禁、廣播禁的戒嚴時期，仍然出現了兩個特殊的案例，那即是聯合報系及中國時報系。當然，兩個報系比起華夏新聞集團在媒體集中化上要更為典型。

政府遷台後，台灣經濟逐步起飛，工商業發達，報紙市場熱絡，《聯合報》創辦人王惕吾在《聯合報》穩定成長及發展之後，又分別在一九六七年收購《公論報》改組為《經濟日報》；一九七八年再收購《華報》改為《民生報》，一九七六年在美國創辦《世界日報》、一九八二年成立《歐洲日報》，報禁開放之後，又成立《聯合晚報》，若加上聯經出版公司、中國經濟通訊社、中國論壇半月刊、聯合月刊等，十足成為一個報業集團。事實上，聯合報也對外號稱最大的華文媒體集團。

在國內，《中國時報》與《聯合報》一向存有瑜亮情結，角逐第一報業王國不遺餘力，所有競爭行為可說亦步亦趨，《中國時報》原名《徵信新聞報》，一九六八年改稱《中國時報》；一九七八年收購《大眾日報》改為《工商時報》；同年創辦《時報周刊》（國

內版）、（國外版）及《時報雜誌》；一九八二年成立《美洲中國時報》，稍晚又成立《中時晚報》，其格局、規模都有直追《聯合報》的影子。中時報系並得以與聯合報系齊名，成為國內最大的兩個報團。

在國內仍處於動員戡亂時期，報紙的申請設立受到嚴格限制，而聯合、中時卻得於在此政治嚴峻環境，屢有進展，並成為大的報團，迄今屹立不搖，除了歸功於兩個報業鉅子王惕吾與余紀忠獨特的眼光及企業化辦報的精神之外，也與兩人具有深厚的政治背景有關，兩人都曾同為國民黨的中常委，所以在成為報系的過程中沒有太多的阻難。

儘管當時，國內尚未有「公平交易法」或類似反托拉斯法，但形成一個巨大的報業集團，仍然具有危險性，因為有壟斷新聞自由之虞，政府可以行政命令阻難。事實上，政府並未加以干預。

對於這個結果，歸功於兩個因素，其一，報團的經營理念，並非自今開始，在大陸時期，即有數家民營報團存在。其二，報業集團化的發展，在國外甚囂塵上，以美國為學習對象的我國報業制度，有此發展不足為奇。

比較有趣的是，報業集團為何未「染指」廣播或電視這兩個市場，而且廣播電台、電視台也未有集團化的發展，整體而言，仍與政治禁制有關。

■有線電視系統集中化

有線電視開辦之後，集中化的程度更為激烈，並釀成有線電視市場秩序的紊亂及電視收視戶權益受損，節目的多元化及品質都無法有效提昇。

有線電視產業，從上、下游關係界定，通常可分為頻道（節目）系統業、有線電視（播送）系統。前者又可細分為頻道節目供應業者、頻道代理商（經銷商）。若從這兩個主要系統的組成公司探究，將會發現台灣有線電視產業原來是控制在少數幾家媒體公司手中。

● 頻道節目供應者

指從事節目製作、組裝，進而提供頻道內容的相關業者。目前，台灣有線電視市場主要的頻道節目供應者有東森（東森電影台、東森洋片台、東森綜合台、東森新聞台、東森新聞S頻道、東森戲劇台、東森幼幼台、東森購物一、二、三、四台等）、和信集團（緯來體育台、日本台、洋片台、電影台、戲劇台、綜合台）、STAR TV（衛視中文台、電影台、西片台、音樂台、體育台、合家歡台）、TVBS家族頻道（TVBS、TVBS-G、TVBS-N）、年代電視系統（ERA News、ERA Sports、MUCH TV）、三立系統（三立台灣台、三立都會台、三立新聞台）、八大系統（八大綜藝台、綜合台、戲劇台）及非凡系統、HBO系統、中天系統，其中，東森、和信兩大系統所占國內頻道總數幾近四成左右。

此外，東森、和信在頻道代理（經銷商）這一個產業區塊又占有一席之地。

所謂「頻道代理」，指的是介於上游（頻道節目供應者）與下游（系統業者）之間的協調者，主要在促成上、下游間的授權及播送行為。目前，國內有線電視產業市場，主要有五大頻道代理商，計是勝騏行銷公司（東森系統）、和威傳播公司（和信系統）及年代公司（年代系統）、木喬傳播公司、世代傳播公司（太平洋公司）。

　　勝騏公司除了代理東森自營的頻道外，又代理三立系統頻道、國家地理頻道、龍祥電影台、好萊塢電影台、國興衛視、MTV音樂台。

　　和威公司除了代理和信自營的頻道外，又代理Discovery頻道、Z頻道、AXN電影台、CNN、TNT卡通台、佛光衛視等。

　　木喬傳播公司則代理了STAR TV系統的頻道及非凡系統頻道、中天系統頻道、NHK亞洲台、迪士尼頻道、慈濟大愛台等。

　　事實上，有線電視的最大亂源之一，即在代理商的競爭，諸如「斷訊」、「定頻」等無一不是代理商爭奪系統業者惹的禍，犧牲的自然是有線電視的消費者。

● 系統業者

　　系統業者，指的是依法取得營運許可的「節目播送系統」，該系統依法核准設置頭端設備、舖設纜線，直接向公眾提供視聽訊號，並收取費用。即各地區的有線電視台。

　　依「有線廣播電視法」相關規定，行政院新聞局會商地方政府將台灣地區劃分為四十七個經營區，其中三十個經營區屬於一區一家系統業者，其餘經營區為二個系統業者以上，全省合計六十四家系統業者（地方有線電視台），依二○○三年廣電白皮書統計，截至二○○三年一月止，六十四家系統業者的屬性計是，東森集團十二家、中嘉網路公司（和信和香港梅鐸合組的公司）十二家、太平洋集團九家、卡萊爾集團（台灣寬頻公司）五家、台灣基礎網路七家、獨立系統十九家。東森、和信兩集團在系統台的集中化又占了三分之一強。

　　從頻道節目供應系統、頻道代理、系統上、中、下游的整合，東森和和信可謂不遺餘力，其市場占有率伯仲之間，有如報業市場

的中時、聯合之爭。而其集中化、集團化的經營也再度令人側目。

■廣播集中化

在戒嚴時期，我國廣播新聞節目有長時間的聯播作業經驗，至於購併或整合則未見有之。解除戒嚴之後，聯播節目亦告取消。而聯播被視為是戒嚴的象徵之一。不料，節目聯播的風氣在廣播頻道開放的環境又死灰復燃，但並非政治力介入而係市場運作的經濟因素作祟。

經過十波的廣播頻道開放申請，國內電台數量已達一百七十四家，電台經營異常辛苦，因應市場競爭法則，購併、整合、聯播、策略聯盟成為風氣，媒體集中化的情形遂在廣播電台蔓延開來。

基於法令的不規範，廣播界的購併與整合，並不那麼盛行，屬於私底下的行為，案例也不多，約只有飛碟廣播電台併購News98、台中大千廣播電台併購台北寶島新聲電台等，而聯播及策略聯盟因法有明文許可，所以顯得大張旗鼓，目前進行串聯的有飛碟聯播網、大眾聯播網、快樂聯播網、台北之音音樂網等。其中聯播電台以飛碟聯播網規模最大，該網以一家中功率電台、八家小功率電台，發聲範圍涵蓋全台灣，快樂聯播網亦不遑多讓，擁有兩家中功率電台、五家小功率電台、一家調幅電台，涵蓋範圍也達到全省各地。

對於上述電台的串聯行為，部分廣播界質疑有違「廣電法」及「公平交易法」的規定，而且，引進主要都市電台的節目有違社區小功率電台開放設立的精神。

就法論法，廣播電台聯播的行為並不違法，廣電法第五條中規定「必要時各電台得聯合經管」，而行政院新聞局也另有中功率電

台自製率應在百分之五十以上，小功率電台則在百分之三十以上，自製率節目比率之外，被視爲可成爲聯播時段。

　　對於廣播電台的聯播、聯盟作爲，相關法令雖然不禁止，但也沒有規範，爲此，新聞局和公平交易委員會乃於民國八十六年（一九九七年）五月二十一日公布一項「廣播電台聯合經營及聯播等事宜現階段之管理原則」，這也就是我國廣播電台聯盟及聯播得以坐大的主要原因。

　　依照上述管理原則之規定及廣電法第五條規定，聯合經營並無違法之處，但應向公平交易委員會提出申請許可。

　　有關聯播的原則，也依聯播程序、前提、比例、方式做出相應規定。如聯播之進行應由主播電台向新聞局申請核備；聯播之進行不得違背各電台的營運計畫；大、中功率電台聯播比例不得高於百分之五十；小功率不得高於百分之七十；聯播時，仍應維持各自電台之台呼、呼號及頻率等。

如何正確因應媒體集中化問題

　　媒體合併經營，爲了達到所有權集中化的要求，具有節省人力、物力、財力及科技整合的作用，卻也可能因合併造成媒體市場的獨占及意見市場上的壟斷，這當然是一件兩難的抉擇。基於新聞自由競爭及多元發展的理念，對媒體集中化必然戒愼恐懼；若著眼新科技的開展及國際競爭力，集中化卻是不可推遲。因此，如何正確因應媒體集中化的問題，絕對是當代重要的傳播問題。

　　任何企業或事業造成市場上的壟斷行爲，必然要引起政府及民

間的重視，是故美國雖是資本主義國家但在反托拉斯、反壟斷的立法上非常積極，著名的反托拉斯聯邦法規中，有一九八〇年的夏曼法規（Sherman Act）、一九一四年的克來頓法規（Clayton Act）、一九一四年的聯邦貿易委員會法規（Federal Trade Commission Act）、一九三六年的魯賓遜派特曼法規（Robinson Patman Act），不過，美國也常是最大規模企業集團的母國。易言之，美國在企業集團所有權集中及合併經營時，除了重視公平及合理的原則外，更重視企業的成長。

基本上，美國在歷史傳統上是反對媒體壟斷的，但由一九四〇年至一九九五年間，美國對媒體的管制並非一成不變，併購行為有利於媒體成長和經營時，美國政府、國會和聯邦傳播委員會（FCC）也會適應時代與環境變遷，修改相關規定。

諸如，一九五三年FCC允許一家企業公司在全國各地擁有七家AM、七家FM、七家電視台，總數為二十一家，但VHF電視台不可超過五家。

一九八五年，上述七－七－七的規定則放寬為十二－十二－十二，但全國電視人口數不可超過百分之二十五。而這家公司若由少數種族所經營，則可放寬至十四－十四－十四，而電視人口之涵蓋面可達全國百分之三十。

而美國在一九七〇年代的法規仍然禁止無線電視網的經營者經營有線電視，但到了一九八二年，哥倫比亞電視（CBS）即取得在沒有有線電視的地區經營有線電視。

對於廣播、無線電視、有線電視及電話系統間的進一步合併經營，一九九六年通過的「一九九六年電訊法案」（Telecommunion Act of 1996），創造了更寬鬆的環境，諸如廢除禁止電視台不可同時經營有線電視系統的規定，對過去在全國設立的電視公司不得超

過十二家，收視人口涵蓋面不得超過全國電視家庭的百分之二十五規則也告取消，涵蓋面提高為百分之三十五。有關無線電廣播的限制與電視的規定一樣，消除全國性擁有的限制。有線電視業者也得以進入電話業；電話業者在一定條件下可以購入有線電視系統。

　　該項法規之通過，曾被形容為自馬可尼之後，對電訊業界的最大改革。一九九六年二月一日柯林頓總統簽署並發布該法規時表示，這些法案有助刺激投資意願，提昇公司競爭力，提供人民最快、最便捷的傳輸服務，人民也可以用最便宜的價格使用傳播工具和傳播服務。

　　「一九九六年電訊法案」通過後，媒體產業受到很大的鼓舞，造就全世界數一、數二的媒體集團，如美國線上——時代華納及維康兩大集團，卻也養大這些集團的胃口，認為媒體的合併及所有權集中需再放寬規定。結果，在二○○三年再度上演了壟斷與反壟斷的戲碼。

　　先是美國通訊委員會（FCC）在六月間以三比二的票數通過放寬對媒體所有權限制的決議。這包括下述六項規定：

1. 一九七五年廣播／報紙所有權禁令，防止一家媒體公司同時在一個城市中擁有一家電視台和一家報紙。
2. 一九四一年當地廣播電台所有權禁令，規定禁止電台在同一地區大比例經營公司。
3. 一九四一年國家電視台所有權規定，允許美國媒體公司其電視觀眾在全國家庭總數中占有率的上限達到35%。
4. 一九六四年當地電視台多元所有權禁令，禁止電視台在同一地區享有壟斷地位。
5. 一九六四年電台／電視交叉所有權限制規定，禁止一家公司

同時在一個市場既擁有一家廣播台，又擁有一家電視台。

6.一九四六年雙重電視網路規定，禁止電視台和廣播電台合併，ABC、CBS、福克斯和NBC尤其不允許進行合併。

　　FCC的這項決議立即引來排山倒海的質疑，該委員會網路一度還被塞爆，據統計，國會議員、民權、人權團體給FCC總共發了七十五條意見，而且百分之九十九都是反對的。

　　因此，此項有史以來，放寬幅度最大的媒體集中化決議案，先在參議院商務委員會議遭到推翻，繼之眾議院在九月十六日以五十五票對四十票封殺了這項法案。

　　眾議院民主黨議員馬瑞在表決後表示，「我們必須確保市場的觀念不能在犧牲我們的公民權益和我們的民主政治下被少數財團所控制。」

　　有趣的是聯邦通訊委員會要通過「媒體所有權自由化改革法案」，國會卻全力阻擋，令人有角色錯亂的感覺。

　　無論如何，美國一九九六年電訊法規通過後，掀起一連串的併購潮，使得媒體的集中化推向高峰。這股併購的風潮並向世界各地奔流而去。面對大媒體潮的來臨，我國業界在不違背法令規定下，也企圖建立媒體集團。這股整併的動作，以有線電視系統最為具體。有線電視系統，從頻道供應商、系統經營者，實已成寡頭壟斷的局面，其中東森集團同時跨足廣播、報紙、電信產業等，十足成為一媒體集團。

　　預期，類似東森集團的大媒體經營方法，會成為台灣媒體市場的主流。易言之，台灣的媒體產業會出現所有權高度集中的現象，在所謂大編輯平台作業下，媒體多元化的聲音將悄悄的被掩蓋。諸如在東森集團大編輯平台作業下，東森有線電線新聞台、東森廣播

電台、東森電子報、民眾日報其新聞、專欄資源係共用的。雖然是四家不同型態的媒體，但其聲音幾乎是一致的。完全違背了新聞自由、傳播自由的精神，也與美國併購之後依然保存媒體獨立性格不同。

面對未來台灣可能出現的大媒體潮，政府、企業主、閱聽大眾該如何正確因應呢？下列數端都是具體指標，這些指標若能維持，則媒體集中化樂觀其成，反之，政府與閱聽大眾該審慎因應。

• 媒體集中化能否維持新聞自由與平衡

媒體除了是企業、產業之外，更重要的是「社會公器」，是新聞及言論的載具及基石。因此，媒體集中化後，應注意新聞自由的流通是否受到干擾，是否能善盡平衡報導，或以壟斷者自居，在有線電視系統上遂行斷訊，隨意更換頻道或聯賣、聯合訂價等行為。

對於媒體集中化之後的新聞自由流通與平衡報導，應由非政府組織結合國家行政、立法單位進行監督，並在不違背新聞自由前提下，立法規範。

• 閱聽大眾是否真正受益

美國總統柯林頓在簽署「一九九六年電訊法案」時表示，該法案通過，人民可因此以最便宜的價格使用傳播工具和傳播服務。事實是否如此呢？如由少數媒體經由併購達到集中化壟斷的目的，致使其它公司無力競爭，這些少數媒體將成為市場的訂價者，閱聽大眾是否能夠獲益尚難定論。

如果從另一個角度思考，諸如，消除不經濟的惡性競爭，並因合併而提昇節目、技術的水準，這也是集中化的好處。

• **少數族群文化的保護**

　　媒體經營者為求較高的獲利，節目及內容的製作一向以大多數人的需求與滿足為目標，這也是電視節目、報紙內容趨向通俗化的原因。

　　媒體集中化後，媒體集團掌握較多的資源，理當對市場進行區隔，照顧面更大，如若倡行大編輯平台作業，便宜行事，節目、內容趨同化高，非但少數族群文化不能受到有效保護及傳播，多元文化也將無由開展，這自然是媒體集中化之弊。

MEDIA LITERACY

第十九章

廣電媒體公共化的問題

　　二〇〇四年是一個有特殊記憶的年代。這一年，我國進行第十一任總統選舉，亦是第三次的民選總統大選。選舉結果，民進黨的候選人以些微的票數贏得勝利，而選前一天民進黨候選人疑似槍擊事件的疑團久久不能解開。

　　這一年，民進黨新的執政團隊大動作的提出華視、台視兩家無線電視台公共化的主張（這原係民進黨總統候選人二〇〇〇年大選時傳播政策白皮書兩視公共化的承諾），也以「無線廣播頻道重整政策」之便，企圖將使用效率不彰，未能充分運用公共資源的公營電台（警廣、漢聲、教育等）進行重新調整及規劃，成立「公共廣播集團」。

　　一時間，廣播、電視媒體公共化之聲不絕於耳。那麼什麼是廣電媒體公共化？概念由來為何？為何需要公共化？民眾其實是霧煞煞的。

　　我們國家廣電媒體的公共化（尤指無線電視）實肇因於對政府、政黨資金壟斷及商業資本營運造成電視節目品質低下的不滿。而仿造如英國BBC、日本NHK等公共電視制度，形塑我國公共電視的風貌。其所欲解決的無非是讓黨、政、軍等退出三家無線電視台，期盼公有公營的公共電視台能夠提昇節目品質，達到教育、告知、娛樂的公共服務功能，唯廣電媒體公共化也非萬靈丹，如若設計不當，公共化也可以是「國家化」，節目品質及技術，也可能因經費來源之不足，而陷入無法提昇的窘困之境，對這些問題，我們將試著一一解開難題。

廣電媒體公共化探源

　　什麼樣的政治、經濟社會造就什麼樣的政府型態，什麼樣的政治、經濟環境產生什麼樣的社會制度及機制。而什麼樣的政府型態、社會制度又將形塑什麼樣的社會生活及內容。這樣的邏輯關係在媒體制度與媒體社會中最為醒目。希望過什麼樣的媒體生活，欣賞什麼樣的媒體內容，那麼最重要的是該選擇什麼樣的媒體制度。

　　廣電媒體可說是二十世紀初的兩大發明，也是傳播媒體家族中的兩種優質產品。在廣播、電視發明及運轉時，印刷媒體——報紙、雜誌的商業運轉已有幾百年的歷史，基於新聞自由、傳播自由的理念，印刷媒體大體以民有民營為主，政府投資經營的國有國營及政府、宗教、法人組織的公有公營則屬少數，除了社會主義共產國家例外。

　　當廣播發明，電台正式運作之際，有一種聲音卻深遠的影響廣電媒體未來的發展。這種聲音來自一九二二年美國收音機協會（Radio Corporation of America）負責人大衛・沙諾夫（David Sarnoff）。他說，廣播所從事的是一種娛樂、告知、教育全國的工作，因此應該被視為公共服務的一環。

　　一九二三年成立的英國賽克斯委員會（Sykes Committee）做為研究廣播發展的一個組織也認同沙諾夫的觀點。在該委員會報告書中提到「廣播做為一種提供珍貴公共服務的媒體，應該視為全國性的資源，因此准許播放的權力及播放的內容，應該交由權威機構來執行。」賽克斯委員會這樣的理念影響了英國廣播公司（British

Broadcasting Company, BBC）的創辦人約翰・雷斯（John Roth）爵士，並使BBC成為第一個將公共服務概念制度化的廣播機構，更成為廣電媒體公共化的活水源頭。

雷斯爵士認為，廣播應該是服務性的，應該教育並且將國家整合成一個精神上的社區，促進最高的品味標準，並且藉著資訊與論點的提供，來協助創造出一個理性的民主政體。為了要完成這項任務，廣播必須要獨占，以便能夠確保達成標準。（Nicholas Abercrombie, 2000: 84）

雷斯的這段話幾乎成為BBC必須嚴格遵守的四項原則，也唯有確實負起這四項原則，才能達到公共服務的要求。四項原則計是：免於商業壓力以及來自國家機器干擾的威脅；普及性；為了保證技術上與經濟上的有效運作，公共服務廣播應該是一個壟斷性的組織；廣播服務廣播人應該提供高水準的節目。

世界上第一次的電視播送，發生於一九二〇年代晚期和一九三〇年代早期的英國及美國，一九三六年英國的電視台正式開播，電視的經營顯然受到廣播「公共服務」觀念的影響。所以英國的電視制度一開始即循著廣播「公有公營」的路徑前進，並成為「公共電視」的發源地，而與同文同種，同時發展電視的美國大異其趣。

事實上，廣電制度也並非英、美兩國的差異而已。廣播電視事業若以所有權和經營方式分類，大約可分為國有國營、商有商營、公有公營、公商並營等四種類型（吳聲品，2002：209）。

1. 國有國營：即廣電媒體所有權屬於國家或黨有，在前蘇聯或現存的共黨國家及極權國家，廣電媒體屬於國家機器的一部分，是政治統治的宣傳工具，為國家所有，為國家人員所經營。

2. 商有商營制：以商人、私人企業所擁有，以商業營運為目

的，是自由經濟市場的制度之一，政府的責任是在合理的分
配頻道，以美國爲代表。

也因爲商有商營，廣電主負所有成敗責任，爲取得最大的利
潤 及廣告收入，必須配合遷就廣告客戶，而收視率則成爲廣
告客戶選擇電視節目的依據，是大衆指責電視節目品質流於
低俗的主要原因。

3.公有公營制：公有公營不同於國有國營之處，除了所有權屬
於公法人所有而非國家所有之外，該種制度的精神，認同廣
電媒體的電波頻道屬於全體國民所有，廣電事業應由社會公
衆代表組成管理委員會進行營運控管。

該種制度由國會完成立法，社會公衆代表組成管理委員會，
以特許獨占方式實行公營，完全以服務公衆爲目的，不准商
業廣播電視台設立。以法國、德國、義大利等爲代表。

4.公商並營制：主張主要廣播電視網，應以公共服務爲主，不
以營利爲目的，但也同意人民以商業方式經營廣播電視。以
英國、日本、加拿大爲代表。

我國的廣電媒體制度，顯得比較複雜，依資本結構分析，可分
爲國有國營、公商並營、黨有商營、商有商營、公有公營，基本上
來說，屬於公商混合制，而以商營爲主，公營爲輔。

有關廣播電台的部分，大抵爲商有商營；黨有商營只有中國廣播
公司一家；公有公營也只有ICRT社區廣播電台，國有國營則有中央廣
播電台、警察廣播電台、教育廣播電台、漢聲廣播電台、漁業廣播電
台等。其中除國有國營電台不依賴廣告維持營運外，其餘形態電台無
論黨、商、公都爭取廣告播出，並以此爲主要營運命脈。

我國電視部分，大體與廣播制度相彷，計有商有商營的民視、

黨有商營的中視、公商合營的台視、華視及公有公營的公視。其中，除公視依賴政府編列預算維持營運外，其餘無論黨、國、商有都需自負盈虧，標準的商業營運機制。

面對上述國、黨、商、公並存的廣電體制，學術界及政治界人士大都不表滿意，而且，在過去很長的時間裡，我國的電視制度中，並無公有公營的公共電視存在。為此，學術界、社運界、政治界展開一場波瀾壯闊而持續的廣電媒體所有權戰爭，要求黨、政、軍退出三台（台視、中視、華視），要求廣電媒體公共化等，而此番抗爭及努力迄今仍在延續當中。

我國廣電媒體公共化歷程

誠如上節描述，我國廣電媒體長期處於黨、政、軍的資本壟斷（尤指電視），對此，學術界、社運界及反對黨的政治勢力深感不滿。這股不滿情緒，在國家宣布解除戒嚴之後，各種大小不斷抗爭匯聚成洪流。當時「第四台」的猖獗，「地下電台」的氾濫，主要原因在對媒體制度的不滿。

政府為了維持正常的廣電市場秩序也釋出更多的善意，諸如使「第四台」合法化，納入「有線電視系統」管理，也開放無線電視台及廣播電台的申請設立。

但這些廣電媒體的新措施，被認為只在治標而不能治本，不但沒有解決黨、政、軍控制廣電媒體的問題，甚且過度商業化的有線電視台及民視無線台等加入原有商業營運的電視市場競爭，更加深濃濃的商業色彩，使廣電媒體原應有的公共服務，教育功能受損，

甚且蕩然無存。

　　要求黨政軍退出廣電媒體，爭取廣電媒體公共化的聲音遂引起波瀾壯闊的「媒體所有權的改革運動」。

　　民國七十七年（一九八八年）解除報禁開始，代表著國家對媒體鬆綁的開始，也代表國內傳播環境走向自由化及民主化。一連串的媒體改革運動也次第展開。包括：

　　民國八十二年（一九九三年）三月由政大、輔大、淡江與文化大學傳播系所組成的「學生公視立法觀察團」，以關切立法院審議中的「公共電視法草案」為目的，同年六月再由學術界及藝文界等組「公共電視民間籌備會」介入公共電視立法。

　　由於朝野對於「公共電視」精神見解不一，「公共電視法草案」的審議一波三折，長時間被擱置於立法院。也因此，爭取廣電媒體公共化的訴求得以蔓延開來。即使至民國八十五年（一九九六年）公共電視法三讀完成立法，公共電視獨立建台，公共化的議題仍然繼續延燒。

　　也正由於公共電視立法一波三折，媒體的改革運動另外聚焦於「黨、政、軍退出三台」運動。

　　民國八十四年（一九九五年）二月十八日由「澄社」等九個社運團體組成「黨政軍退出三台運動聯盟」，該聯盟並提出「三台股權大眾化」、「全面翻修廣電法」、「成立監督委員會」、「確立編採自主權」等四大訴求，基本上在要求黨政軍退出媒體的經營，並無公共化的思考，也未與立法中的「公共電視法草案」做任何聯結。

　　對於「黨政軍退出三台運動聯盟」的四大訴求，九個社運團體之一的「傳播學生鬥陣」並不完全認同，認為「股權大眾化」容易形成財團化。因此，另外提出四項主張，即「確立頻道公共性

格」、「樹立媒體文化性格」、「保障弱勢媒體公有」、「打破產官學共犯結構」。並從此展開漫長的改革運動。

「傳播學生鬥陣」的主張及堅持，在民國八十八年（一九九九年）間，被民進黨總統候選人吸納為競選政見。民進黨在二○○○年大選政策白皮書中承諾台視、華視將予公共化。二○○○年三月，選舉結果，由民進黨獲得勝選。

二○○○年三月，傳播學生鬥陣及部分傳播學者、新聞工作人員組成「落實及監督新總統傳播政策聯盟」，十一月擴大聯盟組織，正式成立「無線電視民主化聯盟」，並提出「反對徹底私有化、台視華視公共化、中視民視專業化、落實電視民主化」四大主張。

「無線電視民主化聯盟」對「公共化」的主張，即為透過超然獨立的傳播管制與資源分配機構，使無線電視台的方向與內容不受政黨輪替等政治變遷所干擾，也不受惡質收視率競爭的牽制，而能真正及徹底為人民服務，並且提供與民間社會相輔相成的公共論壇寶貴空間。

四年一屆的總統任期忽焉已過，承諾台視、華視公共化的民進黨政府顯然未加以履行，和國民黨主政時相同，指派民進黨關係人士介入台視、華視經營，運作電視媒體痕跡毫無改善。期間，電視媒體主管單位行政院新聞局雖也幾度邀集學者、專家針對無線電視台釋股及擴大公共電視群等問題進行意見的徵詢及評估，也向立法院進行報告，並聽取建議。唯終民進黨陳水扁總統第一個任期，台視、華視到底是「一公一民」、「兩公」、「兩民」都未能確定。

對於民進黨政府遲疑不決，「無線電視民主化聯盟」成員，氣得在陳水扁總統第二個任期就職前夕，民國九十三年（二○○四年）五月十七日前往新聞局抗議，指責新聞局係想將台視、華視賤價售

予財團，指責陳水扁是騙選票的「白賊（台語）扁」。

　　迫使即將卸任的新聞局長黃輝珍發表聲明，表示「目前朝向立法院建議的一公一民規劃，但是如果政府財政能夠承擔，以及社會有所期望，仍不放棄兩公的可能性。而且該局亦正辦理『無線電視事業公股釋出執行條例』草案的立法工作」。

　　為對民進黨政府施加壓力，傳播學生鬥爭等團體再度發起「催生公共廣電集團」的聲明及聯署活動。

　　諷刺的是，「黨政軍退出三台」的訴求，在國民黨、親民黨等泛藍陣營支持下，透過對廣電三法（廣播電視法、有線廣播電視法、衛星廣播電視法）的修正，使學界及社運界長時間追求的目標得以達成。而廣電媒體的公共化似乎仍有努力的空間。

　　在學界及社運界的要求下，行政院新聞局有意建構「公共廣電集團」，把台視、華視和目前政府補助的公共電視台、客家電視台、宏觀電視台、原住民電視台及中央廣播電台結合。

　　此外，新聞局又提出「無線廣播頻譜重整政策」，計畫將國有國營的廣播電台整頓成「公共廣播集團」。

　　「公共廣播集團」與「公共廣電集團」，未來是否完全整併為公有公營的「公共廣電集團」或是國有國營的「公共廣播集團」，仍待觀察，無論如何，公民仍需戒慎恐懼，國有國營自然不能達到黨政軍退出媒體的要求，公共化也要防止任何政治力量的介入。

公共廣電媒體的宿命

　　在長時間國有、黨有商營的電視制度下，無線電視台的節目製

作水準無法提昇，新聞內容同時夾雜政治偏見。面對有線電視低俗、煽情的收視率挑戰，無線電視台節目品質更是每下愈況，相對的僅有的公共電視因先天不良，後天失調，學界及社運界仍認為擴大公共廣電媒體的規模才可以挽救這個危機。

在黨、政、軍退出無線三台之後，與其讓三台變成私有化、集團化，不如讓其公共化；廣電頻道的公共財，與其讓少數私人及財團獲利，寧可交由少數理想性的新聞人、廣電人來操持。基於此消極的態度，大部分的人會支持廣電媒體的公共化，唯廣電媒體的公共化並非萬靈丹，它非但不能解決目前的所有電視問題，還可能製造更大的麻煩，為廣電媒體設計長遠可行制度，不能只見其利，不見其弊。尤其，公共化的媒體更需要全體社會大眾一起來監督。

■它山之石

有鑑於公共廣播服務之重要性，義大利在一九七〇年代期間成立了三家公共電視台，RAI1、RAI2、RAI3，但因定位模糊，完全走樣，成為十足失敗的例子。RAI1整個節目走向與商業電視無異；RAI2原在製播非主流性質節目，卻抄襲了許多現存商業電視網的新聞節目來墊檔，RAI3原是要提供觀眾區域性的新聞和資訊，結果卻變成了地方政客做秀的頻道（蔡明燁，2001：187）。

澳洲廣播協會（ABC）只靠政府撥出的一小筆預算營運，因此，它所製播的節目種類也就十分有限，久而久之，全澳洲只剩下百分之二十的人口願意收聽或收看ABC的節目，惡性循環的結果，形成少的預算，製作不了好的節目，品質不好的節目，難以吸引閱聽大眾，吸引不了閱聽大眾，公共廣播服務的立意受到質疑。

為此，ABC是否廢台的聲音一直不斷。

　　法國的公共電視台「法蘭西第一電視網」（TF1）也因為國家經濟不景氣，預算緊縮，乃在一九八六年走回私營化的路線。另二家公共電視台法國第二網（France2）及法國第三網（France3）因經費問題，也只能游走在徵收執照費及收取廣告費的尷尬環境中。而二家公共電視台仍然無法吸引足夠的觀眾群收視。倒是法蘭西第一電視網走向商業路線後，如魚得水，節目製作改走大眾化路線，收視率自然提高，也得以享受豐厚的利潤。

　　德國的公視ARD與ZDF，同樣因為執照費的收入入不敷出，開始播出商業廣告，增加收入。但仍然顯得步履蹣跚，無法與商業電視、衛星電視、有線電視競爭。

　　公共電視的開山祖師，英國BBC一路走來，也並非一帆風順，一九八〇、九〇年代甚且同時遭致兩個主要政黨（工黨及保守黨）疑懼，保守黨首相鐵娘子柴契爾認為BBC左傾，工黨則以為BBC右傾，節目走向朝「精緻化」路線，與工黨宗旨不符。一時之間，BBC私有化、廣告化的論調一路攀高。

■公共廣電媒體的宿命

　　公共廣播服務的精神原在於逃避「錢」與「權」的控制，使公共廣電媒體能夠毫無後顧之憂的製播高品質的教育、娛樂節目，達到告知、教育、文化的功能。異於商業機制的表現。

　　自第一家公共廣電媒體成立以後，各國雖然心嚮往之，學習公共廣電媒體制度，但無一例外的也均遭遇「錢」與「權」的問題。甚且被迫走回商業電視的老路線。前述義大利、法國、德國、澳洲公共電視無不是同樣的情形。

·有關錢的問題

公共廣電媒體營運經費不外有四，收音機、電視機執照費的收入；政府編列預算；政府編列部分預算，其餘自籌；播放廣告，爭取廣告收入。

英國及不少的歐洲國家均以電視機執照費收入做為主要經費來源，用意在於截斷政府編列預算（權）及爭取廣告收入（錢）的壓力，確保公共廣播服務，不必向權、錢低頭。唯這條路愈來愈艱辛，因為執照費的收入有時而窮。也因此，迫使此型的公共廣電媒體轉向，諸如爭取廣告收入或要求政府編列預算。

爭取廣告收入，勢必走向商業私利，節目品質難以確保，要求政府編列預算，無形中成為政府禁臠，而公共電視則成為納稅人的錢坑。

無論如何，創建公共廣電媒體之前，對於「錢」的問題，不能不多加琢磨，否則聊備一格，製播不了好的電視節目，徒然占用頻道，也非全民之福。

·有關權的問題

電視之影響力無遠弗屆，其對收視大眾態度的改變，意念的塑造，有著難以想像的影響力，誰掌握媒體，誰就掌握權力。凡政府人物幾乎無一例外的希望掌握這項利器。而這正是公共電視最應抗拒的問題。

從英國到義大利的公共電視系統，無不浮現政治力介入的影子，BBC同時不見容於工黨及保守黨；一九七〇年代義大利著眼於控制大眾的企圖成立三家公共電視台，自始即未能擺脫錢與權的壓力。

執政者尤其要瞭解,廣電媒體的公共化,並非政府化。不要想將那隻自以為無形的政治魔手伸到公共廣電媒體集團,企圖透過人事的安排,達到掌控輿論與宣傳的目的。公共廣電媒體的設立原在逃避「錢」與「權」的糾葛,但冥冥之中,錢與權又似乎是公共廣電媒體的宿命,難以擺脫。

重要的是,如果無法解決「錢」與「權」的問題,公共廣電媒體的公共服務品質勢必無法提昇,甚且可能再度淪入商業電視的機制,而不如商業電視。

■對我國公共廣電集團的期望

在社運界及學術界的推動及壓力下,政府計畫設置「公共廣電媒體集團」,在此集團中,將可能包括現有公視及華視、客家電視台、宏觀衛視、原住民電視台等,這等改變不可謂不大,經費支出更不在小數,成立公共廣電集團之前,有些問題需要經過深思熟慮,否則必然徒勞無功。

・經費問題

一般估計,華視公共化後,依目前公視預算規模,政府每年將多付出近十億元。易言之,我國的公視經費來源,是取自政府編列預算。未來,公共廣電集團勢必處境艱難,為預算必須至立法院打躬作揖,向特定政治勢力妥協。為未來公共廣電集團種下惡因。

・政治干預問題

二○○○年總統大選結果,出現政黨輪替現象,民進黨取代在台灣執政五十餘年的國民黨。理論上,這是民主政治上的進步。但新執政者仍有舊思維,黨政軍經營媒體仍然存在。新的執政者任命

他的支持者出任媒體負責人情形並未改變。這種心態如未改變，那麼未來公共廣電媒體不啻是政府化而已，淪為執政者的傳聲筒，甚且成為黨派化。

·公共化的弱化問題

一般而言，廣電媒體公共化之後，節目走的是精緻或菁英路線，無法為一般普羅大眾接受，收視率情況必然降低，其公共服務之目標又將如何達成呢？

·誰決定何者為高水準節目

英國BBC的創辦人雷斯曾說過一句名言：「我們有時接到一些反應，認為BBC自以為提供大家所需要的節目，事實並非如此；但是大家又不知道自己要什麼，更少人知道自己真正需要什麼」。

這句話的意思是說，公共廣電媒體的經營者、工作者常會想當然耳的認為，觀眾想看什麼？不看什麼？從自身的角度認為什麼樣的節目具高水準？什麼節目是低俗的。但這一切都是從自身經驗出發。當然，這是危險的家父長思維，欠缺民主思想。自以為是的公共化將徹底變成個人化。平心而論，我國首家公共電視的經營並不令人滿意。諸如，錢與權的介入無法徹底擺脫，收視率不能有效突破等都無法控制並加以解決，如今冒然擴大公共廣電媒體集團的基礎，有如在危如累卵的基礎上再建高樓，情勢岌岌可危。因此，公共化比私有化、財團化要好；但假如公共化是政府化或黨派化，那也是一種倒退。固然，節目的精緻化比低俗化、大眾化要好；但假如精緻化成為孤芳自賞，為精緻而精緻，也徒然浪費公共資源。開關更多的公共頻道，即是浪費更多的資源。

廣電媒體制度在商業化與公共化之間，是否可能走出第三條路呢？那條路應能兼具理想與現實。

MEDIA LITERACY

第二十章

傳播的倫理問題

家有家訓，行有行規。爲了便利各種社會組織行事遵循，提昇各該社會組織道德形象，促進社會和諧進步，各行各業都有其倫理規範及行爲準則。

媒體事業身繫社會正義、安全、繁榮之發展，被譽爲行政、立法、司法之外的第四權，其所應具有的倫理規範及道德標準更加的被期待。

權力之所在，腐化之所在。無可諱言，媒體事業單位及從業人員若無良善的倫理規範，那麼其腐化的速度也是最爲可怕的。

消逝中的傳播倫理規範

現代報業的發展當爲近百年的事情。事實上，當現代報業開始萌芽時，新聞倫理規範即被報業界的前輩所重視，他們期望制定標準，使新聞從業人員能分辨什麼是公衆利益，什麼是揭人隱私。最早的記者公約是美國密蘇里新聞學院第一任院長瓦特‧威廉斯博士（Walter Williams）在一九〇八年時制定的「報人守則」。這個守則日後被譯成二十多種文字，廣爲流傳，影響性極大。

我國記者信條，則是新聞學者馬星野參照威廉斯的「報人守則」，揉合我國固有道德而成。

民國三十九年（一九五〇年）一月二十五日台北市報業公會成立大會通過的我國第一個記者信條「中國新聞記者信條」於爲產生，並成爲我國新聞倫理規範極爲重要的綱領。具有十二條條文的「中國新聞記者信條」，又分別在一九五五年、一九五七年在中華民國報紙事業協會成立大會、台北市新聞記者公會第八屆會員大會通

過。成為中華民國自由地區新聞事業的道德典範。

中華民國報業道德規範（一九七四年）、中華民國無線電廣播道德規範（一九七四年）、中華民國電視道德規範（一九七四年）均係依據「中國新聞記者信條」精神所制定，可見其為我國新聞傳播事業最高的道德典範應無疑義。

新聞科系學生對於十二個「吾人深信」的信條，大約仍能耳熟能詳，並做為畢業後，從事新聞工作的行事依據。

中國新聞記者信條第四條，吾人深信，新聞記述，正確第一。凡一字不真，一語失實，不問為有意之造謠誇大，或無意之失檢致誤，均無可恕。明晰之觀察，迅速之報導，通俗簡明之敘述，均缺一不可。

第五條，吾人深信，評論時事，公正第一。凡是是非非，善善惡惡，一本於善良純潔之動機、冷靜精密之思考、確鑿充分之證據而判定。忠恕寬厚，以與人為善；勇敢獨立，以堅守立場。

平心而論，記者信條，文字優美典雅，論理說情，擲地有聲，確實是一具有專業的倫理規範。十二條中，前三條強調民族、民權、民生建設，應當與政策及時代背景有關；第四至七條分別為新聞、評論、副刊、廣告之要求；第八至十二條強調新聞事業的特性，諸如第八條強調參加此業者，應有高尚品格。誓不受賄！誓不敲詐！誓不諂媚權勢！誓不落井下石！誓不挾私報仇！誓不揭人隱私！凡良心未安，誓不下筆。多麼崇高的道德情操，難怪學院派出身的新聞學子拳拳服膺，以此為新聞最高標準。第九條要求新聞人將物質享受減至最低限度，要能做到貧賤不移、富貴不淫、威武不屈。

此外，新聞記者信條又要求記者要不斷汲取新知（第十條）；養成吃苦耐勞習慣，樂觀向上態度，強烈勇敢意志（第十一條）及

不見異思遷，不畏難而退，以新聞事業爲終身之職業。

綜觀「中國新聞記者信條」要求，大約可簡化爲四，其一，國家社會責任；其二，專業；其三，品德操守；其四，個人信念培養。

不可否認，這個信條是一個具信、達、雅標準的報業（或記者）倫理規範。也或許這個具有那麼一點時代背景的記者信條，因此逐漸受到淡忘，尤其在一九八八年開放報禁，廣電解禁，新聞傳播事業進入大鳴大放的戰國時代。基於叢林法則的媒體競爭及戰鬥，道德於是成爲塵封忘事。似乎已經很久沒有聽聞「中國新聞記者信條」的消息。

事實上，不只沒有聽聞「中國新聞記者信條」的消息。那些曾經具有重要地位及意義的新聞傳播團體，如台北市記者公會、台北市報業公會、中華民國報紙事業協會等，其影響力也大不如前，或只剩下一些儀式性的活動及意義而已。

這種轉變與政治民主化的氣氛有關。早期大部分新聞團體皆由上而下組成，其政治或宣傳意義大於新聞自由的爭取或新聞從業人員權益的維護。

解嚴之後，各種民間自主性團體蜂擁而出，新聞性團體亦然。民國八十四年（一九九五年），以《自立晚報》員工爲主體成立的「台灣新聞記者協會」宣告成立。頗有與資方爲首的「台北市記者公會」或「中國新聞學會」分庭抗禮的意味。

不能免俗的，「台灣新聞記者協會」亦在隔年通過了「新聞倫理公約」，做爲會員努力的目標。巧合的是，台灣新聞記者協會的「新聞倫理公約」也是十二條條文，其用辭遣句，不講究對仗、典雅，只要求通順而已，涵蓋面小，依筆者之見，其條文約只對新聞工作專業及品格兩方面提出要求，不若「中國新聞記者信條」那

般，還兼論國家社會責任的訴說及個人進德修業的諄諄訓勉。

台灣新聞記者協會執委會版「新聞倫理公約」如下：

1. 新聞工作者應抗拒來自採訪對象和媒體內部扭曲新聞的各種壓力和檢查。
2. 新聞工作者不應在新聞中，傳播對種族、宗教、性別、性取向身心殘障等弱勢者的歧視。
3. 不應利用新聞處理技巧，扭曲或掩蓋新聞事實，也不得以片斷取材，煽情、誇大、討好等失衡手段，呈現新聞資訊或進行評論。
4. 新聞工作者應拒絕採訪對象的收買或威脅。
5. 新聞工作者不得利用職務牟取不當利益或脅迫他人。
6. 新聞工作者不得兼任與本職相衝突的職務或從事此類事業，並應該迴避和本身利益相關的編採任務。
7. 除非涉及公共利益，新聞工作者應尊重新聞當事人的隱私權；即使基於公共利益，仍應避免侵擾遭遇不幸的當事人。
8. 新聞工作者應以正當方式取得新聞資訊，如以秘密方式取得新聞，也應以社會公益為前提。
9. 新聞工作者不得擔任任何政黨黨職或公職，也不得從事助選活動，如參與公職人員選舉，應立即停止新聞工作。
10. 新聞工作者應拒絕接受政府及政黨頒給的新聞獎勵和補助。
11. 新聞工作者應該翔實查證新聞事實。
12. 新聞工作者應保護秘密消息來源。

分析台灣新聞記者協會「新聞倫理公約」內容可以清楚發現，該項公約簡潔有力的要求新聞工作者的專業素養，如第一、二、三、七、八、十一、十二等七條文，與品格操守有關的則為第四、

五、六、九、十等五個條文。

　　台灣新聞記者協會「新聞倫理公約」從實務面而言，應是最基本的要求，雖然該公約不提國家社會責任觀，也不指導新聞工作者進德修業，能做到上述專業、品德操守的要求其實距離一位受尊重的「記者」，雖不達亦不遠。

檢視傳播倫理問題

　　從新聞傳播的功能論及民主政治制衡精神而言，新聞傳播這個行業都應是一個受到信任、受到尊敬、受到依賴的行業，這個行業不但是一位組織化的社會教師，更是社會正義的捍衛戰士，更為社會大眾帶來歡愉及娛樂，她就像是呵護社會健康有序發展，護衛社會不受外力侵擾的母親，可惜，這種機制被資本家、政客不當操作之後，卻成為搖錢樹或口誅筆伐的御用工具。

　　上樑不正，下樑歪。媒體高層如果汲汲營營於謀私營利，基層新聞工作者又豈能要求遵守新聞倫理公約或記者信條。兩種道德規範只是新聞工作者的擋箭牌或遮羞布而已。

　　其實，這種情形並非台灣獨有，可說舉世皆然。在國內外進行的職業聲望調查或公信力的排行，新聞傳播工作者的排行成績大都非常不理想，這是危險的警訊。代表廣大的閱聽大眾並不信任這個有「社會良心」的機制，更不相信新聞工作者會是貧賤不移、富貴不淫、威武不屈的操守。受賄、敲詐、諂媚權勢、落井下石、公報私仇、揭人隱私，也被認為是新聞工作者很難避免的陋習。甚且習焉不察，成為理所當然的一種「文化」，而且俯拾皆是。

　　我們試著以專業及品格做爲指標，從國內外背離傳播倫理規範的事例檢視我們傳播倫理規範的環境。

■專業

　　專業（Profession）是什麼？功能論學派在定義專業時，一直想將某些職業特性或職業角色孤立出來研究，其中包括專門技能；透過廣泛而密集的教育；經常會以專業的名義，出現職業入門的門檻；也會用倫理符碼（code of ethics）來管理入們者的行爲；強調的是公共服務，而不是自我利益（O'sullivan et al., 2000: 314）。

　　歐蘇利文（O'sullivan）對專業的研究，符合本節針對新聞記者信條及倫理公約中對新聞工作專業的要求。包括了新聞報導、評論的客觀、正確；尊重新聞當事人的隱私；以正當方式取得新聞資訊及保護秘密消息來源。事實上，這些專業中只有保護秘密消息來源最被徹底遵守，即使被判蔑視法庭亦然，類似例子中外所在多有。其餘專業的要求，經常被新聞自由濫用，造成新聞倫理的淪喪，傳播公信力的消失。下述逐一以中外實例進行檢討。

・新聞報導、評論正確、客觀遭到忽視

　　正確是新聞的第一生命，如若內容不實，該則新聞將毫無意義。記者信條深信，新聞記述，正確第一。凡一字不眞，一語失實，不問爲有意之造謠誇大，或無意之失檢致誤，均無可恕。新聞報導對正確的要求可見一斑。唯追求正確恐尙不足，卻也有新聞工作者爲求收視率及閱報率的提高涉險將無法查證、來不及查證的新聞獨家刊播，甚且不乏假新聞，凡此皆違背職業道德規範。最著名的「假新聞」約爲一九八一年《華盛頓郵報》女記者珍尼特・庫克

以一篇城市少年吸毒的新聞報導，獲得美國普立茲獎。造假的新聞事件最後被查出，結果不但普立茲獎被撤銷，庫克小姐也被《華盛頓郵報》開除。

相同情形，二○○三年的《紐約時報》也曾發生過，該報總編輯更為此辭職以示負責。事因，該報記者布萊爾（Joyson Blair）從二○○二年十月至二○○三年五月為止，所撰發的七十三篇報導中，至少有三十六篇出現抄襲及杜撰的情形，該報動員五位記者、兩位研究員，追查布萊爾過去所發的新聞，及查證他引述的新聞來源，訪問相關新聞同業，並在二○○三年五月十一日在該報頭版發表七千多字的調查報告，布萊爾則在五月初被解聘。

《紐約時報》發行人小沙資柏格（Sulzberger）形容此事件為「重大醜聞」（Huge Black Eye），總編輯郝威爾‧雷恩（Howell Raines）及編輯主任傑拉德‧博德（Gerald Boyd）下台，可見《紐約時報》對讀者負責態度之一斑。

國內，尚未出現造假新聞報導且獲得最高榮譽的情形，不過未經證實即予刊播的新聞時有所見，銷量愈大的媒體，愈是常見，目的無它，掌握輿論領先權，維持報紙的銷量或收視率。可做為這個例子的案例，當屬《新新聞周報》與副總統呂秀蓮嘿！嘿！嘿！的官司。

這項官司雖然已經三審定讞，唯從開始迄今，這則新聞界與政府高層的官司即一直環繞在新聞自由與錯誤報導上打轉。從實務上看，《新新聞周報》會做出這個專題報導，定然掌握有部分證據。但這種「傳聞證據」顯然無法得到法官的認同，其敗訴是必然的。誠如記協「新聞倫理公約」第三條所指，新聞工作者不應利用新聞處理技巧，扭曲或掩蓋新聞事實，也不得以片斷取材、煽情、誇大、討好等失衡手段，呈現新聞資訊或進行評論。

國內造假新聞情況或許不嚴重，但片斷取材、煽情、誇大的新聞到處可見，只是相關當事人未提出告訴而已，如果當事人眞要挺身而出，那麼類似案例不勝枚舉。

・以不正當方式取得新聞資訊

固然，我們很難以正當的方式取得內幕新聞資訊，就如司法人員很難以正當的方式取得犯罪證據一般。而以偷拍、偷錄取得的證物，尚且不能做爲呈堂證物，可見以非法手段取得證物或新聞資訊的不正當性。

儘管如此，爲了刺激銷量及收視率，以刺激的非常手段從事採訪報導，常能滿足閱讀大眾的偷窺慾。

不正當取得新聞資訊的手法，最常見的作法是「隱瞞身分」。

最有趣的當屬一九七七年芝加哥《太陽時報》的一個案例，該報爲了揭露政府人員接受賄賂行爲，開了一家酒吧，並訓練兩名記者作爲服務員，另外兩名攝影記者藏在酒吧的閣樓，進行拍攝工作。

半年時間裡，兩名記者喬裝的服務生應付了一批批州政府、市政府相關檢查官員，該些官員接受了十至一百美元不等的賄賂，並一一被拍攝畫面。而酒吧內的消防、衛生、建築卻都不合規定，而能正常營業。

事後，這些記者把他們見聞經過寫成新聞報導，自然造成轟動，這篇報導甚且在該地的新聞獎項評比中獲得大獎，但參加普立茲新聞獎評比時，被評選委員指爲作法不當，不予評獎。

國內類似大手筆取得新聞的手法，尚不曾見過，至於以隱藏攝影機、錄音機，進入新聞採訪對象室內的偷拍鏡頭，卻是司空見慣。雖然這滿足了部分人的偷窺慾，但這種以不正當方法取得新聞

資訊的行為，引發造成社會的質疑與不安。而假借辦案或官方人員身分從電話採訪中套取新聞資訊的手法也是所在多有。凡此種種皆是新聞傳播倫理規範的內容，專業的新聞工作者應該謹言慎行。

‧侵犯新聞當事人的隱私權

新聞報導及傳播是新聞工作者的天職。政府相關法令甚且立法，政府部門應給予新聞工作者採訪的便利。唯工作上的便利卻不能當做隨便，甚至侵犯到新聞當事人的隱私權。

誠如前述，偷窺慾的滿足是人類的劣根性之一。閱聽大眾經常是對名人的隱私感到興趣。為滿足閱聽人的需求公眾人物的隱私報導及「精采」偷拍照片，最能引起興趣。

國外小報狗仔隊的偷拍、追蹤最令人害怕，英國王妃黛安娜車禍身亡，係因狗仔隊跟拍引起；一九八七年競選美國民主黨總統提名的蓋瑞‧哈特，竟然因為《邁阿密先驅報》記者在宅邸外監視偷拍一整晚，發現哈特與一名女子在那過了一晚，而哈特不承認與該女有性關係。直到《華盛頓郵報》又披露另一段婚外情時，迫使哈特撤回了他的提名角逐。

國內也有類似案例發生，並造成當事人的辭職下台。當事人的不倫之戀雖然有違道德形象及法律，不過，新聞媒體如此的作為，也確實侵犯了當事人的隱私權，尤其與公益無關時，更是如此。

新聞界侵犯名人隱私的作法早就存在，港式採編作風的《蘋果日報》、《壹週刊》登台後，更加嚴重。強調圖片新聞的該些報章雜誌未徵求新聞當事人同意動輒將照片登載，其中不乏是刑事案的受害者，如受強暴婦女，這種隱私權的侵犯無疑是二度傷害。

政治、影藝名人雖然是公眾人物，但在公眾活動之餘，應可保有私人私密的生活，可是八卦媒體樂此不彼，全天候二十四小時

跟拍，毫無疑問的已經違反專業倫理。

■品格

　　品格指的是一個人外在的行事風格及內在的道德教養。在新聞記者信條及新聞倫理公約中對於新聞工作者這方面的要求是很多的，諸如新聞記者信條中的絕不因金錢之收入，出賣讀者利益、社會風氣、報紙之信譽；也不受賄、敲詐、諂媚權勢、挾私報仇等。新聞倫理公約同樣有拒絕採訪對象的收買或威脅；不得利用職務牟取不當利益；要懂得利益迴避原則；不擔任任何政黨黨職或公職，也不從事助選活動；不接受政府及政黨的新聞獎勵或補助。

　　實際上，新聞工作者在品格上的缺失，遠高於專業的犯錯，並且習而不察，積非成是。

・接受採訪單位招待

　　接受採訪單位招待的行為，早已成為習慣，並且被認為是應有的禮儀。事實上，招待及贈與會影響到新聞工作者的新聞議題選擇，不應被等閒視之。

　　是否接受招待及贈與，一直有不同的辯論。部分人認為接受採訪單位免費贈品如屬該單位產品，也係報導主題，那麼新聞工作者沒有理由不接受，因為報導前要有試用的把關工作，事實如此嗎？恐怕不然。嚴以律己的新聞工者認為，接受被採訪單位招待的原則以現場十分鐘可以食用完的為原則，大包小包帶走，那就太過了。可是不少新聞記者會場外，常見新聞工作者或假新聞工作者為了這些免費小禮物之有無、多少吵得不可開交。

　　二○○四年八月十九日《蘋果日報》A1版報導台北市議會自

肥，利用民脂民膏出國旅遊並可攜家帶眷，其中全程免費招待十名採訪議會新聞的記者。

新聞報導刊出後，引起很大的迴響，首當其衝的是記者。事實上，在未經報導披露之前，主跑議會的新聞記者每年依序接受招待出國旅遊，但經披露之後，依然前往者幾稀。接受採訪單位招待並不符公正原則，但眾人習焉不察，積非成是，不覺有錯，甚且責怪《蘋果日報》大驚小怪，狗拿耗子。一般認為，明年度再辦理類似聯誼活動時，眾記者仍將報名參加，共襄盛舉。

・藉職務之便謀取私利

二〇〇二年九月間最熱門的新聞焦點，傳播話題，當屬TVBS新聞主播薛楷莉「削凱子」疑雲。此事，使得薛楷莉辭去新聞主播一職。

該項新聞事件，描述薛主播在與日商吃飯之後，一小時內削掉了該日商近兩百萬元，購買鑽表及服飾。

薛主播雖一再辯解，那是送禮。她說送禮本來就是一種禮貌，禮物本身貴重與否，不是衡量友情的唯一價值。

其實，薛主播忽略的是她的職務與身分。如果，薛楷莉是一個普通的上班族，定然不會引起軒然大波，送禮、收禮，甚至「削凱子」也都是一般的交往行為。一位新聞工作者與日商吃飯，難免予人新聞倫理瑕疵的感受，再遭當事人的友人暴發事件經過，豈只是難堪而已。此誠可為所有新聞工作者之戒。

・股市不成文的陋習

股市的榮枯、每檔股票的漲跌，依恃的是市場經濟的繁榮與每檔股票公司的正常營運業績表現。不知從何時開始，股票市場成了

金錢遊戲。

遊戲中虛虛實實的訊息需要透過媒體播放，媒體及其工作者乃具有高度的利用價值。因此，上市、上櫃公司與媒體及其工作者間聯合炒作股票，該些公司以股票作價贈與媒體及工作者的訊息時有所聞。

這種情況以專業的財經性報紙、雜誌媒體與上市、上櫃公司間的「合作」較多。在這種合作之下，媒體工作者的正常薪水只是其收入的零頭而已。

股票市場還有一不成文的規定，即上市、上櫃公司發表會時，會發給採訪記者一萬元左右的「紅包」。所以上市、上櫃發表會常會吸引很多新聞工作者或非新聞工作者到場（俗稱丐幫）索取紅包。蔚為股市奇觀。

這種紅包的意義，無非在博取較為有利的新聞報導，有助於股價的提升及人氣的聚攏，不過，這種行為在股市的操作手法中尚屬於最基本的。仍有許多與媒體間不為外人知的單線作業。是故，股市投資者絕不能以單一的媒體報導或數據做為進出參考，否則會身陷危機。

為了營運業績，廣電媒體常將時段賣給股票投資公司，刊播該些公司旗下名嘴「講盤」、「報名牌」、「招收會員」等股市分析節目，基本上也是違反新聞道德與職業倫理的行為，這與廣播電台中以販售藥品為主的「空中藥店」有什麼差別？

可怕的是，一切向錢看的情形，由控管較鬆的有線電視台向無線電視台擴散。二○○四年九月間，爆發在華視購買時段的股市名嘴身上，問題嚴重可見一斑。

· 政治正確

「政治正確」是美國六、七〇年代自由派人士創造的術語。用意在校正當時一些傳統、狹隘的不正確觀念，希望能努力改變這些不正確的概念，做到「政治正確」。校枉過正的結果，「政治正確」在九十年代之後，成爲貶抑的名詞，被指爲是對言論自由或有爭議觀點的審查和壓制。指一個人，唯「政治正確」至上，係表示該人對於有爭議觀點站在當權者的觀點，對其它言論進行打壓。

「政治正確」當然是違反新聞倫理規範。新聞正確的專業要求，絕不是「政治正確」而已，更非希望以「政治正確」諂媚權勢，贏取不當得利或政治職務任命。

而這種事例在我們媒體界與政治界間似乎司空見慣。多少新聞人因不同政黨上台、下台而得到政治任命或去職，都是「政治正確」的結果，該些人等，以新聞人名之，並不恰當。眞正的新聞人應該做到不偏不倚、公正客觀。

國內不少新聞工作者經常爲其熟悉的政治人物作傳，因爲互動良好，作傳者常能得到不少好處，基本上也違反新聞倫理公約。台灣記協一名會員爲一位政治人物作傳，結果連續在網路上被批評其角色與記協的立場相違背，並認爲這是「侍女」性格。媒體工作者能不注意乎？

並非媒體工作者不能爲政治人物寫傳，而係寫傳應有傳記作家的嚴謹，功過分明、是非清楚，不能只有天縱英明、文過飾非，這種作品通常是「宣傳」作品，沒有多大閱讀意義及學術價值。

· 利益衝突

記協「新聞倫理公約」中有利益迴避原則的規定，該公約第六

條規定，新聞工作者不得兼任與本職相衝突的職務或從事此類事業，並應迴避和本身利益的相關編採任務。

這條規定確實點出了新聞界的部分現狀，只是要求歸要求，又有多少媒體工作者做到了呢？

媒體間常有「住山靠山，近海靠海」的戲謔說法。所以部分採訪社會警政司法的記者，久而淪為特種行業圍事、司法黃牛；採訪政黨新聞者私下搞起政治公關，一點也不離奇；教育線的記者為私校顧問者不乏其人。該等媒體工作者在所護持單位、團體出事時，其報導寫作怎能要求其公正、客觀呢？媒體主管為防範此等「風紀」問題，除了嚴加考核之外，輪調制度是一個防弊的好方法。如每一採訪路線任期不超過二年，使得欲有所為的媒體工作者在人事尚未弄熟前即調整路線，一些違反風紀的問題，自然無從發生。

真正嚴謹的媒體單位，在採訪路線或採訪工作安排、分配時，都會考慮該媒體工作者的出身背景，事先考慮利害衝突的問題。諸如出身農業縣的記者固然對農家生活情形瞭若指掌，但其為文立論可能支持農業，反對工業發展；外省家庭出身的媒體工作者大抵支持台灣與大陸未來的統一，其撰寫文章的立場，傾向反對台灣獨立。

追尋傳播倫理價值

從第一個「中國新聞記者信條」制定迄今，已達半個世紀，而這個信條發揮了多大作用？信條真正可行嗎？還是用來轉移閱聽大眾對傳媒的批評呢？當媒體工作者對所謂信條、公約已不再重視

時，是這些信條的精神已內化為每一位媒體工作者的行為指針，或者已經產生了異化。那麼如何重新追尋傳播倫理的價值？

「徒法不足以自行」，何況不是法，而係民間組織團體的規約，若真要奉行不悖，依恃的是自省、主動的功夫。必須深刻瞭解，這些規約不只是裝飾或作文比賽而已，旨在維護所從事的這個行業、機制，能夠發揮其本質及功能。

誠如「中國新聞記者信條」所言，新聞事業為領導公眾之事業，最艱苦之事業，可以是吾人終身的職業、工作者要有將物質享受減至最低限度，不見異思遷，不畏難而退的心理準備。如果沒有這心理準備，應該早些時候離開這個行業。

新聞事業不僅是一種商業或企業而已，不只為企業主賺取更多的金錢而已，而係一種社會事業，這個事業是一帶領社會、帶領人類朝更高尚的人生目標前進，朝向更合理、繁榮的社會出發，所以事業本身要有崇高的理想性格，並形成道德規範。

道德規範的形成絕非閉門造車或唱高調，係依一些基本原理、原則而制定，這些原則包括亞里斯多德「中庸」理論、康德的「絕對義務論」、米勒的「目的論」、基督教的「愛你的鄰居如同愛你自己」的理論（俞燕敏、鄢利群，2000：164）。

1. 中庸論，強調在兩為其難的情況下不走極端，採取折衷。指的是中立、客觀的報導原則，唯有不偏不倚才能做出理性的發現。

2. 德國哲學家康德的「絕對義務論」則強調事實至為重要，記者的任務就是傳播事實，不管傳播的後果如何。

3. 英國米勒的「目的論」則在強調「為最大多數人謀取最大的福利」，即一般所謂的「公眾利益」。凡報導應以公眾利益為

　　主。也是公眾知的權利重要理論依據，也係其它學者所指的
　　「功利主義學說」（Hiebert et al., 1991: 190）。

4.基督教「愛鄰」的理論，強調以愛心為原則。其實就是一種
　　設身處地的想法。當媒體工作者做任何決定時，應有設身處
　　地的同理心，否則一味追求營利的結果，媒體必然成為嗜血
　　惡魔。

　　信條、公約透過文字形成書面制約，或許予人僵硬、教條，難
以執行、唱高調的感覺，誠如上述，其實它也只是一些一般性的原
則原理，具體落實，是做人的原則，何況是具有專業主義的媒體工
作者。

　　儘管如此，我們的社會中正面臨道德瓦解的狀態，在舊的道德
思維被推翻，新的規範尚未形成之際，新聞、傳播事業的表現顯得
脫序與凌亂，重新尋找傳播倫理規範成為有識之士的不可能任務。

　　如何重新尋找或提振傳播倫理規範呢？筆者認為有三個途徑必
須要走。

■學校新聞倫理教育的強調

　　一九八〇年代以前，美國只有少數幾個新聞學院開設新聞或傳
播倫理課，隨著公眾與媒體從業人員對倫理的重視，美國各大學的
新聞傳播學院、系紛紛開設新聞倫理這門課程。到九〇年代，開設
這門課的學校急遽增加。現在幾乎所有新聞傳播教育學院、系或專
業都有這門課。新聞傳播界也希望傳播專業畢業生受過這方面的課
程（俞燕敏、鄢利群，2000：163）。

　　國內的情況亦復如此，一九八〇年以前，新聞教育只開設新聞

法規的課程，九〇年代之後，新聞傳播倫理課程逐漸增加，有單獨成為一門課程者，如文化大學新聞系四年級設有「新聞倫理」課程，政治大學新聞學系新聞編採學程設有「新聞倫理」及廣電系新聞編採學程的「新聞倫理與個案研究」、師範大學社會教育系亦開有專門課程；以「新聞法規與倫理」為課程的學校則更多，包括世新大學碩士在職專班新聞傳播組、元智大學資訊傳播碩士班的傳播法規與倫理、義守大學大傳系的傳播倫理與法規等，令人玩味的現象是，新聞（傳播）倫理專門課程大抵為選修課程，法規與倫理合併講授科目則為必修。

部分學校學系則只在新聞學或傳播與社會等科目中，納入新聞倫理與新聞道德的篇章。

整體而言，國內各大學校院新聞、傳播科系對「新聞（傳播）倫理」課程已較往昔更為重視，但重視程度仍有不及，有待加強之處。雖然廣泛開設新聞（傳播）倫理課程，未必即能全面提昇媒體事業的新聞（傳播）倫理道德，至少能讓專業系所的學生能有基本的道德觀念。

■媒體經營者應有的社會良知

二十世紀末的台灣，媒體與立法院被視為台灣的二大亂源。而這股歪風也逐漸在二十一世紀蔓延。

媒體成為社會的亂源，學校的新聞、傳播教育老師受到指責，認為我們的新聞教育出了問題，教出的學生沒有倫理道德觀念，也沒有社會責任感。對此指責，新聞教育的老師百口莫辯，他們普遍的經驗是新聞專業科系的學生進入職場後，紛紛發生「水土不服」現象，學校課堂教的新聞倫理與道德碰到實務操作後，完全不適

用，呈現教育與實務脫節的情形，諸如新聞正確、客觀及中立原則，在職場上幾乎無法信守，職場的主管甚至要求爲達聳動性，新聞可以作假，甚至以主管及媒體經營者的好惡爲新聞判斷標準，置客觀於不顧。

平心而論，對於媒體職場光怪陸離的現象，新聞專業系所的畢業生其矛盾與挫折比非新聞專業系所的畢業生更大、更具衝擊性，因而轉行、辭職者不在少數。

因此，提振媒體界的新聞倫理與道德，媒體事業經營者實具有重要性的地位，所謂「風行草偃」、「上行下效」，如果媒體經營者深具道德感、社會責任，那麼其經營之媒體事業工作者誰敢不從；反之媒體經營者爲雞鳴狗盜之徒或利慾薰心的商人，其能不背離新聞倫理規範者，未之有也。

二○○四年新聞界與學術界最引人注目的新聞事件之一，即與此相關。某媒體事業經營者爲求拓展企業形象，兼而回饋社會，欲捐贈一筆獎學金給某大學傳播學院，捐贈前夕，該媒體事業經營者接受媒體專訪時，誇言媒體事業即在營利，也唯有能替媒體事業賺更多錢的才是媒體人才，類似他所欲捐贈獎學金之大學，雖爲新聞人才培養的教育重鎮，卻無法培養出如此的人才。

對於該媒體經營者的談話，這所原欲接受獎學金的傳播學院師生群體憤慨，以「公投」拒絕該筆捐贈，乃成爲街頭巷尾、茶餘飯後的話題。

大學校院新聞傳播專業系所以培養新聞工作者爲主，其被要求的專業素養及新聞倫道德，本爲正確、客觀、中立的報導，一字之不眞，一語之失實均不能爲報導錯誤卸責，要求媒體工作者一切向錢看，絕非新聞教育的本質，否則豈不是天下大亂。

媒體成爲二十世紀末台灣社會的亂源之一，首先該省思的應是

媒體經營者。沒有社會責任，一切向錢看的媒體經營者，爲達盈利目的，可以不擇手段，新聞配合廣告業務可以成爲常態，爲求廣告業績也可以掩蓋新聞事實，爲求收視長紅、閱報率增高，報導可以極盡誇張能事，而無社會責任的考慮。

古時候「周處除三害」的故事，寓意深遠，大多數媒體經營者即爲周處，也唯有反躬自省，理解媒體事業除了以營利爲目的之外，同時是具有社會公益的社會機構，錢固然爲我們所愛，但當社會責任與金錢衝突時，自當以社會責任及公益爲重，如此，才可能有一乾淨、負責而自由的媒體環境。

■發揮民意監督的力量

大部分新聞倫理的問題，屬於道德層次的問題，少部分受到法律的規範。畢竟法律是最低限度的道德要求，僅憑法律的訴求，新聞倫理與道德難以提昇。經常聽到「有什麼樣的選民，即有什麼樣的政府」。換句話說，「有什麼樣的媒體，即因爲有什麼樣的閱聽大眾」。不過，這句話只有一半的正確性。那是因爲媒體事業以營利爲唯一目的時，爲投閱聽人之所好，以大多數的閱聽人品味爲取向，所以媒體內容大眾化，甚且低下。事實上，媒體具有引導性的功能，媒體不應隨波逐流，終至沒入洪流之中，反而應該有「眾人皆醉，我獨醒」的社會責任及器度，如此才能受到喜歡與不喜歡、支持與不支持者等所有人的敬重。

有關傳播倫理的提昇，除了學校新聞教育的增強、媒體經營者的自省之外，廣大的閱聽大眾亦是主要的影響來源。對於違反新聞（傳播）倫理規範之新聞傳播單位及個人予以口誅筆伐，形成一種重要的社會機制，發揮監督的力量，並訴之於退報、關機等行動，絕對有助形塑我國媒體負責、自由的形象。

參考書目

■中文

Abercrombie, N. 著，陳芸芸譯（2000）。《電視與社會》。台北：韋伯文化。

Babbie, E. 著，李美華等譯（1998）。《社會科學研究方法》（上、下冊）。台北：時英出版社。

Baldwin T. F., McVoy, D. S. & Steinfield, C.著，謝奇任、唐維敏、甘尙平譯（1997）。《大匯流——整合媒體、資訊與傳播》。台北：亞太圖書。

Burton, P. W. & Miller, J. R. 著，黃慧眞譯（1983）。《廣告學》。台北：桂冠。

Comstock, G. 著，鄭明椿譯（1996）。《美國電視的源流與改變》。台北：遠流。

Defleur, M. L. & Ball-Rokeach, S. 著，杜力平譯（1991）。《大眾傳播學理論》。台北：五南。

Kevin, M. 著，李巧云等譯（1996）。《大媒體潮》。台北：時報文化。

Koelsch, F. 著，譚天譯（1996）。《資訊媒體狂潮》。台北：遠流。

Littlejohn, S. W. 著，程之行譯（1996）。《傳播理論》。台北：遠流。

McQuail, D. 著，陳芸芸、劉慧雯譯（2003）。《特新大眾傳播理論》。台北：韋伯文化。

O'sullivan, T., Hartley, J., Saunders, D., Montgomery, M. & Fiske, J. 著，楊祖珺譯（2000）。《傳播及文化研究主要概念》。台北：遠流。

Picard, R. G. 著，馮建三譯（1996）。《媒介經濟學》。台北：遠流。

Rogers, E. M. 著，莊克仁譯（1988）。《傳播科技學理》。台北：正中。

Schramm, W. 著，程之行譯（1995）。《大眾傳播的責任》。台北：遠流。

Schwartzs, T. 著，薊亮譯（1987）。《傳播媒介——第二位上帝》。台北：美國教育出版社。

Severin, W. J. & Tankard, J. W. 著 ，羅世宏譯（1988/1992）。《傳播理論：起源、方法與應用》。台北：時英。

Silverstone, R. 著，陳玉箴譯（1999/2003）。《媒介概念十六講》。台北：韋伯文化。

Solomon, N. & Lee, M. A.著，楊月蓀譯（1995）。《不可靠的新聞來源》。台北：正中。

Straubhaar, J. & Larose, R. 著，涂瑞華譯（1999）。《傳播媒介與資訊社會》。台北：亞太。

Tulloch, M. & Tulloch, I. 著，金格電腦譯（2003）。《微軟網路百科全書》第二版。台北：文魁資訊公司。

中華民國八十七年網際網路年鑑編輯委員會（1998）。《中華民國八十七年網際網路年鑑》。台北：財團法人資訊工業策進會。

方怡文、周慶祥（2002）。《新聞採訪理論與實務》。台北：正中。

王石番、陳世敏（1996）。《傳播教育課程規劃研究》。台北：教育部委託專案研究。

王洪鈞（2000）。《新聞報導學》。台北：正中。

王君超（2001）。《媒介批評──起源、標準、方法》。北京：北京廣播學院出版社。

石麗東（1991）。《當代新聞報導》。台北：正中。

呂郁女（1992）。〈中共的廣播電視在其現代化過程中所扮演的角色〉。台北：政治大學新聞研究所博士論文。

何穎怡（1993）。《探索新聞──美國報業社會史》。台北：遠流。

吳忠吉等（1998）。《98年消費者權益白皮書》。台北：中華民國消費者文教基金會。

吳知賢（2003）。《大家說廣告──媒體素養教育系列》。財團法人公共電視文化事業基金會、財團法人富邦文教基金會，4-5。

吳筱玫（2003）。《網路傳播概論》。台北：智勝。

吳翠珍、關尚仁（1999）。《媒體、公民、素養──媒體公民教育訓練》。台北：富邦文教基金會。

吳聲品（2002）。《現代電子媒介──廣播與電視析論》。台北：中視文化。

李大鐸（2002）。《全球化風潮下台灣播集發展策略與規劃突創》。台北台灣有線視訊寬頻網路發展協進會。

李月蓮（2001）。〈香港傳媒教育運動：「網絡式」的新社會運動（上）〉。《媒體識讀教育月刊》，16-13。

李良榮等著（2003）。《當代西方新聞媒體》。上海：復旦大學出版社。

李金銓（1984）。《大眾傳播理論》。台北：三民。

李金銓（1992）。《新聞的政治‧政治的新聞》。台北：圓神。

李茂政（1995）。《當代新聞學》。台北：正中。

李瞻（1972）。《世界新聞史》。台北：政大新研所。

李瞻（1983）。《新聞學》（五版）。台北：三民書局。

周炳金（2003）。〈論人民媒體近用權之理論與實踐——以有線電視近用頻道為例〉。台北：台灣大學法律研究所碩士論文。

林子儀（1993）。《言論自由與新聞自由》。台北：月旦。

林亦堂（1998）。《跨世紀的美國電子傳播事業》。台北：廣電基金。

林宜隆（2001）。《網際網路與犯罪問題之研究》。桃園：中央警察大學出版社。

林東泰（1999）。《大眾傳播理論》。台北：師大書苑。

林紀東（1983）。《法學緒論》。台北：五南。

林紀東等編（2002）。《新編六法全書》。台北：五南。

林紀東續編（1983）。《最新六法全書》。台北：大中國圖書公司。

俞燕敏、鄢利群（2000）。《無冕之王與金錢——美國媒體與美國社會》。北京：中國社會科學出版社。

洪志忠（2003）。〈我國網路犯罪案例及發展趨勢之探討〉。台北：2003「網際空間：科技、犯罪與法律社會」學術研討實務研討會論文集。

胡幼偉譯（1995）。《良心為機：新聞倫理的多元觀點》。台北：五南。

徐佳士（1966）。《大眾傳播理論》。台北：台北市新聞記者公會。

祝基瀅（1983）。《政治傳播學》。台北：三民書局。

翁秀琪（1996）。《大眾傳播理論與實證》。台北：三民書局。

翁秀琪（2001）。〈台灣傳播教育的回顧與願景〉。《新聞學研究》，69，29-54。台北。

袁軍（2000）。《新聞媒介通論》。北京：北京廣播學院出版社。

康照祥（1989）。《一舉成名——現代贏家公關手冊》。台北：太聯文化。

夏征農主編（1992）。《辭海》。台北：東華書局股份有限公司。

張在山（2001）。《公共關係學》。台北：五南。

張宏源主編（2001）。《媒體識讀——如何成為新世紀優質閱聽人》。台北：亞太圖書。

張清溪、許嘉棟、劉鶯釧、吳聰敏（1995）。《經濟學：理論與實際》（三版，上冊）。台北：翰蘆出版公司。

張瑋珊（2002）。〈台視華視公共化政策可行性分析〉。台北：世新大學傳播研究所碩士論文。

張錦華（1991）。〈電視與大眾文化〉。《新聞學研究》，44，59。

張錦華（1994）。《傳播批判理論》。台北：黎明。

張錦華、黃浩榮（2001）。《監督媒體DIY：抗爭媒體的六大實例》。台
　　北：法蘭克福工作室。

梁瑞祥（2001）。《網際網路與傳播理論》。台北：揚智文化。

陳東園、陳清河、許文宜（2002）。《廣播節目概論》。台北：空中大學。

陳炳宏（2001）。《傳播產業研究》。台北：五南。

陳炳宏（2003）。《解/構媒體：媒體公民教戰守則》。台北：雙葉書廊公司。

陳淑敏（2002）。〈媒體素養的理論分析〉。《教育資料與研究》，47，100-
　　105。

彭家發（1992）。《新聞論》。台北：三民。

彭家發（1994）。《新聞客觀性原理》。台北：三民。

彭家發（1997）。《認識大眾傳播》。台北：行政院新聞局。

彭懷恩（2002）。《政治傳播與溝通》。台北：風雲論壇。

彭蘭（2003）。《網路傳播概論》。北京：中國人民大學。

曾虛白（1973）。《中國新聞史》。台北：政大新研所。

程之行（1995）。《新聞傳播史》。台北：亞太。

黃西玲（1997）。《從台灣看美國媒體併購經——近五年併購案及相關法
　　令分析與探討》。台北：文化總會電視文化研究委員會。

黃新生（1987）。《媒介批評——理論與方法》。台北：五南。

黃新生（1994）。《電視新聞》。台北：遠流。

楊孝濚（1991）。《傳播研究方法總論》。台北：三民。

楊志弘（2000）。《寬頻時代網路媒體發展之研究》。台北：台灣有線視
　　訊寬頻網路發展協進會。

劉一賜（1999）。《網路廣告第一課》。台北：時報。

劉幼琍（1994）。《有線電視經營管理與頻道規劃策略》。台北：正中。

劉國棋（2003）。《電視原理》。台北：金華科技圖書公司。

歐陽醇（1984）。《報紙》。台北：允晨。

潘家慶（1991）。《媒介理論與現實》。台北：天下文化。

潘家慶（1992）。《新聞媒介與社會責任》，台北：台灣商務。

蔡明燁（2001）。《媒體世界》。台北：幼獅文化。

鄭明椿（2003）。《換個姿勢看電視》。台北：揚智文化，36-37。

鄭貞銘（1982）。《大眾傳播學理》。台北：華欣文化。

鄭貞銘（1984）。《新聞學與大眾傳播學》。台北：三民。

鄭貞銘（1989）。《新聞採訪的理論與實際》。台北：台灣商務。

鄭貞銘（1993）。《傳播發展的省思》。台北：北市記者公會。

鄭貞銘（1995）。《新聞原理》。台北：五南。

鄭貞銘（2002）。《新聞採訪與編輯》。台北：三民。

鄭貞銘、林東泰、鍾蔚文（1984）。《新聞與傳播》。台北：國立空中大學。

鄭瑞城（1988）。《透視傳播媒介》。台北：經濟生活。

賴柏洲、林志星、魏明照、林世修（2003）。《數位電視廣播與製作系
　　統》。台北：金華科技圖書公司。

賴祥蔚（2003）。《廣播節目企劃與電台經營——培養全方法廣播人》。
　　台北：揚智文化。

錢震（1978）。《新聞論》。台北：中華日報。

錢震原著，鄭貞銘、張世民、呂傑華增修（2003）。《新聞新論》。台
　　北：五南。

羅文輝（1992）。《精準新聞報導》。台北：正中。

羅文輝（1993）。《新聞理論與實證》。台北：黎明文化。

羅文輝（1997）。《無冕王的神話世界》。台北：天下。

龔仁文編（2003）。《2003網際網路應用及發展年鑑》。台北：經濟部技
　　術處。

■西文

Ball-Rokeach & Reardon (1988). "Monologue, Dialogue, and Telelog:
　　Comparing an Emergent Form of Communication with Traditional Forms,"
　　in R. P. Hawkins, J. DeFleur, M. & Ball-Rokeach, S. (1982). *Theories of
　　Mass Communication*. Fourth Edition. New York: Longman Inc.

Barron, J. A. (1967). *Access to the Press-A New First Amendment Right*.
　　Harvard Law Review.

Hachten, W. A. (1987). *The World News Prism*. Second Edition. Ames, Iowa:
　　Iowa State University Press.

Hiebert, R. E., Ungurait, D. F. & Bohn, T. W. (1991). *Mass Media VI: An
　　Introduction to Modern Communication*. New York: Longman Inc.

Kubey, R. (1998). "Obstacles to the development of media education in the

U.S.,＂ *Journal of Communication*, 48(1), 58-69.

McQuail, D. (1987). *Mass Communication Theory: An Introduction*. Beverly Hills: Sage Publish.

McQuail, D. (2003). *McQuail's mass communication theory*. London: Sage Publications.

Morris, M. & Ogan, C. (1996). ＂The Internet as mass medium,＂ *Journal of Communication*, 46(1), 39-50.

Picard, R. G. (1985). *The Press and the Decline of Democracy*. London: Greenwood Press.

Potter, W. J. (2002). *Media Literacy*. C. A. : Sage.

Sandage, C. H. (1973). ＂Some institutional aspects of advertising,＂ *Journal of Advertising*, 1(1), 9.

Severin, W. J. & Tankard, J. W. Jr. (1988/1992). *Communication theories: origins, methods, uses*. New York: Longman.

Siebert, F. T. P. & Schramm, W. (1956/1971). *Four Theories of the Press*. Urban, IL: University of Illinois Press.

Spraque, J. (1990). The goals of communication education. In Daly, J. A., Friedrich, G. W. & Vangelisti, A. L. (Eds.). *Teaching communication: Theory, research and methods*. pp.19-38. Hillsdale, New Jersey: Lawrence Erlbaum Associates, Publishers.

Wiemann, M. & Pingree, S. (Eds). *Advancing Communication Science: Merging Mass and Interpersonal Process*, 110-134, Sage.

Zhao, Y. (1998). *Media, Market, and Democracy in China: Between the Party Line and the Bottom Line*. Board of Trustees of the University of Illinois.

■政府出版刊物

行政院新聞局（2003）。《2003廣播電視白皮書》。台北：行政院新聞局。

教育部（2002）。《媒體素養教育政策白皮書》。台北：教育部。

媒體識讀

作　　者／康照祥
出　版　者／揚智文化事業股份有限公司
發　行　人／葉忠賢
總　編　輯／林新倫
執行編輯／陳怡華
登　記　證／局版北市業字第 1117 號
地　　址／台北縣深坑鄉北深路三段 260 號 8 樓
電　　話／(02)26647780
傳　　真／(02)26647633
網　　址／http://www.ycrc.com.tw
　E-mail ／service@ycrc.com.tw
印　　刷／鼎易印刷事業股份有限公司
　ISBN ／957-818-714-9
初版一刷／2005 年 4 月
初版二刷／2007 年 10 月
定　　價／新台幣 500 元

國立中央館出版品預行編目資料

媒體識讀 / 康照祥著. -- 初版. -- 臺北市 ：
揚智文化, 2005[民 94]
　面 ；　公分. --（新聞傳播系列 ；4）

ISBN 957-818-714-9（平裝）

1. 大眾傳播　2. 新聞學

541.83　　　　　　　　　　　94001332